高等职业教育旅游大类
新形态一体化系列教材

旅游新媒体营销与运营

主　编　张建庆　蒋　艳　陈　莉
副主编　魏　洁　盘玉玲　万丽唯
　　　　严晓燕　李颖吉　魏凡松
　　　　盛子谦　许孟斯

中国教育出版传媒集团
高等教育出版社·北京

内容提要

本教材为旅游大类新形态一体化教材。教材围绕学习者职业能力和旅游酒店行业新媒体营销发展要求，结合高等职业院校旅游大类专业新媒体营销课程的教学标准，综合旅游酒店行业真实的生态环境，聚焦学生的能力与素质培养，围绕新媒体营销与运营的工作过程和典型任务，结合当前主流新媒体平台，设计了旅游新媒体营销与运营的认知、微信运营、小红书运营、短视频运营、网络直播运营、微博营销、生成式人工智能（AIGC）运营、旅游企业新媒体运营八个模块，共二十八项任务，每个模块设有学习目标、重难点、模块引导、引导案例、知识准备、知识拓展、实践演练、思考题等栏目。

本教材配套建设有数字化教学资源，包括微课、案例、实训等资源，可通过扫描二维码进行在线学习，有助于提升学生学习兴趣，助力学生在学习的同时进行多元化能力的提升。教师如需获取本书授课用PPT、习题答案等配套资源，请登录"高等教育出版社产品信息检索系统"（http://xuanshu.hep.com.cn/）免费下载。

本教材可作为高等职业教育专科及本科旅游大类等相关专业的教学用书，也可作为旅游及酒店企业相关从业人员的业务参考书。

图书在版编目（CIP）数据

旅游新媒体营销与运营 / 张建庆，蒋艳，陈莉主编. 北京：高等教育出版社，2024.9（2025.2重印）. -- ISBN 978-7-04-062768-8

I. F590.6; F590.82

中国国家版本馆CIP数据核字第20243HD689号

Lüyou Xinmeiti Yingxiao yu Yunying

策划编辑	张 卫	责任编辑	张 卫	封面设计	姜 磊	版式设计	李彩丽
责任绘图	马天驰	责任校对	刘丽娴	责任印制	刁 毅		

出版发行	高等教育出版社	网 址	http://www.hep.edu.cn	
社 址	北京市西城区德外大街4号		http://www.hep.com.cn	
邮政编码	100120	网上订购	http://www.hepmall.com.cn	
印 刷	北京市大天乐投资管理有限公司		http://www.hepmall.com	
开 本	787mm×1092mm 1/16		http://www.hepmall.cn	
印 张	18.25			
字 数	400千字	版 次	2024年9月第1版	
购书热线	010-58581118	印 次	2025年2月第2次印刷	
咨询电话	400-810-0598	定 价	49.00元	

本书如有缺页、倒页、脱页等质量问题，请到所购图书销售部门联系调换
版权所有 侵权必究
物 料 号 62768-00

序

随着信息化、网络化、大数据、智慧化、智能化等数字技术的深入发展,新媒体已成为当今社会信息传播和交流的重要平台。在数字化、智能化的时代,旅游行业也迎来了前所未有的变革。新媒体不仅创造了文旅行业的新产业模式,也是智慧文旅发展有力的科技支撑,更是发展文旅新质生产力的内在要求。在文旅行业中,传统的营销方式已经无法满足现代消费者的需求,更加依赖于新媒体和社交平台的营销运营成为大势所趋,教材《旅游新媒体营销与运营》旨在为学习者提供一本全面、系统、实用的教材,帮助他们学习和了解新媒体营销与运营的知识和技能。

党的二十大报告指出,加快发展数字经济,促进数字经济和实体经济深度融合,打造具有国际竞争力的数字产业集群。我国数字经济的快速发展,刺激了大量新媒体雨后春笋般出现,促使大量传统媒体加入新媒体阵营,且呈现出多样化的形式,深入实施"旅游+新媒体",建立起可持续的数字化商业模式和运营模式,以新媒体营销和运营助推旅游业高质量发展。为顺应5G、AR/VR、神经界面、数字媒体、短视频等为代表的新一轮数智经济的发展趋势,为推动旅游人才知识和技能跃升,为旅游职业教育数智化发展提供有力、有效智力支持与人才保障,教育部全国旅游职业教育教学指导委员会在2023年专门成立了旅游数智化专委会,以此来推动旅游职业教育的数智化转型与发展,该教材的出版也是在旅游职业教育数智化转型方面一次积极的尝试。

《文化和旅游部关于推动数字文化产业高质量发展的意见》中提出以数字化推动文化和旅游融合发展,实现更广范围、更深层次、更高水平融合。加强数字文化企业与互联网旅游企业对接合作,促进数字文化与社交电商、网络直播、短视频等在线新经济结合,发展旅游直播、旅游带货等线上新模式。在旅游行业,新媒体营销与运营已经成为连接旅游目的地、旅游企业和游客之间的重要桥梁。通过新媒体平台,旅游企业可以更加精准地定位目标客群,传递旅游产品的独特魅力和价值,吸引更多潜在游客。同时,新媒体也为游客提供了更加便捷、丰富的旅游信息获取和交流渠道,让旅游体验更加个性化和多元化。

该教材将行业所需的技能与知识体系架构相结合,包括如何运用新媒体平台,如微信公众号、微博、抖音、小红书等进行旅游资讯发布、景点介绍、旅游攻略推广等内容营销;如何利用短视频营销、直播营销、AI等创新方式进行品牌推广和产品销售;旅游企业如何组建新媒体营销与运营的推广矩阵;教材内容涉及广泛,涵盖不同类型的旅游企业、各种新媒体平台以及多样化的营销策略,旨在帮助学习者更好地理解并掌握旅游新媒体营销与运营的实际操作技巧。该教材通过数字化资源的应用及具体平台的实践操作演练,读者可以更加直观地了解新媒体营销在旅游业中的应用和效果,帮助读者在实际工作中灵活运用新媒体营销与运营手段,提升营销与运营效果。

值得一提的是,该教材不仅关注新媒体营销的技术层面,更注重培养旅游人才的创新思维和跨界合作能力。在当前跨界融合、创新发展的时代背景下,旅游从业人员需要具备更加开放、包容的心态,积极探索新媒体营销与运营的新模式、新路径,为旅游业的持续发展注入新的动力。

我相信,该教材的出版将对旅游新媒体营销与运营的教学和实践起到积极的影响,为旅游从业人员学习新媒体营销与运营知识提供参考,也将为旅游业的创新发展提供支撑。

王昆欣
浙江旅游职业学院　教授
教育部全国旅游职业教育教学指导委员会副主任委员
2024 年 8 月

前言

在数字化浪潮席卷全球的今天,新媒体的传播优势日益凸显,已成为传播文化、交流思想、推动社会经济发展的重要载体。党的二十大报告指出,巩固壮大奋进新时代的主流思想舆论,加强全媒体传播体系建设,推动形成良好网络生态。新媒体在提供更丰富、更便捷的信息服务的同时,对践行社会主义核心价值观,提高全社会文明程度,繁荣发展文化事业和文化产业,增强中华文明传播力影响力,发挥着重要作用。

从产业业态的变化方面来看,最明显的莫过于文旅行业,特别是数字技术赋能之下的智慧文旅,无论是旅行社、旅游饭店、景点景区、旅游目的地等的推广,还是节事活动及乡村旅游中的民宿、农特产品销售等,都离不开新媒体的营销与运营。在当今旅游企业中,与新媒体营销及运营相关的岗位也越来越多,人才需求激增。旅游大类专业的学生如果想在新媒体营销及运营领域取得成功,除了需要具备专业的新媒体运营知识和技能外,还要具备丰富的实战经验和创新思维,以应对市场的变化和用户的需求。

本教材主要特色体现在以下四个方面。

一、有机融入课程思政,价值引领、知行合一

本教材以"立德为根本,育人为核心"为原则,将知识传授和价值引领有机结合,在知识传播中强调价值引领。采用项目化、任务式的教学设计,融入课程思政任务,明确知识、能力、素养等目标,在培养学生的运营及营销能力的同时,注重加强社会主义核心价值观引领,弘扬精益求精和创新敬业的工匠精神,促进学生德技并修。

二、配套了丰富的教学服务资源,拓展延伸知识学习、提升技能

在本教材的编写过程中,我们运用现代信息技术开发了一系列数字化教学资源,包括微课、案例、视频、图文等,以二维码作为入口,使教材的呈现更加情景化、动态化、立体化。这种线上线下相融合的新形态、立体化教材,提升了教材的可读性,助力任务情景式教学的设计与开展,理论与实践并重,提高了教材的适用性,更好地为教学提供服务。

三、对接企业真实岗位,全新理念、实用适用

本教材对标旅游企业工作实际,分析相关岗位所需职业能力,提炼典型工作任务,将专业知识和实践技能融入任务情景中,在教材中提高了旅游企业实际工作案例的比例,增强教材的实操性,将旅游企业最新进展和需求纳入教材中,助力提升高等职业教育育人质量。

四、强化校企合作,育训并举、产教融合

本教材在每个模块中配套了实训环节,以能力训练和创新思维培养为中心,从理论结合实践的角度出发,紧密对接旅游产业升级和新媒体发展趋势,将新媒体运营当中的

新技术、新技能融入实训环节,实训设计由浅入深,循序渐进。实训环节以真实的工作任务为背景,引入旅游行业企业评价标准,培养学生解决实际问题的综合能力,坚持育训并举、产教融合,从而实现教学内容与产业发展需求紧密对接。

本教材为校企双元合作的成果,由张建庆(宁波城市职业技术学院)负责总体设计、教材框架构建和内容遴选,由邱良龙(厦门鹿课教育科技有限公司)和冯文龙(宁波君瀚电子科技有限公司)开发了相应的实训内容,校企合作共同完成教材编写与统稿工作。本教材由张建庆(宁波城市职业技术学院)、蒋艳(湖南工程职业技术学院)和陈莉(长沙商贸旅游职业技术学院)担任主编,魏洁、盘玉玲、万丽唯、严晓燕、李颖吉、魏凡松、盛子谦、许孟斯担任副主编,邱良龙、冯文龙参加编写。具体分工如下:许孟斯(成都职业技术学院)、张建庆(宁波城市职业技术学院)编写模块一;魏洁(长江职业学院)编写模块二;万丽唯(嘉兴职业技术学院)编写模块三;盘玉玲(宁波城市职业技术学院)、张建庆(宁波城市职业技术学院)编写模块四;严晓燕(宁波城市职业技术学院)、张建庆(宁波城市职业技术学院)编写模块五;李颖吉(浙江经济职业技术学院)编写模块六;魏凡松(长沙商贸旅游职业技术学院)、蒋艳(湖南工程职业技术学院)编写模块七并提供教材配套的教学视频;盛子谦(长沙商贸旅游职业技术学院)、陈莉(长沙商贸旅游职业技术学院)编写模块八。

本教材在设计和编写过程中,研究和参考了部分国内外研究成果,听取了旅游行业专家的建议,也借鉴了许多著作与相关教材,在此一并致谢!

由于新媒体理论与实践系统庞大,编者知识水平和实践经验有限,教材中难免存在疏漏和不足之处,敬请批评指正,我们将在实践操作和教学过程中进一步修改和完善。

编者

2024年7月

目录

模块一 旅游新媒体营销与运营的认知 / 1

任务一 旅游新媒体认知 / 3
一、新媒体认知 / 3
二、旅游新媒体用户运营 / 4
三、旅游新媒体内容运营 / 6
四、旅游新媒体活动运营 / 8
五、旅游新媒体产品运营 / 9

任务二 新媒体营销工具认知 / 13
一、新媒体营销工具定义与分类 / 15
二、文案撰写工具 / 16
三、图片处理工具 / 16
四、图文排版工具 / 18
五、视频编辑工具 / 18

任务三 旅游新媒体营销团队组建 / 21
一、旅游新媒体团队组织架构 / 22
二、旅游新媒体从业人员要求 / 23
三、旅游新媒体岗位职责与能力 / 24
四、旅游新媒体团队培养 / 25

任务四 旅游新媒体运营安全和舆情管理 / 27
一、旅游新媒体运营安全 / 27
二、旅游新媒体运营舆情管理 / 28
三、旅游新媒体运营危机管理 / 30

模块小结 / 33
模块练习 / 33

模块二 微信运营 / 37

任务一 企业微信运营 / 39
一、认识企业微信 / 39
二、企业微信的关键功能 / 40
三、企业微信的注册 / 40
四、企业微信的运营流程 / 41
五、企业微信的推广 / 43

任务二 微信视频号运营 / 45
一、认识微信视频号 / 46
二、微信视频号的注册与认证 / 46
三、微信视频号的运营流程 / 47
四、微信视频号的引流推广 / 51

任务三 微信公众号运营 / 53
一、认识微信公众号 / 54
二、微信公众号设置与管理 / 55
三、微信公众号内容策划与创作 / 55
四、微信公众号运营推广策略 / 57
五、微信公众号数据分析 / 59

任务四 微信小程序运营 / 64
一、认识微信小程序 / 65
二、微信小程序的开发 / 66
三、微信旅游小程序运营思路 / 66
四、微信小程序推广 / 68

模块小结 / 71
模块练习 / 72

模块三 小红书运营 / 75

任务一 小红书账号设置 / 77
一、认识小红书 / 77
二、开设小红书账号 / 79

任务二 小红书笔记设计 / 84
一、明确角色定位 / 85
二、设计爆款笔记 / 86
三、内容监控与调整 / 90

任务三 小红书互动引流 / 94
一、掌握运营技巧,提升流量 / 94
二、做好数据分析,打造爆款笔记 / 98
三、快速变现,实现账号的商业价值 / 102

模块小结 / 109

模块练习 / 109

模块四　短视频运营 / 113

任务一　短视频账号设置与定位 / 115
一、短视频账号设置 / 115
二、短视频目标定位 / 117
三、短视频用户定位 / 117
四、短视频内容定位 / 119

任务二　短视频内容打造 / 122
一、确定短视频选题 / 123
二、确定短视频形式 / 125
三、策划短视频内容 / 126
四、创作短视频脚本 / 127

任务三　短视频拍摄剪辑 / 132
一、短视频拍摄 / 133
二、短视频剪辑 / 136

任务四　短视频推广运营 / 139
一、短视频发布 / 139
二、短视频付费推广 / 141
三、短视频用户运营 / 142

模块小结 / 146

模块练习 / 146

模块五　网络直播运营 / 149

任务一　直播准备 / 151
一、直播团队组建 / 152
二、直播风格定位 / 153
三、直播账号设置 / 154

任务二　直播开播 / 159
一、直播商品选择 / 160
二、直播脚本撰写 / 164
三、直播互动讲解 / 166

任务三　直播复盘 / 169
一、直播运营复盘的核心内容 / 169
二、直播运营复盘常用数据指标 / 171
三、直播运营效果判断及报告撰写 / 174

模块小结 / 177

模块练习 / 178

模块六　微博营销 / 181

任务一　微博账号搭建 / 183
一、认识微博 / 184
二、开设账号 / 185

任务二　微博粉丝与话题营销 / 191
一、精准寻找粉丝 / 191
二、发布有趣内容 / 192
三、创意话题营销 / 195

任务三　微博内容营销与活动策划 / 199
一、微博内容营销策划 / 200
二、微博活动营销策划 / 203

模块小结 / 208

模块练习 / 209

模块七　生成式人工智能（AIGC）运营 / 211

任务一　生成式人工智能（AIGC）认知 / 213
一、AIGC的概念认知 / 213
二、AIGC的基础技术认知 / 214

任务二　生成式人工智能文本生成 / 221
一、文本生成工具解析 / 222
二、文本生成工具使用 / 223
三、文本编辑指令实操 / 225

任务三　生成式人工智能图像生成 / 229
一、图像生成工具解析 / 229
二、图像生成设计 / 231

任务四　生成式人工智能视频生成 / 237
一、视频生成工具解析 / 238
二、利用工具进行视频生成 / 239
三、数字人生成功能 / 241

模块小结 / 243

模块练习 / 244

模块八　旅游企业新媒体运营 / 247

任务一　旅游饭店新媒体矩阵运营 / 249
一、旅游饭店受众分析 / 250

二、旅游饭店新媒体矩阵搭建　/ 251

三、旅游饭店内容策划　/ 254

四、旅游饭店新媒体矩阵推广运营　/ 255

任务二　旅行社新媒体矩阵运营　/ 258

一、旅行社受众分析　/ 259

二、旅行社新媒体矩阵搭建　/ 260

三、旅行社内容策划　/ 262

四、旅行社新媒体矩阵推广运营　/ 263

任务三　旅游景区新媒体矩阵运营　/ 266

一、旅游景区受众分析　/ 267

二、旅游景区新媒体矩阵搭建　/ 267

三、旅游景区内容策划　/ 270

四、旅游景区新媒体矩阵推广运营　/ 271

模块小结　/ 274

模块练习　/ 275

参考文献　/ 278

二维码资源目录

资源名称	页码
资料：直播让"好客山东"品牌更响亮	3
微课：什么是新媒体营销	3
微课：旅游新媒体从业人员素质和能力要求	24
微课：旅游新媒体团队培养	25
资料：旅游新媒体运营风险防控	30
微课：微信营销对旅游企业的作用	39
微课：旅游微信营销认知	39
微课：旅游微信公众号营销推文创作	56
微课：内容的灌溉	56
实训：旅游公众号文章撰写	63
资料：小红书旅游笔记评论	86
资料：视频封面的制作技巧	88
资料：写视频脚本快速入门技巧	90
实训：小红书旅游笔记撰写	94
资料：短视频旅游类账号的用户画像	119
实训：成立短视频运营团队	121
微课：旅游新媒体短视频策划——内容设定与标签打造	125
资料：网络短视频平台管理规范	126
微课：旅游短视频拍摄与制作——拍摄景别	128
资料：旅游短视频拍摄提纲案例	128
资料：旅游短视频分镜头脚本案例	129
资料：旅游 vlog 拍摄技巧	129
资料：短视频选题策划方案模板和分镜拍摄脚本通用模板	131
资料：部分平台短视频发布渠道与算法机制	140
资料：短视频变现	144
资料：短视频数据分析	145
资料：互联网营销师国家职业技能标准（2021 年版）	159
实训：旅游直播商品选择	164
实训：旅游直播话术设计	167

续表

资源名称	页码
资料：直播脚本格式模板	169
资料：通过直播数据自查异常数据原因	171
微课：观众画像，了解观众的消费力和消费意向	171
微课：直播复盘数据分析	172
微课：流量来源，掌握直播转化的节奏	173
微课：旅游新媒体数据分析流程	175
资料：直播数据复盘表格模板和问题记录复盘结论表格模板	177
实训：微博旅游账号创建操作	209
实训：微博旅游话题营销	209
实训：AI 文本创作旅游小红书笔记	243
资料：导游和旅游企业纷纷入局旅游直播	260
资料：云台山汉服花朝节引爆春游热	268

模块一　旅游新媒体营销与运营的认知

◆【学习目标】

◆ 素养目标

1. 培养较强的法律意识和道德责任感。
2. 培养较强的沟通能力和团队协作能力。
3. 树立新媒体新质生产力的发展理念。
4. 培养较强的安全防范意识。

◆ 知识目标

1. 了解新媒体营销与运营的基本方法。
2. 掌握新媒体运营工具的使用方法。
3. 理解新媒体运营团队的岗位及分工。
4. 理解新媒体舆情管理的方法。

◆ 能力目标

1. 会选择新媒体营销工具。
2. 能组建旅游企业新媒体营销团队。
3. 能对新媒体运营的风险进行防范。

◆【重难点】

◆ 重点：新媒体营销工具的选择与使用。
◆ 难点：新媒体营销团队的岗位分工。

◆【模块引导】

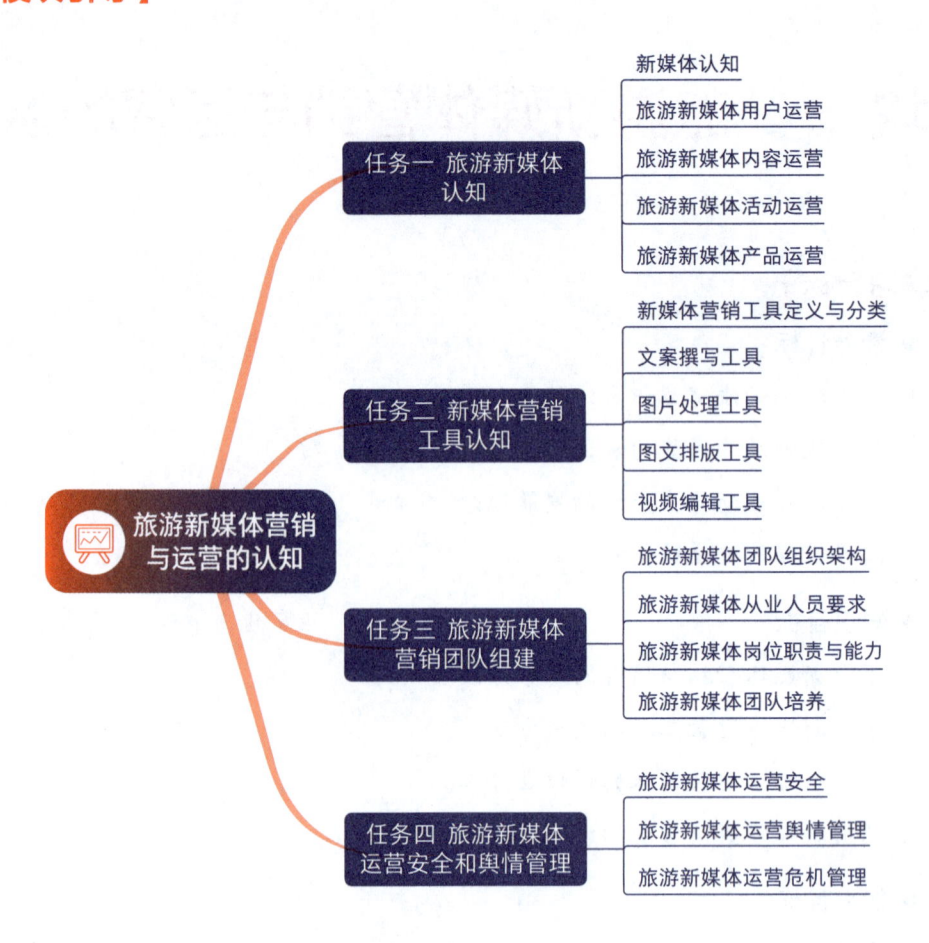

旅游新媒体营销与运营的认知

- 任务一 旅游新媒体认知
  - 新媒体认知
  - 旅游新媒体用户运营
  - 旅游新媒体内容运营
  - 旅游新媒体活动运营
  - 旅游新媒体产品运营
- 任务二 新媒体营销工具认知
  - 新媒体营销工具定义与分类
  - 文案撰写工具
  - 图片处理工具
  - 图文排版工具
  - 视频编辑工具
- 任务三 旅游新媒体营销团队组建
  - 旅游新媒体团队组织架构
  - 旅游新媒体从业人员要求
  - 旅游新媒体岗位职责与能力
  - 旅游新媒体团队培养
- 任务四 旅游新媒体运营安全和舆情管理
  - 旅游新媒体运营安全
  - 旅游新媒体运营舆情管理
  - 旅游新媒体运营危机管理

任务一　旅游新媒体认知

【引导案例】

携程联合新浪微博推出"旅游趋势榜"

淄博烧烤火了,《去有风的地方》让大理也火了。网红城市、网红景点成为2023年旅游消费一大亮点。2023年12月15日,携程与新浪微博将旅游消费趋势与微博热搜、热点内容相结合,推出了"旅游趋势榜",为数亿用户提供旅游灵感、为他们的旅行决策提供参考,发掘更多城市旅行热点,推荐当下具有热度的旅游景点。在首期"旅游趋势榜"中,哈尔滨冰雪大世界、长白山、梅里雪山、西岭雪山、故宫等热门旅行目的地和景区上榜。这次合作是OTA平台与社交媒体打通流量、数据,共建旅游内容生态的率先尝试,两大平台合力打造的优质旅行内容,为旅游行业高质量发展注入新动力。

此次合作,通过热点榜单和优质内容将社交媒体与OTA平台紧密串联,吸引精准旅游人群和广泛的旅游群体。这一合作为目的地及商家构建了全新的旅游种草和拔草路径,为他们提供了全新的营销选择。

近期,携程与新浪微博还携手推出了"跟着榜单去旅行"首期子话题——"去C牌城市做C位"活动,旨在邀请旅游达人前往各省份车牌为"C"的城市,提供实地打卡体验和旅游决策参考。未来,双方计划根据不同的旅游主题,邀请更多优秀的内容创作者参与进来,产出更多具有参考价值的旅游内容,助推旅游目的地的宣传推广,进一步推动文旅产业的发展。

资料:直播让"好客山东"品牌更响亮

微课:什么是新媒体营销

【知识准备】

一、新媒体认知

(一)新媒体的定义与特点

新媒体是指以数字技术为基础,利用计算机技术、网络技术和数字化通信技术,以信息处理和技术传播为支撑,创造、整合和传播信息的媒体形态。与传统媒体相比,新媒体具有实时性、互动性、多样性和即时性等特点。

新媒体包括了各种数字化媒体形式,其中比较典型的见表1-1所示。

(二)旅游新媒体的特点

1. 互动性

新媒体平台为旅游企业和用户之间的双向交流提供了便利,使得旅游企业可以与潜在客户进行实时互动,增强了用户体验。

表 1-1 新媒体形式、特点及主要功能

媒体形式	特点及主要功能
社交媒体	用户通过这些平台发布和分享文字、图片、视频等内容,进行社交互动,例如:微信、微博等
短视频平台	用户通过上传短视频与其他用户分享生活、才艺等,例如以抖音、快手、哔哩哔哩、微信等为代表
内容平台	用户可以在这些平台上发布和获取专业知识、文章等例如:知乎等
在线新闻网站和移动应用	传统媒体通过数字技术转型,提供实时的新闻报道、图文信息
博客和个人网站	个人或机构通过建立自己的网站或博客平台,发布独立内容,进行自我表达和传播

2. 内容多样化

旅游新媒体的内容形式多样,包括文字、图片、视频等,这些不同的内容形式可以满足不同用户的需求,提高用户的参与度和分享率。

3. 传播速度快

新媒体的传播速度极快,信息可以在短时间内迅速扩散,这对于旅游企业抓住市场热点、快速响应用户需求具有重要意义。

4. 覆盖广泛

新媒体的覆盖范围广泛,几乎涵盖了所有互联网用户,这为旅游企业提供了广阔的市场空间和宣传渠道。

5. 定位精准

通过大数据分析,新媒体平台能够帮助旅游企业精准定位目标客户群体,从而实现有针对性地营销推广。

6. 成本低、效益高。相比传统媒体,新媒体运营成本相对较低,尤其是对小型旅游企业而言,新媒体提供了一个低成本、高效益的营销途径。

二、旅游新媒体用户运营

(一) 用户运营的概念

旅游新媒体用户运营是指运用各种数字媒体平台,如社交媒体、短视频平台、内容平台等,通过有针对性的策略和方法,吸引、留存和增值目标用户的过程。用户运营的目标是提高用户满意度,增加用户黏性,促进用户参与和互动,从而达到品牌推广、产品销售等商业目标。在新媒体时代,用户运营已经成为旅游企业数字化战略的核心。

(二) 用户运营的特点

相较于传统媒体,新媒体通常以数字化的形式,紧密围绕用户开展传播。为了抢占用户的碎片化时间,新媒体通常会充分利用大数据对用户的行为偏好进行计算——也就是算法,来更加充分地实现与用户的互动,提高用户的活跃度、留存率、付费转化率等关键指标,来最终实现新媒体营销的商业利益。以下是新媒体用户运营的主要特点：

1. 互动性

新媒体用户运营强调与用户的积极互动。通过评论、点赞、分享等互动方式，建立更为紧密的用户关系，提高用户的投入感和参与感。

2. 实时性

在新媒体平台上，信息传递是实时的。用户运营需要随时了解用户反馈，及时回应用户问题，以保持用户对品牌的信任感和满意度。

3. 多渠道传播

新媒体用户运营通常涉及多个数字媒体平台，如社交媒体、短视频平台等。运营者需要了解每个平台的特点，制定多渠道传播策略，以确保品牌形象的一致性和广泛传播。

4. 数据驱动

运用数据分析工具追踪用户行为，深入了解用户喜好、行为模式，通过数据驱动的方式不断优化运营策略，提高运营效果。

5. 社群运营

通过社交媒体等平台建立和维护用户社群，促使用户之间建立联系。社群运营有助于提高用户黏性，形成品牌的忠实粉丝群体。

（三）新媒体与传统媒体用户的主要区别

新媒体用户与传统媒体用户是有区别的，这使得新媒体用户与传统媒体用户在使用体验和工作效率等方面有着显著差异，其主要区别有以下几个方面（如表1-2所示）。

表1-2　新媒体用户与传统媒体用户区别

区别	新媒体用户	传统媒体用户
内容形式	内容形式多样化，可以是文字、图片、音频、视频等多种形式的媒体内容	主要通过文字和图片来传播信息，受限于纸质媒体和广播电视的技术限制，无法实现丰富多样的内容形式
传递效率	具有实时性和即时性的特点，信息可以随时随地通过互联网传播	需要进行编辑、印刷、出版、发行等多个环节，信息传递速度相对较慢
用户参与度	强调用户参与，用户可以通过新媒体平台进行互动交流、评论、分享等	用户参与度相对较低，用户只能被动接收信息
传播范围	信息传播范围更广，可以跨越地域和国界传播	信息传播范围受限于媒体的传播力度和覆盖范围
用户定制性	可以根据用户的需求和兴趣进行个性化定制，用户可以选择自己感兴趣的内容进行阅读和收听	内容无法进行个性化定制，用户只能选择接收全部内容
广告形式	广告形式更多样化，可以通过文字、图片、视频等多种形式展示广告内容	广告形式相对单一，主要是以图片和文字形式呈现
数据分析	可以通过数据分析工具实时监测用户行为和反馈，对内容进行优化和调整	无法进行实时的数据分析，对用户行为和反馈了解较为有限

(四) 运营方法

新媒体用户运营是通过科学的策略、互动性和数据驱动,更好地吸引、留存和增值用户,推动品牌在新媒体平台上的可持续发展。

1. 用户调研与画像的建立

了解目标用户的基本信息、兴趣爱好、行为习惯等,构建用户画像,为后续的运营策略提供有针对性的依据。

2. 内容策略与创意设计

设置多样化的内容,包括文字、图片、视频等形式。提供有趣、有价值、独特的内容,以吸引用户的关注。

3. 积极互动

通过社交媒体平台与用户建立积极的互动,回复、评论、点赞、分享等。增强用户的参与感,建立更为亲密的品牌关系。

4. 数据分析与优化

利用数据分析工具分析用户行为,了解用户喜好和反馈。根据数据分析结果,及时调整和优化运营策略,提高运营效果。

5. 社交媒体广告和推广

结合社交媒体广告,通过付费推广提高品牌曝光率,吸引更多的潜在用户。

6. 用户服务与危机公关

提供及时、专业的客户服务,解决用户问题。同时,制定危机公关预案,处理负面信息,维护品牌声誉。

7. 社群活动与定期互动

举办线上线下社群活动,增加用户的黏性和忠诚度。定期互动有助于保持用户的活跃度。

三、旅游新媒体内容运营

(一) 内容运营的定义

旅游新媒体内容运营是通过使用新媒体渠道,如社交媒体、短视频、博客等,进行内容的策划、创建、发布、推广和维护的一系列活动。其目的是通过有针对性的内容,吸引目标受众,提高旅游企业品牌知名度,促进用户互动,推动业务发展。

(二) 内容运营特点

1. 即时性和快速传播

新媒体内容能够实现实时更新,信息传播迅速,使得品牌能够更及时地与受众互动。

2. 多样化的内容形式

包括文字、图片、视频、互动等多种形式,以满足不同受众的喜好和需求。

3. 用户互动与参与

强调与用户的互动,通过评论、分享等形式促进用户参与度,增加用户黏性。

4. 数据驱动

运营过程中依赖数据分析,以实际数据为依据进行内容调整和优化,提高运营效果。

5. 全球性和全时性

不受时间和空间的限制,可以全球范围内传播,使得品牌可以跨足国际市场。

(三) 新媒体内容运营基本步骤

新媒体内容运营涉及多个步骤,从规划到执行,再到监测与优化,都需要全方位细致入微地策划,并在过程中需要不断调整和优化,才能实现最佳的营销效果。具体步骤如下:

1. 目标设定

确定明确的运营目标,例如提高品牌知名度、增加用户互动、促进销售等。

2. 目标受众分析

了解目标受众的特征、兴趣、需求和行为,以便更好地制定有针对性的内容策略。

3. 竞争对手分析

研究竞争对手的内容运营策略,了解市场动态,找到差距和机会。

4. 制定内容策略

根据目标、受众和竞品分析,制定内容策略,包括主题、形式、发布频率等。

5. 内容策划

根据不同的平台特性,设计出具有营销效果的内容,以此实现品牌传播和推广。

6. 素材整理

进行素材的收集与整理,包括内部素材(如产品图、产品理念、活动流程、内部数据等),以及行业素材(如行业数据、行业新闻、网民舆论、近期热点等)。

7. 内容编辑

根据素材整理的结果,进行文章、海报、H5(第五代超文本标记语言)、视频等内容的创作。

8. 内容优化

完成内容编辑工作后,需要进行测试、反馈及优化。如果转化率低或反馈不好,需要对内容进行优化与调整。

9. 内容传播

设计传播模式以便于传播的内容,引导粉丝将内容转发到朋友圈、微信群或更多的渠道。

10. 媒介投放

在新媒体平台上进行媒介投放,投放媒体可以是新媒体自媒体,也可以是其他媒体,投放的内容要具有营销效果。

11. 活动组织

在新媒体平台上组织各类活动,以此来吸引粉丝参加活动,并对活动进行宣传,以此实现品牌推广。

12. 社群管理

在新媒体平台上管理社群,要根据社群成员的需求,与其互动,定期发布内容,及时回复社群成员的留言,以此实现社群活跃度的提升。

13. 用户互动和回应

及时回应用户评论、提问,促进用户互动,建立积极的用户体验。

14. 数据分析

利用数据分析工具监测内容运营效果,包括浏览量、互动率、转化率等指标。

15. 调整和优化

根据数据分析结果,及时调整和优化内容策略,以提高运营效果。

16. 危机公关处理

处理负面舆情,通过适当的危机公关策略保护品牌声誉。

17. 持续改进

不断学习市场变化,改进内容策略,保持对新趋势的敏感性。

18. 报告和总结

定期生成报告,总结运营效果,评估是否达到预期目标,为下一轮运营提供经验教训。

四、旅游新媒体活动运营

(一)旅游新媒体活动运营的概念

旅游新媒体活动运营是指在互联网时代,通过各种新兴数字媒体平台,如社交媒体、短视频、直播等,进行有计划、有组织、有目的地推广各类活动的过程。这些活动旨在吸引目标受众,提高品牌曝光度,促进用户互动,增加用户参与感,同时实现旅游企业品牌或业务的营销和传播目标。

(二)旅游新媒体活动运营的关键要素

新媒体活动运营若想获得成功需要全面考虑目标受众、平台特性、创意设计、数据分析等多个方面。通过有计划、有创意的组合策略,使活动能够充分发挥其传播和推广的作用(如表1-3所示)。

表1-3 旅游新媒体活动运营的关键要素

活动	方式
内容创意	吸引人的、有创意的内容是活动的核心,内容要有足够的吸引力和分享性
社交互动	积极参与社交媒体互动,回应用户,拉近品牌与用户的距离
互动活动	设计引人注目的互动方式,如投票、抽奖、用户生成内容等,激发用户参与积极性
预算规划	明确活动预算,确保资源充足,同时关注投入与产出的平衡
合作伙伴	可以考虑与其他品牌、影响者或机构合作,扩大活动影响力
危机应对	设计危机公关预案,防范潜在风险,提前应对可能的负面情况
法规审查	确保活动内容合法合规,防范法律风险,同时确保活动符合民风民俗,保障活动的顺利进行

(三)新媒体活动运营的基本步骤

新媒体活动运营的基本步骤通常包括确定目标、策划定位、活动实施及总结等。具体如下：

1. 确定活动目标

活动要有明确的目标，比如是想提高品牌曝光、增加用户互动、还是促进销售等。目标要具体、可衡量、有明确的时间范围。

2. 目标受众分析

了解目标受众的特征、兴趣、行为等信息，以便更有针对性地制定活动策略。

3. 活动策划

制订详细的活动计划，包括活动主题、内容、形式、时间表、参与方式等，确保策划符合目标和受众的需求。

4. 选择新媒体平台

根据目标受众的主要活跃平台选择合适的新媒体平台，如微信、微博、抖音等。

5. 制作活动素材

创作和准备各种活动素材，包括文字、图片、视频等，确保内容有吸引力和分享性。

6. 活动预热

在活动正式开始前，通过预热活动，发布引人注目的内容，引起受众兴趣。

7. 活动执行

按计划执行活动，包括发布活动内容、进行互动、颁发奖品等，确保活动顺利进行。

8. 社交互动

在社交媒体上积极参与互动，回应用户评论、分享活动进展，增加用户黏性。

9. 数据监测和分析

利用数据分析工具监测活动效果，关注关键指标，如参与人数、互动率、分享次数等。

10. 调整优化

根据数据分析结果，及时调整活动策略，优化活动效果，确保活动朝着预期目标进行。

11. 危机应对

设计危机公关预案，防范潜在风险，提前应对可能的负面情况，保护品牌声誉。

12. 活动总结和报告

活动结束后，对活动进行总结、生成报告，评估是否达到了预期目标，吸取经验教训。

五、旅游新媒体产品运营

(一)旅游新媒体产品运营概念

产品运营是指基于各类数字媒体平台，以提升产品知名度、推广产品特色、增加用户认知、促进销售等为目标进行的有计划、有组织地推广和运营活动。

旅游新媒体产品运营需要从旅游产品定位到推广策略，从用户互动到数据留存分析，进行精准的规划和执行。同时，我们可以根据不同的产品，利用新媒体的数据指征，全面了解产品运营情况，并进行有针对性的策略调整和优化。

此外，在进行产品运营时，还应考虑到旅游产品的综合性、无形性、不可储存性、不可转移性、生产与消费的同步性等特性。

（二）产品运营的关键指标

新媒体产品运营关键指标主要有：

1. 曝光量

产品在新媒体上被展示的次数，反映了产品在平台上的可见度。

2. 点击率

广告或推广内容被点击的次数与总曝光次数的比率，是衡量广告吸引力的指标。

3. 社交媒体粉丝增长率

产品在社交媒体上粉丝数量的增长速率，反映用户对产品的关注程度。

4. 互动率

包括点赞、评论、分享等用户互动的比率，是衡量用户对产品内容的参与度的指标。

5. 转化率

用户从浏览到实际行动（如注册、购买）的转化比率，反映了运营活动的效果。

6. 用户留存率

用户在一段时间内持续使用产品的比率，反映产品的用户忠诚度。

7. 用户参与活动次数

记录用户参与新媒体活动的频率，反映用户对产品运营活动参与的积极程度。

8. 分享次数

用户将产品内容分享到其他平台的次数，反映用户对产品的推荐程度。

9. 点击转化率

用户点击产品广告后完成实际转化行为（如注册、下载等）的比率。

10. 社群互动度

社交媒体上产品社群的互动活跃度，包括话题讨论、用户之间的互动等。

11. 平均停留时间

用户在产品新媒体平台停留的平均时间，反映用户对产品内容的关注度。

12. 用户反馈数量和质量

用户对产品的评论、反馈，了解用户满意度和产品改进的方向。

13. 广告成本

每次点击广告的平均成本，它有助于揭示广告推广的经济效益。

14. 投资回报率

将投资与收益进行比较，评估运营活动的盈利能力。

（三）旅游新媒体产品运营基本步骤

1. 明确目标受众

需要确定旅游产品的目标市场和潜在客户。了解目标受众的偏好、旅游习惯和信息获取渠道，这对于后续的内容制作和营销策略至关重要。

2. 内容策划与制作

根据目标受众的特点,策划吸引人的旅游内容。内容可以是旅游攻略、目的地介绍、旅行故事、旅游资讯、行业动态等,内容要有价值、有趣味、有分享性,能够引起用户的共鸣和兴趣。

3. 平台选择与搭建

选择合适的新媒体平台进行运营,如微信公众号、微博、抖音、快手等。在这些平台上搭建官方账号并进行认证,以提高品牌的可信度。

4. 推广与营销

通过SEO(搜索引擎优化)、社交媒体广告、KOL(在某个领域发表观点并且有一定影响力的人)合作、内容营销等方式,提高旅游产品的在线可见度和吸引力。同时,可以通过举办线上活动、提供特价优惠等方式,刺激用户的参与和转化。

5. 用户互动与服务

通过新媒体平台与用户进行互动,及时回应用户的咨询和评论,提供优质的客户服务。这有助于提升用户体验和品牌忠诚度。

6. 数据分析与优化

利用新媒体平台的数据分析工具,监控内容的表现和用户的反馈。根据数据分析结果,不断调整内容策略和营销计划,以达到更好的运营效果。

7. 开展合作与联盟

与其他旅游相关的品牌或媒体进行合作,通过资源共享和互推,扩大影响力和用户基础。

知识拓展

旅游新媒体营销的发展趋势

旅游新媒体营销正处于一个不断发展和转型的阶段,主要朝着内容深度化、传播体系化及技术与创意的结合等方向发展,主要的发展趋势有以下几个方面。

1. 内容深度化

旅游新媒体营销正从过去追求短暂噱头和爆点的碎片化传播,转向提供更具深度和质量的内容。因此,旅游新媒体营销将更注重内容的生产和分发,这包括原创的旅游攻略、故事、视频等,以及与旅游相关的用户生成内容(UGC)。这不仅需要高质量的内容,还需要这些内容与旅游品牌和产品有高度的相关性。这意味着旅游品牌需要创造有价值、有吸引力且能够引起共鸣的内容来吸引和维系消费者。

2. 传播体系化

随着市场竞争的加剧,旅游品牌开始构建起完整的新媒体矩阵,通过不同的平台和渠道进行有序、一致的品牌传播,以强化品牌形象和消费者认知。

3. 技术与创意结合

新媒体技术的更新迭代为旅游营销带来了新的工具和平台。旅游组织者开始利用社交网站、微博、微信、论坛等新媒体渠道，结合创意和技术手段，提升营销效果和用户体验。

4. 精准受众聚合

新媒体提供了更多细化的营销工具，使得旅游品牌能够更精准地定位目标受众，从而提高营销的转化率和效率。

5. 交互体验转化

新媒体的互动性让消费者成为信息传递的参与者和分享者，旅游品牌可以通过增强交互体验来促进用户的参与度和忠诚度。

6. 多元化营销渠道

旅游品牌正在探索利用多种新媒体渠道进行营销推广，包括但不限于短视频平台、直播、博客、社区等，以覆盖更广泛的受众群体。这些平台的用户基数巨大，而且用户之间的互动和转发非常活跃。旅游企业可以通过在这些平台上发布旅游资讯、游记、攻略等内容，来吸引潜在的游客。

7. 新兴技术融入

随着人工智能、物联网、区块链等新兴技术的发展，旅游新媒体营销也将不断融入新兴技术。例如，通过人工智能技术，更加精准地进行游客画像和推荐；通过物联网技术，实时监测旅游设备和设施的运行状态，提高运营效率；通过区块链技术，建立更加安全和透明的旅游交易平台。

8. 数据驱动决策

随着大数据技术的发展，旅游营销将越来越倾向于个性化。通过收集和分析游客的搜索、浏览、购买等行为数据，可以精准地了解每个游客的需求和喜好，优化营销策略，实现数据驱动的决策，从而为他们提供定制化的旅游产品和服务。

总的来说，旅游新媒体营销的未来将更加注重内容的质量和深度，并通过技术手段提升用户体验和互动性。同时，品牌需要在保持创意新颖的同时，不断适应和利用新兴的媒体渠道和技术，以保持旅游企业在竞争激烈的市场中的领先地位。

【实践演练】

任务单：新媒体账号用户画像

实践主题	选择一个粉丝数量大于10万的主流新媒体平台账号（微信公众号、微信视频号、微博、小红书、知乎等任选其一）进行用户分析，完成用户画像		
内容概述	从性质、内容、粉丝结构等方面对选取的新媒体账号进行分析，确定其用户特点，完成对该账号的用户画像		
实践方案	活动时间	一周	活动地点	自选
	任务实施步骤	1. 班内自由讨论，选择任一主流媒体平台的账号进行分析 2. 从账号内容运营、活动运营及产品运营的角度进行账号定位 3. 对账号的目标用户、运营方式、用户互动等方面进行分析，并完成该账号的用户画像		
	活动要求	利用思维导图工具绘制用户画像		
实践评价	学生自评、互评与教师评价相结合		

【思考题】

1. 什么是新媒体产品运营？它的核心目标是什么？
2. 在新媒体活动运营中，为什么需要进行目标受众分析？
3. 与传统媒体相比，新媒体具有哪些显著特点？

任务二　新媒体营销工具认知

【引导案例】

Red Bull "Stratos" 项目

Red Bull 就是我们熟悉的"红牛"品牌，其最著名的产品是能量饮料。该饮料包含咖啡因、牛磺酸、B族维生素、葡萄糖等成分，旨在快速提供持久的能量。红牛能量饮料是世界上最畅销的能量饮料之一，产品在超过170个国家和地区销售。

Red Bull 品牌强调活力、创新和冒险。其经典标语为"Red Bull Gives You Wings"（红牛给你翅膀）。Red Bull 以其独特、激进的市场推广手法闻名。品牌积极参与和赞助各种活动，最具代表性的是极限运动、音乐活动、赛车和体育赛事，并通过这种方式将品牌与活力、刺激和极限体验联系在一起。

Stratos（平流层）跳伞项目就是 Red Bull 赞助的活动。活动目标是通过一个特殊设计的气球，将菲利克斯·鲍姆加特纳送到距离地球表面约 38 969 米的高空，然后进行跳伞。这个项目旨在突破跳伞高度和速度的世界纪录，并同时展示 Red Bull 对极限运动的支持。

（一）运营步骤

1. 项目规划

Red Bull 在项目前期进行了详细的规划，确定了运营目标、安全措施、合作伙伴关系和新媒体战略等。

2. 社交媒体预热

在活动前，Red Bull 通过其社交媒体渠道发布了大量的预热内容，包括视频、照片和幕后花絮等，以引起受众的兴趣。

3. 实时直播

Stratos 项目的一个重要的部分是实时直播。在活动当天，Red Bull 通过 YouTube 等平台提供了全球范围内的实时直播，使数百万人有机会亲眼见证这一创举。

4. 内容创意

Red Bull 制作了高质量的内容，包括精彩的视频、照片和互动活动，以吸引并留住受众的注意力。

5. 社交媒体互动

在活动过程中，Red Bull 通过社交媒体平台与受众互动，回应评论、分享最新的进展，拉近品牌与用户的距离。

6. 用户生成内容

Red Bull 鼓励用户生成内容，通过社交媒体分享他们对项目的观点、见解和经验，扩大活动的影响力。

7. 数据分析

Red Bull 利用数据分析工具实时监测观众参与情况，了解活动的传播效果。

8. 后续活动

活动结束后，Red Bull 继续推出相关的内容，包括幕后花絮、纪录片等，以保持受众的兴趣。

（二）活动亮点

1. 增加了品牌曝光和知名度

Stratos 项目使 Red Bull 在全球范围内获得了广泛的媒体报道，大大提高了品牌的曝光度和知名度。

2. 社交媒体效应显现

通过实时直播、内容创意和社交媒体互动，Red Bull 成功地将这一活动转化为社交媒体上的热门话题，提高了品牌在数字平台上的存在感。

3. 提升用户参与度

项目成功地激发了用户的参与欲望，通过在社交媒体分享、评论和参与，增加了品牌与用户之间的互动。

4. 品牌形象提升

该项目取得了菲利克斯·鲍姆加在跳伞高度和速度方面创造了新的世界纪录,而 Red Bull 对这一活动进行现场直播,这为 Red Bull 树立了在极限运动领域的领导地位。

Red Bull 的 Stratos 项目是一个成功的新媒体营销案例,突显了品牌如何通过独特而引人注目的活动,结合社交媒体策略,有效地推广品牌形象。

【知识准备】

一、新媒体营销工具定义与分类

(一)新媒体营销工具定义

新媒体营销工具是指在互联网和社交媒体等新媒体平台上,帮助企业或个人进行品牌推广、用户互动、内容管理等工作的软件和服务。这些工具通常能够提高运营效率、增强品牌曝光度、促进与用户的沟通和互动。

(二)新媒体营销工具分类

新媒体营销工具可以帮助我们更高效地进行创作。目前,新媒体的主要功能集中在:文案撰写、图片处理、图文排版、视频编辑四个方面。

1. 文案撰写工具

新媒体文案撰写工具包括文本编辑、排版设计、搜索引擎优化(SEO)、数据分析等功能,以提高文案的质量和吸引力,它是专门用来帮助内容创作者、市场营销人员和社交媒体管理者优化他们的文案创作过程的软件。

2. 图片处理工具

新媒体图片处理工具主要包含图片美化与增强、图片编辑与裁剪、文字与图形添加、图片优化与压缩等功能,可以起到美化图片、增强视觉效果、提升传播效率和用户体验的作用。

3. 图文排版工具

新媒体图文排版工具可以帮助运营人员快速、高效地完成图文内容的排版,使内容的展现更加美观、易读,提升阅读体验、增强内容传达效果、提升工作效率、增强团队协作编辑等。

4. 视频编辑工具

视频编辑工具主要的作用是剪辑与整理视频、添加特效和转场、格式转换和导出等,能帮助用户更好地制作和呈现高质量的视频内容。

二、文案撰写工具

(一) 常用文案撰写工具(如表1-4所示)

表1-4 常用文案撰写工具

工具	功能
GiiSO机器人热点写作	内容创作工具,功能包括提纲写作、类型写作、热点写作、营销写作、智能写作、稿件改写、稿件查重、智能推荐素材、稿件纠错等
Get智能写作	提供海量文章模板、精准文章素材、智能取标题、一键智能改写等
易撰	全面的新媒体内容创作工具,包括内容聚合搜索、爆文分析、热点追踪、文章原创检测、视频库、智能编辑器、数据监测等
句易网	可进行文字、图片的敏感词、违禁词查询,比如通用违禁词、美妆违禁词、新闻违禁词等
零克查词	主要覆盖小红书、抖音、B站等敏感词检测
壹伴助手	有强大的内容识别机制和很多实用的小功能,如营销日历、图文排版、粉丝管理等

(二) 文案撰写工具特点

新媒体文案撰写工具是专门为新媒体平台的文案撰写工作设计的工具,创作者及新媒体营销者可以根据自身定位、文案要求等进行工具选择。一般情况下,文案撰写工具通常具备以下几个特点。

1. 内容创作

帮助用户快速生成、编辑和优化新媒体平台的文案内容。提供丰富的素材库、模板库和编辑器,让用户可以快速创建高质量的文案。

2. 热点跟踪

实时追踪网络热点和发展趋势,帮助用户抓住热门话题和关键词,从而更好地吸引受众关注。

3. 数据分析

提供用户数据分析功能,帮助用户了解受众的行为和喜好,从而更好地调整文案策略和内容。

4. 团队协作

支持多人协作,让团队成员更好地协同工作,提高工作效率。

三、图片处理工具

(一) 常用图片处理工具(如表1-5所示)

表1-5 常用图片处理工具

工具	作用
创客贴	制作新媒体配图、海报、电商设计图、社交生活图(朋友圈图片、表情包、壁纸等)、物料印刷图(线下宣传海报等)、企业文档(PPT、Word等)、视频剪辑和图片处理(抠图、编辑图片等)

续表

工具	作用
凡科快图	功能基本和创客贴一致,可以兼容 H5 和词云的制作
懒设计、图帮主、稿定设计、Canva	和创客贴类似,可以编辑营销海报、新媒体配图、电商、社交生活等图片
改图宝	在线修改照片像素及尺寸,裁剪、压缩文件,处理各类报名照片及证件照,证件照换背景、图片添加水印等功能

(二)图片处理工具特点

不同的新媒体图片处理应用具有不同的特点和功能,用户可以根据需要选择合适的软件。

1. 图像处理软件

这是最常见的新媒体图片处理软件,提供基本的图像处理功能,包括图片裁剪、调整图片亮度、对比度和颜色等,还包含滤镜和其他特效。这些软件可以用于编辑和优化新媒体图片,如照片、插图和图标等。常见的图像处理软件包括 Photoshop、Lightroom 和美图秀秀等。

2. 矢量图形软件

主流矢量图形软件有:Adobe Illustrator 和 CorelDRAW 等。它们的主要作用是创建和编辑矢量图形,且无论图片大或小都能保持其图像质量不变。这些图形通常用于创建新媒体图片,如标志、图标和插图等。

3. 3D 图像和动画软件

如 3DS Max、Maya 和 CINEMA 4D 等,通过它们,可以创建 3D 图像和动画效果。这些软件通常用于建筑、游戏和电影制作等领域,可以创建逼真的三维场景和动画效果。

4. 图标和插图设计软件

这些软件用于创建简洁、明快的标志性图形和插图,如 Sketch、Figma 和 Adobe XD 等。这些软件通常用于 UI 设计、网页设计和 App 设计等领域,可以帮助设计师快速创建和编辑图标和插图。

5. AI 图形处理软件

基于 AI 技术的图片处理软件,如一键 AI 绘画、Midjourney 和 NVIDIA Canvas 等,这些软件利用 AI 技术进行图片创作和处理,可以快速生成高质量的美术作品。

6. 在线图片处理工具和软件

如 Canva、Fotor、美图秀秀等,它们提供更加便捷的在线编辑功能,用户可以直接在网页上编辑和创建新媒体图片。同时,还有一些手机 App 也可以提供新媒体图片处理功能,如 Photoshop Mix、Snapseed 等。

7. 图库资源

在新媒体图片制作过程中,还有一些常用的图库,可以帮助新媒体营销者快速找到需要的图片,进行编辑和转换。从而大幅提升我们在制作、管理方面的效率。无版权图库有 Pixabay、Unsplash、Gratisography、Pexels、Foodiesfeed、visualhunt 等;图片素材来源有千图网、花瓣、图虫创意、picjumbo 等；识图工具有谷歌识图、百度识图等。

四、图文排版工具

（一）常见图文排版工具（如表 1-6 所示）

表 1-6　常见图文排版工具

工具	功能
秀米编辑器	具有较多的排版样式和模板，支持图片、音频、视频等多媒体元素的插入，操作简单易用
135 编辑器	提供丰富的排版样式和模板，同时支持一键排版功能，可以快速将文章内容进行排版
小蚂蚁编辑器	具有较多的样式和模板，同时支持多种实用功能，如一键排版、采集图文等
壹伴助手	插件类排版工具，可与微信公众号无缝对接，提供一键排版、采集图文等功能

（二）图文排版工具的特点

图文排版在文章传播中具有重要的作用和价值，运营者需要通过合理的排版方式来提高文章的可读性和吸引力。在进行图文排版时，需要注意比例协调、质量清晰、关联性、格式统一、位置合理等方面的问题，同时也要根据不同的平台和受众，选择合适的图文排版方式，以达到更好的传播效果。

主流新媒体平台通常都有自己的官方编辑界面，同时也支持一些第三方编辑器，用于提供更多元化和更佳的浏览体验。

五、视频编辑工具

（一）常见视频编辑工具

新媒体视频编辑工具有很多，以下是一些常用的工具。

1. Adobe Premiere Pro

具有强大的编辑功能、丰富的调色工具以及高效的渲染速度，适用于专业视频制作和后期制作。

2. Final Cut Pro

由苹果公司开发的视频编辑软件，具有类似于 Adobe Premiere Pro 的强大的功能。适用于苹果设备用户，可以充分利用苹果硬件的优势。

3. DaVinci Resolve

具有丰富的编辑功能和强大的渲染引擎。适用于剪辑、特效、音频处理、字幕添加等多种视频编辑场景。

4. 剪映

适合初学者使用的视频编辑工具，支持 PC 端和移动端。提供了一键套用模板、识别字幕等便捷功能。

5. iMovie

苹果公司自带的视频编辑软件,界面简洁、操作简单,适合新手入门。

6. 其他

如 VUE、InShot、必剪、一闪、K 剪辑等,这些工具更适合于特定的场景或用户群体,如 Vlog 制作、短视频剪辑等。

(二)视频编辑的特点

视频编辑让视频更加生动、有趣、美观和易于理解,从而吸引更多的观众和用户,提升视频的质量和价值。其主要特点及功能如下。

1. 调整视频的长度和节奏

通过对视频素材进行剪辑,去除不需要的片段,将有用的部分融合在一起,以突出重点,使观众更容易理解视频内容。同时,也可以调整视频的长度和节奏,以适应不同的平台和受众。

2. 增强视频的视觉效果

通过添加特效、滤镜和文字特效等,增强视频的视觉效果,让视频更有趣、更吸引人。这可以提升观众的观看体验,增加视频的点击率和分享率。

3. 提升视频的音频质量

通过添加背景音乐、音效和配音等,让视频更加生动、有趣。同时,对音频进行平衡和调整,可以提升音频的质量和听感。

4. 优化视频的色彩和亮度

通过颜色调整功能,可以改变视频的色调、亮度、对比度和饱和度等参数,使视频更加美观、符合用户的需求。这有助于提升视频的整体质量和观感。

5. 添加字幕和注释

通过字幕功能,可以在视频中添加文字说明,包括标题、字幕和注释等。这有助于增强观众对视频内容的理解,同时也可以对一些关键信息进行强调和标注。

6. 创意设计和个性化定制

视频编辑还可以进行创意设计和个性化定制,例如添加动态元素、进行视频压缩等。这些功能可以让视频更加独特和个性化,以吸引更多的观众和用户。

知识拓展

巨量引擎的三大付费流量广告间有什么区别?

DOU+、Feed 和千川,这三者都是巨量引擎开发的"付费流量"产品,它们在一定程度上有着相似的特点,但也存在一些区别。下面将就这三者的区别及投放选择进行分析。

1. DOU+

DOU+ 是巨量引擎的核心产品之一,主要面向抖音平台的广告投放。DOU+ 广告可以在抖音的不同位置出现,包括视频广告、横幅广告、信息流广告等。DOU+ 的特点是用户活跃度高、流量大、精准定位能力强,适合对用户量大、活跃度高的目标人群进行广告推广。

2. Feed

Feed是巨量引擎开发的信息流广告产品,主要在巨量引擎的合作伙伴应用中展示,包括新闻、社交、视频等。Feed广告的特点是覆盖面广、用户触达频次高,适合品牌推广和用户留存等广告目标。

3. 千川

千川是巨量引擎提供的信息流广告投放平台,旨在帮助广告主在巨量引擎的合作伙伴应用中进行信息流广告投放。与Feed类似,千川同样是展示在合作伙伴应用的信息流中,但千川相对于Feed来说更加开放,提供了更多的广告投放形式和选项,包括横幅广告、插屏广告等。千川的特点是投放形式多样、定制灵活度高,适合有特定广告需求的广告主。

如果广告主的目标是提高品牌知名度、吸引大量用户关注,可以考虑选择DOU+,因为抖音平台的用户量大、活跃度高。

如果广告主希望在合作伙伴应用中展示信息流广告,增加品牌曝光和用户触达频次,可以选择Feed或千川。Feed更适合普通品牌推广,而千川则更适合有特定广告需求的广告主,因为千川提供了更多的广告投放形式和选项,具有更高的灵活性。

在投放时,广告主应根据自身的广告目标、目标受众及预算等因素综合考虑,选择适合自己的投放平台和形式,以达到最好的广告效果。

【实践演练】

任务单:选择旅游产品营销工具

实践主题	选择旅游产品营销工具		
内容概述	"南方小土豆"和哈尔滨冰雪旅游于2023年底火爆网络,为了能吸引更多人在夏季去哈尔滨旅游,提高哈尔滨旅游在社交媒体上的热度,增加粉丝互动,请选择合适的新媒体营销工具并说明原因		
实践方案	活动时间	一周	活动地点	自选
	任务实施步骤	1. 班内讨论,根据用户画像确定营销组合及营销所选择的平台 2. 选择合适的营销工具 3. 说明所选择营销工具的具体功能及选择原因		
	活动要求	独立完成		
实践评价	学生自评、互评与教师评价相结合		

【思考题】

1. 如何通过图文结合的方式提高文章的美观度和阅读体验？
2. 在选择图片时，需要考虑哪些因素以确保图片与内容的一致性和相关性？
3. 如何利用数据监测工具来优化新媒体营销策略？

任务三　旅游新媒体营销团队组建

【引导案例】

打造一支高效的新媒体营销团队

中国青年旅行社旗下的遨游网组建了一支旅游新媒体营销团队，这是一个典型的例子，展示了如何通过策略和创新来打造一支高效团队。

中国青年旅行社是一家有着悠久历史和丰富经验的旅行机构。在互联网技术日益发展的背景下，该旅行社决定成立一个专门的新媒体营销团队，以提升其在旅游市场的影响力和服务能力。这个决定是基于对市场趋势和技术发展的深入洞察。

在组建团队的初期阶段，遨游网明确了一个核心目标：通过新媒体渠道吸引和服务更多的年轻游客。为了实现这一目标，他们进行了详细的市场调研，了解年轻人的旅游需求、喜好和行为模式，这一步骤为后续的运营策略提供了有力的支持。

接下来，遨游网启动人才的招募和培训工作。他们不仅从内部选拔了一些有经验的员工，还招聘了一批有新媒体背景的年轻人。这些人不仅具备专业的技能，还有着敏锐的市场触觉和创新能力。通过一系列的培训和实践，这些团队成员逐渐形成了共同的价值观和工作方法。

在具体的运营策略方面，遨游网注重内容的原创和质量。他们定期发布旅游攻略、目的地推荐、特色体验等方面的文章和视频，以满足用户的个性化需求。同时，他们也积极与各大社交平台合作，扩大品牌的影响力。

此外，遨游网还重视数据分析和用户反馈。通过对用户行为的深入分析，他们可以更准确地了解用户需求，优化内容和服务。通过收集和回应用户反馈，他们能够及时调整运营策略，提高用户满意度。

遨游网的旅游新媒体营销团队组建是一个全面且细致的过程。从目标设定、市场调研，到人才选拔和培训，再到具体的运营策略，每一步都是经过深思熟虑和精心策划的。这种系统性和专业性的团队建设方式，使得遨游网能够在激烈的市场竞争中保持领先地位，为中国青年旅行社带来了可观的商业价值。

【知识准备】

一、旅游新媒体团队组织架构

（一）组织架构

新媒体团队的组织架构通常根据旅游企业的具体业务需求、规模和目标来设计。由于新媒体团队通常是围绕一个或数个新媒体账号来开展工作的，且实际情况可能因组织大小、平台特点和具体业务需求而有所不同，其组织架构的设计应与团队目标、战略方向和工作流程相匹配。

以下是旅游新媒体团队组织架构中常见的岗位，这些岗位可以根据不同组织的需要而有所变化，从而形成不同的组织架构。

1. 总监

负责整个新媒体团队的领导和管理，制定方向、目标和战略。

2. 项目经理

负责特定项目或活动的管理，确保项目按时交付，协调团队资源。

3. 内容创作与编辑经理

负责撰写、编辑和优化各种形式的内容，包括文章、视频脚本、图文等。

4. 多媒体制作经理

管理设计和多媒体制作团队，确保视觉内容在质量和创意上都达到高标准。

5. 平面设计师、摄影师、视频制作师

负责制作图像、照片、视频等视觉内容。

6. 社交媒体经理

负责规划和执行社交媒体战略、与受众互动，管理社交媒体账号。

7. 社交媒体专员

负责日常的社交媒体发布、监测和回应，维护社交媒体活跃度。

8. 数据分析师

负责分析新媒体活动的数据，提供有关内容效果和用户互动的见解。

9. 运营经理

管理团队的日常运营工作，协调不同部门的合作，确保整体运作顺畅。

10. 技术经理

负责新媒体技术的规划和实施，确保技术支持和开发符合业务需求。

11. 开发工程师

负责网站、应用程序和其他技术平台的开发和维护。

12. 市场营销团队

围绕行业需求，完成销售指标，开拓目标市场。

13. 社区经理

负责管理在线社区，与用户进行互动，维护用户关系。

14. 客户服务经理

确保良好的用户体验,处理用户反馈和问题。

15. 法务经理

确保新媒体活动的合法性,处理法律事务和合规问题。

(二) 核心要素

旅游新媒体团队的组建涉及多个相互关联的核心要素,包括目标定位、团队规模、核心成员、工作流程和规范、沟通和反馈机制、团队文化和氛围及持续学习和改进等方面。只有全面考虑这些要素并做好相应的规划和准备,才能组建一个高效、协作、有竞争力的旅游新媒体团队。

1. 明确目标和定位

新媒体团队的目标和定位应该与公司的整体战略和目标保持一致。在组建团队之前,需要明确新媒体在实现公司整体战略中的角色和定位,以及团队的具体目标。

2. 确定团队规模和结构

根据公司的实际情况和需求,确定新媒体团队的规模和结构。团队规模应该根据公司的业务需求、预算和资源等因素来确定,而团队结构则应该根据公司的实际情况和目标来确定,包括人员构成、职责和分工等。

3. 寻找团队核心成员

新媒体团队的核心成员应该具备专业技能和经验,能够胜任各自的工作。在组建团队时,需要考虑到不同成员的背景、技能和经验,以及他们之间的互补性和协作能力。

4. 制定工作流程和规范

制定明确的工作流程和规范,包括工作内容分配、工作流程、工作时间表、工作质量标准等。这有助于团队成员更好地协作和完成工作任务,同时也有利于团队管理和效率提升。

5. 建立沟通和反馈机制

建立有效的沟通和反馈机制,包括定期会议、工作汇报、沟通渠道等。这有助于团队成员之间的信息共享和协作,同时也有利于及时发现和解决问题。

6. 营造团队的文化氛围

营造良好的团队文化氛围,包括团队精神、合作意识、创新思维等。这有助于提升团队的凝聚力和向心力,促进团队成员之间的协作和创新。

7. 持续学习和改进

新媒体行业变化迅速,团队需要不断学习和改进。通过培训、学习、交流等方式,不断提升团队成员的专业技能和综合素质,以适应行业变化和公司发展需求。

二、旅游新媒体从业人员要求

(一) 旅游新媒体从业人员特点

1. 精通技术和设计

熟悉并善于利用各种新媒体工具和平台,包括社交媒体、博客、播客、论坛等,以提供高质量的内容和服务。

2. 善于内容创新

对各种形式的内容有着深厚的理解和创新，能够将不同类型的信息和观点以吸引人的方式呈现给受众。

3. 善于沟通

具有优秀的沟通技巧，能够与受众建立良好的关系，并为受众提供切实可行的解决方案。

4. 灵活和适应性强

能够快速适应不断变化的市场和受众需求，并灵活地调整自己的工作方式和方法。

5. 善于团队合作

能够与其他专业人员一起协同工作，以实现共同的目标和愿景。

6. 具有责任感和良好的职业道德

对工作充满热情和责任感，遵守职业道德和规范，以维护媒体行业的良好声誉。

（二）素质和能力要求

对于新媒体团队的从业人员，一般需要具备以下素质和能力。

1. 敏锐的市场洞察能力

能够及时了解旅游市场趋势和用户需求，为团队提供有价值的创意和建议。

微课：旅游新媒体从业人员素质和能力要求

2. 较强的沟通和协调能力

能够与团队成员和其他部门进行有效的沟通和协调，确保项目的顺利进行。

3. 快速学习和适应能力

能够快速学习和适应新的技术和工具，不断提高自己的专业水平。

4. 团队合作和领导能力

能够积极参与团队合作，发挥自己的优势，同时能够带领团队完成任务。

5. 精益求精的态度和注重细节

能够对工作细节和品质追求精益求精，不断提高工作质量和效率。

此外，对于不同岗位的从业人员，还需要具备相应的专业知识和技能。例如，社交媒体运营人员需要了解社交媒体平台的特点和用户需求，掌握社交媒体营销策略和技巧；短视频制作人员需要了解视频拍摄和剪辑技巧，掌握视频特效和后期制作软件等。

三、旅游新媒体岗位职责与能力

不同的旅游新媒体岗位有着不同的职责与能力要求（如表1-7所示）。

表 1-7　旅游新媒体岗位分工及主要职责与能力

岗位	主要职责与能力
新媒体编辑	主要负责在各种新媒体平台上发布和编辑内容,包括文字、图片、视频等,需要具备良好的文字功底、媒体素养和新闻敏感度
内容运营师	主要负责制定和执行新媒体内容运营策略,包括内容策划、创作、审核、发布等,需要具备良好的文字功底、媒体素养和新闻敏感度,同时需要了解用户需求和行为
新媒体营销师	主要负责制定和执行新媒体营销策略,包括社交媒体营销、搜索引擎优化、内容营销等,需要具备良好的沟通能力、策划能力和数据分析能力
数据分析师	主要负责分析和解读新媒体数据,包括日常数据监控、用户行为数据分析等,需要具备良好的数据分析能力和商业洞察力
新媒体设计师	主要负责设计新媒体平台的界面,包括网页设计、移动应用界面设计等,需要具备良好的设计能力
新媒体摄影师	主要负责拍摄和编辑新媒体所需的图片和视频内容,需要具备良好的摄影技能和视频编辑能力
市场推广专员	主要负责进行市场调研、制定市场推广计划并负责实施,需要具备良好的市场洞察力和营销策划能力
新媒体运营专员	主要负责新媒体平台的日常运营工作,包括内容发布、用户互动等,需要具备良好的沟通能力、组织能力和执行能力
内容策划师	主要负责制定新媒体内容策划方案,包括主题制定、内容创作等,需要具备良好的文字功底、媒体素养并富有创意

四、旅游新媒体团队培养

旅游新媒体团队的培养需要从多个方面入手,不断提高团队成员的专业素养和综合能力,以适应不断变化的市场需求。旅游新媒体团队的培养方式主要包括以下几个方面。

1. 建立专业团队

选择具备相关专业背景和技能的人才,组建专业的新媒体团队。团队成员应具备扎实的旅游行业知识,同时对新媒体的运营、内容创作、营销策略等有深入的理解和掌握。

2. 提供专业培训

根据团队成员的专业技能和知识水平,提供定期的培训和技能提升课程。培训内容可以包括旅游行业资讯、新媒体技术等。

3. 设立激励机制

通过设立奖励机制,激励团队成员更好地发挥自身潜力。例如,可以设立绩效考核制度,根据团队成员的工作表现给予相应的奖励和惩罚。

4. 加强团队协作

鼓励团队成员之间的合作与交流,建立良好的沟通机制。可以通过定期的团队会议、团

微课：旅游新媒体团队培养

建活动等方式,增强团队成员之间的默契度和信任感。

5. 培养创新意识

鼓励团队成员敢于尝试新的创意和策略,激发他们的创新思维。可以提供创新实践平台,让团队成员有机会参与新项目的开发和实施,提升他们的创新能力和实践经验。

6. 关注行业动态

鼓励团队成员关注旅游行业的动态和趋势,了解旅游市场的发展变化。可以通过订阅行业资讯、参加行业会议等方式,让团队成员及时获取最新的行业信息,以便调整策略和方向。

7. 培养领导力

培养团队中的潜在领导者,让他们具备管理和领导团队的能力。可以通过赋予更多责任和任务,锻炼他们的领导力,为团队的长期发展提供保障。

【实践演练】

任务单:旅游新媒体营销团队组建

实践主题	旅游新媒体营销团队组建			
实践目标	1. 会组织新媒体团队 2. 会撰写岗位职责说明			
实践方案	活动时间	约一周	活动地点	自选
	活动方式	分组、展示、研讨		
	活动要求	1. 任务说明:某传统旅游企业因发展需要,想要组建一个旅游新媒体营销团队,专门从事图文、视频内容的全媒体渠道旅游产品营销与运营 2. 任务步骤:请先选择一个旅游企业,根据所选旅游企业类型,确定该企业旅游新媒体营销和运营所需的岗位,每4~6人为一个小组,根据小组成员的特长和爱好,在小组讨论后进行明确的分工,并画出团队的组织结构图,撰写各岗位职责		
实践评价	课堂展示,学生互评与教师评价相结合			

【思考题】

1. 旅游企业新媒体运营的日常工作有哪些?
2. 在新媒体团队中,如何培养和激发团队成员的创新意识?
3. 如何促进新媒体营销团队成员间的信息共享与协作?

任务四　旅游新媒体运营安全和舆情管理

【引导案例】

美联航摔坏吉他

加拿大乡村歌手戴夫·卡罗尔 2008 年 3 月乘坐美国联合航空公司（简称美联航）的航班从加拿大哈利法克斯前往美国内布拉斯加。在抵达芝加哥的奥哈雷机场后，行李工将他和其他乘客的行李像"扔链球"一样随便扔。当时坐在机舱后部座位上的卡罗尔听到后面一名女乘客叫喊道："我的上帝呀，他们把吉他抛来抛去。"他们向工作人员投诉，也没有人去制止。当他拿到行李后，发现自己的吉他已经被摔坏了。

卡罗尔的吉他是价值 3 000 美元的"泰勒"牌吉他。为了修好它，卡罗尔花费了 1 200 美元。但他认为修理后的吉他已无法弹奏出以前的音色。自那之后的 9 个月里，卡罗尔先后向美国联合航空公司在芝加哥、纽约、加拿大甚至印度的服务部门投诉，结果"皮球"总是被踢来踢去。卡罗尔决定利用音乐讨回公道。"我当时就想要把这件事情写成歌曲、制成视频，然后放到网上去，让大家知道我的遭遇"。

卡罗尔将这首《美联航摔坏吉他》（United Breaks Guitars）拍成 MV 放在 Youtube 上之后，没想到 10 天之内，这首歌的点击量接近 400 万次。卡罗尔似乎一夜成名，他发现他和自己乐队的唱片销售量大涨，已经在加拿大的 iTunes 网上打入前 20 名。

同时，美联航为此付出了巨大代价——股价暴跌 10%，而且还被数以百万的人指责。最终，美联航一改过去的冷漠和推诿，付给了卡罗尔赔偿金，并声称要用这个视频培训员工，提高服务水平。

【知识准备】

一、旅游新媒体运营安全

旅游新媒体运营安全通常指的是在进行新媒体运营活动时，需要确保相关信息和活动的安全性、可靠性及合规性。尤其是在进行旅游产品营销、旅游企业品牌宣传、用户互动等活动时，需要进行账号安全、内容安全、信息数据安全等方面的防范和管理。虽然旅游新媒体大多依托云平台，运营者通常较少会遇到自身部署和代码的漏洞，但各大平台的新媒体账号出现安全问题的情况却屡见不鲜。

（一）账号安全

旅游新媒体运营者在注册账号之初，需要考虑到后续运营时可能会遭到他人恶意抢注或以近似的账号名混淆视听的情况，故需要进行一定的防御性注册。例如，可以在各大平台（如抖音、小红书、微信公众号等），将名称、读音相近或类似的账户名均进行注册。

注册账号时，尽可能使用公用邮箱及在职人员手机号码，同时设置密码找回功能并绑定手机号码、身份证等。如遇管理账号人员离任或工作交接，应当进行账号控制权的重新确认，以免出现管理漏洞。此外，还应从法律层面进行账号归属权的确认，避免日后出现账号归属权纠纷。务必使用强密码，并在账户安全中心开启所有安全选项，以确保账户的安全级别始终处于较高水平。谨慎开通账户的第三方应用，尤其是在账户中嵌入非平台认证的第三方应用或者链接时，一定要进行多重确认。

（二）内容安全

新媒体运营人员须确保所发布信息的准确性和真实性。由于旅游新媒体运营者往往是以小团队、自媒体的形式运营，除了平台审核机制外，很难像传统媒体那样对内容建立规范的发布制度。并且由于新媒体对流量的竞争日趋激烈，往往先人一步发布信息就能抢占热点，这造成了很多新媒体的内容制作因缺乏基础审核而失真。

1. 图片内容审核安全

随着 AI 的介入，平台审核机制的日益完善，新媒体平台对所发布的文字内容往往能高效准确地进行判别，但对于图片内容，尤其是一些图片可能包含的隐藏信息、链接等，仍需要运营人员进行仔细甄别。

2. 内容转载安全

内容转载出现安全事故的概率要大于自制内容。其一是内容转载是否经过授权，如果没有，则很有可能构成侵权；其二是转载内容可能涉及链接，如果域名无人维护或被转卖，可能会导致链接失效，更有甚者，可能会因链接域名内被放置了违法违规内容而存在法律风险。

3. 使用平台自带编辑工具为主

第三方编辑工具虽很多时候以功能丰富而颇受新媒体内容生产者的青睐，但第三方编辑工具所提供的文字字体、图标、图片很可能并未取得商用授权，使用者一旦使用并发布，很可能因侵权而受到相关企业追责。因此，尽可能使用平台自带编辑工具。

（三）信息数据安全

新媒体运营人员应确保用户和客户的信息数据安全，遵守相关法律，不进行用户信息的过度采集。同时应妥善保管和保护个人隐私信息，防止个人信息被泄露或滥用。严格限制新媒体运营人员的管理权限，禁止无权限的运营人员接触、浏览、下载、拷贝用户信息。对于涉及支付的数据信息，必须使用经平台认证的支付渠道，例如微信服务号、抖音小黄车等，均涉及交易的信息数据安全。对于大平台而言，支付本来就是平台基础服务的一部分，其数据接口、支付渠道等都相对安全。但对于一些具备聚合支付的第三方支付工具，新媒体运营者需要谨慎甄别。

除上述旅游新媒体运营所涉安全问题外，还应加强对旅游新媒体内容制作者、发布者的法律意识和行为规范培养，建立规范化的管理制度。旅游新媒体运营人员还应确保其运营操作的电子设备安全。例如，所制作的内容是否备份？离开工位时是否对设备进行了足够的安全保护？电子设备上是否存在与工作内容不相关的软件？

二、旅游新媒体运营舆情管理

随着社交媒体和在线平台的不断普及，公众对企业行为、产品表现的关注度越来越高，企业声誉、品牌形象也成为市场竞争的要素。舆情管理已成为企业运营、产品营销中不可或缺的一部分。舆情管理就是通过有效手段对公众舆论进行引导、监督和分析，从而实现企业、品牌、产品等与公众之间的充分沟通与有效互动。

尤其对于旅游领域来说，舆情通常是以旅游事件为核心，由旅游者、网络用户和媒体就某一旅游热点或危机事件进行认知、情绪和意见的表达而形成。同时，由于游客可以从互联网，尤其是包罗万象又无处不在的新媒体上，通过图文、短视频或直播等形式轻松获取旅游资讯，同时也能将自己的旅行见闻、感受和体验分享给其他新媒体用户。

但由于旅游产品的特殊性，用户的分享以主观感受为主。并且由于用户的个人背景、要求、认知等方面的差异，他们对旅游产品的体验是完全不同的，使得用户有时很难从公平、客观的角度进行评价。那么当旅游体验不佳时，游客往往会从自己的主观感受出发，通过新媒体平台表达不满和抒发负面情绪。而这就有可能产生舆情危机，如果不能及时处置或处置不当，则会对旅游企业甚至旅游目的地的形象造成损害。

（一）舆情管理的一般流程

1. 监测与分析

通过使用各种舆情监测工具和技术，对互联网、社交媒体、新闻媒体等渠道上的舆情进行实时监测，并获取有关用户对旅游目的地、景点、服务、活动等方面的评论、评分、分享，以及竞争对手的相关动态。同时，对于获取的舆情信息进行深度分析，了解舆情的来源、传播路径、情感倾向及形成的原因和动机等。

2. 评估与判断

基于舆情监测和分析的结构，企业需要对公众舆论进行全面的评估判断，了解其对企业、品牌形象和利益的影响程度，评估舆情的真实性、重要性、传播范围，以及后续可能的影响力等。在经过正确评估后，我们还需要判断舆情事件的应对策略和优先级。包括舆情的性质、紧急程度、处理舆情的成本和效果等。

3. 应对与行动

根据评估和判断的结果，需要迅速制定相应的应对策略和行动计划。包括内部沟通协调、迅速响应、积极回应用户评论、发布正面信息和优化搜索结果、加强与用户的沟通和互动、及时发布公开声明或道歉等措施。

（二）舆情管理具体措施

建立专业舆情管理团队、制定完善的舆情管理计划、建立良好媒体关系、及时回应公众关切、持续改进和完善各方面的舆情管理措施，有助于旅游企业更好地应对舆情挑战，维护品牌形象，提升竞争力，实现长期可持续发展。

1. 建立专业舆情管理团队

专业的舆情管理团队是保护品牌声誉和形象的关键。团队应该具备舆情监测、分析、危机应对等方面的专业技能和经验，能够及时发现并应对各种舆情挑战。团队通过跟踪旅游目的地、景点、服务等方面的舆情，快速做出反应，有效应对负面舆情，并通过舆情引导提升品牌形象。

2. 制订完善的舆情管理计划

旅游舆情管理需要有明确的战略和计划。通过制订完善的舆情管理计划，企业可以明确舆情管理的目标、策略和措施，建立起系统化的舆情管理体系，有助于企业在舆情事件发生时做出及时、准确的决策，降低危机带来的负面影响。

3. 建立良好媒体关系

与媒体建立良好的关系对于旅游舆情管理至关重要。积极维护与媒体的沟通渠道，建立起互信、互惠的合作关系，有助于企业及时传递正面信息，回应公众关切，引导舆情走向，降低负面舆情的传播范围和影响力。

4. 及时回应公众关切

旅游企业需要及时回应公众关切，积极与用户进行沟通和互动。对于正面舆情，要及时予以肯定和回应；对于负面舆情，要诚实地回应用户的疑问和批评，提供透明的解释和解决方案。及时回应公众关切有助于消除用户的疑虑，减少负面舆情对品牌形象的损害。

资料：旅游新媒体运营风险防控

5. 持续改进与完善

旅游舆情管理需要不断改进和完善，与时俱进。企业应该根据舆情管理的实际情况和效果，不断调整和优化管理策略和措施，提升舆情管理的效率和水平。持续改进和完善有助于企业更好地适应市场环境的变化，保持竞争力和持续发展。

三、旅游新媒体运营危机管理

（一）危机特点

旅游新媒体的危机主要发生在舆情处理方面。旅游舆情具有情感化强、口碑重要性高、图片和视频的影响力大、时效性和地域性强、消费体验导向等特征。

1. 情感化强

旅游是一项情感化较强的活动，旅游舆情往往涉及用户的情感和体验。用户对旅游目的地、景点、服务等有着较高的期待和情感投入，他们在新媒体上发表的评论往往具有较强的感情色彩。

2. 口碑重要性高

旅游行业的发展受口碑的影响较大，用户的评价和推荐对他人具有很高的参考价值。一条好评或差评就可能对旅游企业、旅游目的地的业绩产生直接影响。

3. 图片和视频的影响力

旅游舆情往往涉及大量图片和视频，用户通过分享自己的旅游照片和视频来展示自己的旅游经历和体验。图片和视频具有直观性和感染力，能够更直接地影响其他用户的决策和态度。

4. 时效性与地域性

旅游行业具有明显的时效性和地域性，不同时段、季节及地区的旅游舆情特点也不同。例如，节假日和旅游旺季，受不同地域的政治、经济、文化影响，往往会出现较为集中和密集的舆情事件。

5. 消费体验导向

用户对旅游舆情的关注往往集中在消费体验方面,包括景点品质、服务质量、价格水平等。用户更倾向于分享自己的消费体验和感受,从而对其他用户的旅游决策产生影响。

6. 关联性和联动性

旅游舆情往往具有关联性和联动性,一次旅游事故可能引发多个相关景点或企业的舆情事件,扩大了事件的影响范围。

(二)危机处理

旅游新媒体舆情危机处理是指旅游企业在面对新媒体平台上突发的负面舆情或危机事件时,采取有效措施以尽可能减少负面影响,维护企业的声誉和形象。

1. 快速响应

面对负面舆情,旅游企业应迅速做出响应,及时发布公开声明或信息,表明企业态度和立场,有效遏制舆情的蔓延,减少负面影响。

2. 信息透明

在处理舆情时应保持信息透明,向公众提供真实、准确的信息。及时公开事实真相,避免信息不对称,减少虚假信息和谣言的传播。

3. 积极沟通

与媒体、用户和其他利益相关方进行积极沟通,回应用户的疑问和批评,解释情况,减少误解。保持低姿态和良好的沟通关系,争取理解和支持。

4. 控制舆情

通过积极的舆情引导和公关策略,旅游企业可以尽量控制舆情局势,减少负面情绪的传播和影响。发布积极的消息、展示旅游企业的积极行动和责任担当等,以引导舆情走向积极的方向。

5. 公开结果

面对危机事件的发生,除上述措施外,旅游企业还应及时进行最终处理结果的公开,向受影响的用户或利益相关方道歉,并根据情况进行适当的赔偿或补偿,以弥补损失和恢复公众信任。

知识拓展

通过合作渡过危机

企业可以通过与媒体、政府、行业协会、专家学者、社会团体和公众等多方合作,共同应对危机事件。这种合作有助于增强互信和理解,减少对立情绪,并借助外部力量实现合作共赢。

1. 与媒体合作

企业应积极与媒体合作,及时发布准确、全面的信息,以回应公众关切,消除不实报道和谣言。建立良好的合作关系有助于增强企业的公信力和形象。

2. 与政府合作

企业应与政府合作,遵守相关法律法规和政策规定,共同应对危机。与政府合作可以借助政府的力量和资源,提高危机应对能力。

3. 与行业协会合作

企业可以与行业协会合作,共同制定行业规范和标准,加强行业自律,提高整体形象。通过与行业协会合作,可以增强公众对行业的信任和认可。

4. 与专家学者合作

企业可以与专家学者合作,邀请他们为企业提供专业建议和支持。专家学者的专业知识和经验可以帮助企业更好地应对危机。

5. 与社会团体合作

企业可以与社会团体合作,共同应对危机。社会团体的力量和资源可以帮助企业更好地整合资源,提高危机应对的效率。

6. 与公众合作

企业应与公众合作,及时回应公众的关切和疑问,积极解决实际问题,减少对立情绪。通过与公众合作,可以增强公众对企业的信任和理解。

【实践演练】

任务单:旅游新媒体舆情处置

实践主题	旅游新媒体舆情处置		
实践目标	1. 掌握旅游新媒体舆情处理的方法 2. 会进行旅游新媒体舆情处理		
实践方案	活动时间	约一周	活动地点	自选
	活动方式	分组、研讨、方案撰写	
	活动要求	1. 任务说明:针对2024年3月云南某旅游团因拒绝购买乳胶床垫而导致滞留店内数小时,游客发布视频引起的舆情事件及当地处置方法,给出优化处理意见。 2. 任务步骤:每4~6人为一个小组进行舆情处理团队的组建,明确分工。通过调研和信息搜集,经小组研讨后,依照分工,撰写针对该事件舆情处置的优化方案	
实践评价	课堂展示,学生互评与教师评价相结合		

【思考题】

1. 旅游新媒体运营中涉及哪些安全风险？
2. 旅游新媒体如何避免发布不实信息？
3. 对于负面舆情，如何处置才能将影响降到最低？

模 块 小 结

随着信息技术的飞速发展，新媒体已经成为旅游业推广的重要阵地。从认知的角度看，旅游新媒体营销与运营不仅仅是一种传播手段，更是一种与时俱进的市场策略。它要求我们不断更新对市场的理解，掌握最新的营销工具，并构建一支能够适应新媒体环境的高效团队，在实战中不断关注运营安全和舆情管理，强化与目标消费者沟通，提升旅游企业品牌影响力，最终实现旅游企业业绩增长。

模 块 练 习

一、判断题

1. 新媒体营销工具主要包括文案撰写、图片处理、图文排版和视频编辑四个方面。（　　）
2. 新媒体团队的组织架构设计应与团队目标、战略方向和工作流程进行匹配。（　　）
3. 与传统媒体营销相比，新媒体营销不具备互动性。（　　）
4. 旅游新媒体营销团队的组建不需要考虑团队文化和氛围的培养。（　　）
5. 新媒体营销要求不断学习、创新和适应，以应对不断变化的市场环境。（　　）
6. 当出现负面舆情的时候，才需要进行舆情管理。（　　）
7. 进行新媒体营销时，新媒体运营人员无须检查品牌方发送的资料，可以直接使用。（　　）

二、单选题

1. 新媒体运营的基本方法不包括以下哪项？（　　）
   A. 内容创作　　　　　　　　B. 用户调研与画像建立
   C. 数据分析与优化　　　　　D. 传统广告投放
2. 在新媒体营销中，以下哪个不是提高文章美观度和阅读体验的方法？（　　）
   A. 使用统一的字体和颜色方案　　B. 插入与内容无关的图片
   C. 合理利用空白和布局　　　　　D. 使用清晰的标题和子标题

3. 新媒体营销团队中负责内容创作和编辑的岗位通常被称为？（　　）
   A. 社交媒体经理　　　　　　　　B. 数据分析师
   C. 内容创作与编辑经理　　　　　D. 开发工程师
4. 在新媒体营销中，以下哪个工具主要用于视频编辑？（　　）
   A. Canva　　　　　　　　　　　　B. Photoshop
   C. Adobe Premiere Pro　　　　　D. GiiSO 机器人热点写作
5. 新媒体营销团队的岗位分工中，负责规划和执行社交媒体战略的岗位是？（　　）
   A. 新媒体编辑　　　　　　　　　B. 互联网营销师
   C. 数据分析师　　　　　　　　　D. 新媒体总监
6. 新媒体营销团队中，以下哪个岗位通常负责内容创作？（　　）
   A. 新媒体营销师　　　　　　　　B. 运营经理
   C. 内容创作与编辑经理　　　　　D. 技术经理
7. 在新媒体营销中，以下哪个不是提升用户参与度的方法？（　　）
   A. 发布有吸引力的内容　　　　　B. 忽略用户反馈
   C. 举办互动活动　　　　　　　　D. 积极回应用户评论
8. 新媒体营销团队中，负责技术支持和开发的团队成员通常被称为？（　　）
   A. 开发工程师　　　　　　　　　B. 内容创作与编辑经理
   C. 社交媒体经理　　　　　　　　D. 数据分析师
9. 在新媒体营销中，以下哪个平台不属于短视频平台？（　　）
   A. 抖音　　　B. 快手　　　C. 新浪微博　　　D. B 站
10. 新媒体营销团队中，负责分析新媒体活动数据的岗位是？（　　）
    A. 运营经理　　　　　　　　　　B. 客户服务经理
    C. 数据分析师　　　　　　　　　D. 市场营销团队
11. 新媒体运营的安全风险不包含？（　　）
    A. 用户数据泄露　　　　　　　　B. 未经授权的字体
    C. 包含链接的图片　　　　　　　D. 无版权的图片
12. 旅游新媒体舆情管理包含？（　　）
    A. 随时对用户言论进行监控　　　B. 禁止媒体平台传播负面信息
    C. 用其他新闻转移大众注意力　　D. 及时公布调查结果

三、多选题

1. 新媒体营销团队的岗位分工中，哪些岗位可能涉及内容创作？（　　）
   A. 新媒体编辑　　　　　　　　　B. 内容运营师
   C. 市场推广员　　　　　　　　　D. 数据分析师
2. 新媒体营销团队的培养方式包括哪些？（　　）
   A. 建立专业团队　　　　　　　　B. 提供专业培训
   C. 设立激励机制　　　　　　　　D. 培养领导力
3. 新媒体营销团队中，哪些岗位需要具备数据分析能力？（　　）

A. 新媒体营销师 B. 数据分析师
C. 内容运营师 D. 新媒体设计师

4. 在新媒体营销中,哪些因素有助于提高文章的美观度和阅读体验?(　　)

A. 图文结合 B. 统一的布局
C. 插入无关的广告 D. 清晰的标题和子标题

5. 新媒体营销团队的组建需要考虑哪些核心要素?(　　)

A. 目标定位 B. 团队规模结构
C. 核心成员 D. 持续学习和改进

6. 新媒体运营安全需要考虑哪些主要因素?(　　)

A. 内容安全 B. 账号安全
C. 信息数据安全 D. 管理人员安全

7. 新媒体舆情管理的主要作用有哪些?(　　)

A. 维护企业形象和声誉 B. 改善用户体验
C. 提升竞争力 D. 预防危机和风险

四、论述题

1. 论述新媒体营销在旅游业中的重要性。
2. 论述如何构建一个高效的旅游新媒体营销团队。
3. 论述旅游新媒体负面舆情处置的一般流程。

模块二　微信运营

◆【学习目标】

◆ 素养目标

1. 培养对旅游行业的热爱。
2. 树立工匠精神。
3. 养成协同合作的精神。

◆ 知识目标

1. 熟悉企业微信、微信视频号、微信公众号和微信小程序的基本功能。
2. 掌握企业微信、微信视频号、微信公众号和微信小程序的运营过程。
3. 理解企业微信、微信视频号、微信公众号和微信小程序运营的本质是为了吸引目标用户,增加用户流量。

◆ 能力目标

1. 会进行微信社群运营。
2. 会利用微信短视频进行引流。
3. 会利用微信公众号和小程序进行营销推广。

◆【重难点】

◆**重点**：企业微信社群的运营和视频号的运营。
◆**难点**：微信公众号的内容策划创作与微信小程序的设计。

◆ 【模块引导】

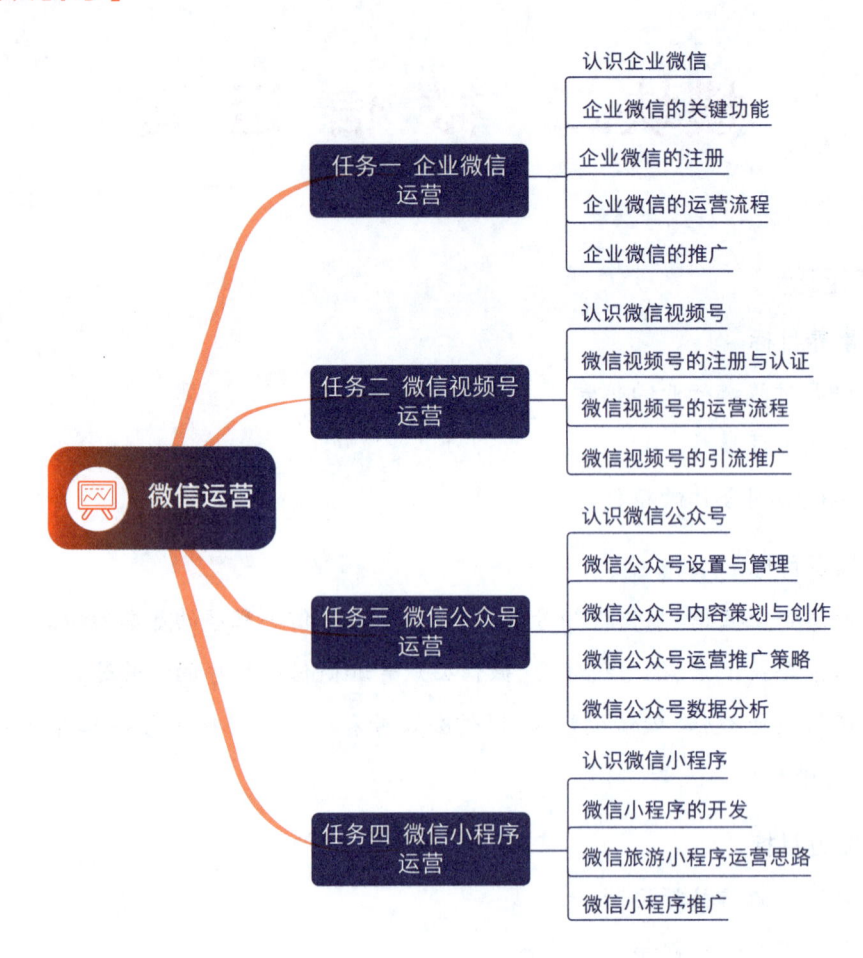

微信运营
- 任务一 企业微信运营
  - 认识企业微信
  - 企业微信的关键功能
  - 企业微信的注册
  - 企业微信的运营流程
  - 企业微信的推广
- 任务二 微信视频号运营
  - 认识微信视频号
  - 微信视频号的注册与认证
  - 微信视频号的运营流程
  - 微信视频号的引流推广
- 任务三 微信公众号运营
  - 认识微信公众号
  - 微信公众号设置与管理
  - 微信公众号内容策划与创作
  - 微信公众号运营推广策略
  - 微信公众号数据分析
- 任务四 微信小程序运营
  - 认识微信小程序
  - 微信小程序的开发
  - 微信旅游小程序运营思路
  - 微信小程序推广

任务一　　企业微信运营

【引导案例】

企业微信：春秋航空的客户社群运营

对包括春秋航空在内的航空公司来说，传统的触达旅客的方式大致有两类：一是打电话，二是官方App或微信公众号等方式。这两类触达方式都存在一定的缺陷：前者具有主动性，但却容易对旅客造成打扰，后者则是同用户的被动接触，很难给旅客带来一对一的专属服务体验。

近几年有部分航司转向使用个人微信平台，春秋航空也不例外。然而，使用个人微信，虽然能够部分满足主动触达用户并给旅客带来专属服务的目标，却也存在不少遗憾，比如个人微信号的客服身份缺乏统一认知符号，容易降低客户的信任感；无法对用户数据进行系统的数据分析。

为了提高对微信群的运营效率，更好地服务每一位旅客，春秋航空最终选择了企业微信平台。正如春秋航空的市场部运营总监杨先生所言："开始时我们使用的是个人微信平台，为了提高对微信社群的运营效率，我们展开了对第三方微信运营工具的调研。在这个过程中，我们发现企业微信的原生功能本身就很出色，其面向B端的架构，面向员工、客户管理和沟通的能力都很符合我们的需要。"

2020年7月，春秋航空正式将原本的个人微信社群迁移到了企业微信平台。春秋航空的用户沉淀方式目前以线上为主，在App、微信公众号等的一些场景化的触点进行引流。线下则起到辅助性的作用，主要是服务短信、机场地推。由于平台的迁移，航司的旅客客户群运营效率有了大幅提升。从2020年7月启动企业微信社群运营到当年11月，春秋航空已经积累了5万名精准的旅客，近300个社群。

通过企业微信，每一名春秋航空的员工成为一个对外的服务窗口，为旅客提供有温度的服务。在这个过程中更是发生了不少员工和旅客的温情故事，杨先生说："在我们遭受误解时，一些客户会主动出来维护和帮助我们，还有用户在群里得到我们的帮助后，写表扬信给我们的企业微信运营人员。部分企业微信客户还在群里主动支持我们业务"。

这些温情的工作片段充实着每一位春秋航空的运营人员，来自用户的反馈更是让春秋航空的服务得到进一步的提升。杨焕民说："我们也从一些反馈里，收获了不少好的建议和需求"。

【知识准备】

一、认识企业微信

众所周知，微信是使用群体最为广泛的软件，它集社交、支付等多种功能于一体，服务于大众生活的方方面面，也成为许多企业处理日常工作的工具。但是现在随着公司业务的交流发展，个人微信已经不能满足需求，企业微信应运而生，它是专门为企业打造的专业办公管理工具，有着与微信一致的沟通体验，还有丰富的免费办公应用，并与微信消息、小程序、微信支付等互通，可以助力企业高效办公和管理。对内让企业沟通信息高效流转，对外让11亿微信生态近在咫尺。企业微信，将逐步承担起各品牌私域运营的重任。

二、企业微信的关键功能

（一）打通微信，高效管理客户

对于企业微信来说，与个人微信的联动是它的优势之一。它既是一款方便员工管理、同事协作的办公工具，也是私域运营的好帮手。

它无须客户下载其他的应用软件，通过添加客户的个人微信即可完成对客户的联系与维护，同时还可以进行后台数据的统计与分析，既方便用户使用，同时也做到公私分明，不会打扰亲友。

（二）员工离职，客户不流失

以往在微信上，但凡有员工离职，若没有尽快完成交接及对客户的维护，都有可能造成客户流失，从而对企业价值造成损害，同时还会伤害企业的信誉。

而使用企业微信，在员工岗位变动或员工离职的情况下，可通过离职继承、在职继承功能将客户批量转移给该岗位的其他员工，避免客户流失的同时，也方便了交接。

（三）会话存档监管员工聊天记录

以往出于隐私保护考虑，企业对员工个人微信的聊天记录并不能进行实时且智能的监控，从而无法进行更严格的合规性审查，尤其是当消息被撤回之后就不再留下任何依据，且聊天记录里，文件、图片等内容时效短，过期即失效。

企业微信推出的会话存档功能就解决了这个问题，企业开启会话存档功能后，存档员工与客户聊天内容就能进行实时存档，满足企业监管需求。

对于销售型企业，销售人员收回扣，或者飞单行为时有发生，而会话存档及企微助手的敏感词监控，可以及时发现违规行为并通知管理员。对于应收账款客户不承认的违约情况，会话存档也能避免因文件失效而导致的证据丢失的风险。

此外，团队复盘经常会分享业绩排名前列的案例给其他成员学习，聊天内容存档能很好地还原整个销售场景，提升团队整体销售水平。

三、企业微信的注册

第一步：打开浏览器进入注册页面，输入企业微信官网的网址：https://work.weixin.qq.com/；也可以在搜索引擎中直接输入"企业微信"，然后点击链接→立即注册→进入注册页面。

第二步：填写注册信息。

（1）在注册页面中填写企业信息，包括企业、政府或组织的名称，行业类型及人员规模。

（2）在同一页面，还需要填写管理员的姓名及手机号码（管理员是负责管理企业微信的关键人员）。

(3)输入完毕后,点击"获取短信验证码",将验证码输入至相应的文本框。

第三步:绑定微信账号。

输入完验证码后,使用微信 App 扫描注册页面上提供的微信二维码,将企业微信与微信账号进行绑定。

第四步:注册成功。

在输入所有必要信息后,点击"我同意"和"注册"选项。注册成功后,点击"进入管理后台",管理员再次登录到管理后台。只需用此前绑定的管理员微信扫描登录页面二维码,即可登录管理后台。

四、企业微信的运营流程

(一)设置员工信息

企业微信的定位是让每个员工都成为企业服务的窗口,因此员工对外展示的信息十分重要,主要可以设置两个方面:员工名片和自动回复。

1. 员工名片

企业微信的对外名片是客户对员工的第一印象,能够让客户了解到员工的职位、真实姓名等信息。与个人微信不同的是,企业微信名片还能添加邮箱、官方入口、小程序入口等信息。

2. 自动回复

企业微信中可以设置自动回复功能,用户在添加企业微信好友时,第一时间可以收到自动回复的内容,了解企业的私域能带给他什么价值,这极大地节省了运营人员的时间。

(二)建立社群

建立社群除了常规的群名称、群公告以外,还有其他一些实用的功能可以进行设置,比如自动欢迎语、自动回复、防骚扰等。

1. 自动欢迎语

优秀的社群,欢迎语必不可少,这可以给用户留下良好的印象并帮助用户快速了解社群。企业微信可以实现自动欢迎语的功能,由管理员在后台进行统一的设置。用户进入社群后,第一时间可以收到欢迎语。常见的欢迎语有"欢迎来到我们的社群!这里是一个畅所欲言、分享喜悦、交流思想的平台。我们期待您的加入,一起分享彼此的见解和经验,共同度过愉快的时光。"

2. 自动回复

自动回复是针对客户的常见问题而设置的标准回复内容,可为群内成员节省时间,同时可快速响应客户的问题。管理员可统一添加关键词和自动回复的消息,群主在群聊中开启自动回复后,客户可以在群里@小助理或服务人员进行提问,小助理将根据关键词自动发送消息内容。

3. 社群规则

社群管理员可以设置社群规则,防止社群成员发广告、刷屏、发敏感词等。例如,社群里设置了"加微信"等敏感词,如果有社群成员在聊天中发送了这个敏感词就会触发自动踢人功能,如图 2-1 所示。

(三）社群引流

设置完员工信息和社群规则后，接下来就是如何将用户引流进社群。通常旅游企业都会从自己的线上公域或是线下门店进行私域的引流，主要有以下几种方式：

1. 建立渠道活码

企业成员可以进入企业微信后台创建不同类型的渠道活码，将活码放置在微信公众号、电商包裹卡等线上渠道，以及门店、商场广告等线下渠道。主要有两个方面的好处：第一，可以长期使用一个物料，一个渠道活码，后台可以随时添加更改不同员工的二维码。客户扫码的时候，会随机加到不同的员工微信，这大大减轻了引流的压力，方便更多的客服去服务好每个客户。第二，可以创建不同渠道的二维码，精准评估每个渠道的流量转化效果，后续可以决定追加哪个渠道的推广，做到精准营销。

图 2-1 设置社群规则

2. 裂变引流

裂变作为一种低成本、可持续的获客方式，利用用户的社交关系，引导用户老带新、新带新，是很多旅游企业做私域的重要突破口。现在最为主流的裂变方式都是以企业微信为基础，例如社群裂变玩法，其基本流程是：(1) 创建裂变海报；(2) 邀请 A 客户参与扫码海报活动，添加企业微信；(3) 企业微信自动发送进群邀请话术和进群邀请链接；(4) A 客户进群了解规则生成裂变海报；(5) 分享海报到朋友圈吸引更多用户进群；(6) 完成任务，社群自动提示领取奖励。

3. 区域活码

企业微信还提供了一种基于"客户地理位置"的入群方式，叫作"区域活码"。用户扫码后可以获取到他们的地理位置，然后为用户精确匹配距离他最近的门店店长的企业微信。再结合营销活动，将用户引流到线下门店。

（四）社群运营

用户进入社群之后，作为旅游企业就要想办法做留存，提高用户活跃度。通常可以采用发红包、群内签到、定期去重等手段。

1. 群红包

群内发红包是活跃社群的重要手段之一，虽然个人微信群里也可以发红包，但是用企业微信发红包有以下两个好处。

第一，员工发红包是从公司账户内发出，解决了报销审核的麻烦。

第二，后台可以统计出哪些用户领了红包，领了多少，方便了解具体的用户活跃情况。

2. 签到打卡

群签到功能可以极大地提升用户的留存和活跃，并根据用户的签到情况，判断哪个社群的哪些用户最为活跃,然后进行重点培养。例如,设置一个"30天打卡挑战",连续签到30天后可以领取福利。

运营者只需在后台设置好签到关键词、签到积分、提醒时间等参数。当群内成员发送签到关键词时,会自动提醒用户签到成功。

3. 定期去重

企业社群管理的一大问题便是不相关的人或者竞争对手的进入,运营者没有办法分辨这些人。

此前微信社群并没有去重选项,但使用企业微信进行社群运营,运营者可以定期检查重复加群的人,如果发现有异常,可以自主选择踢出群聊,这对于社群的维护非常有利。

(五)用户分层

为了实现用户价值最大化,挖掘他们的终身价值,核心就是用户分层,有针对性、精细化的运营。

而用户分层的前提是建立大量的用户标签,通常可以从渠道来源、用户等级、人口属性和消费信息这四个维度进行打标签,然后再根据各自企业的需求进行标签的细分。

建立用户标签体系之后,根据用户分层策略,定期推送不同内容。例如,在朋友圈、私聊、社群中都可以去做相应的侧重。

1. 朋友圈

员工可以根据用户分层的情况,设置不同的朋友圈群组,发送不同的内容。目前一天可以发布3条企业微信朋友圈,可以由管理员统一编辑,推送给所有员工。员工不需要单独编辑,只要一键确认即可发送,节省了运营人员的时间。同时后台还能看到每个员工是否发送,发到了多少客户的朋友圈内。

2. 私信

企业微信里可以使用聊天侧边栏功能,在侧边栏中可以查看用户的等级、标签、备注等信息,方便员工有针对性地沟通,尤其是转接其他同事的客户时,可以第一时间了解信息。

3. 社群

可以根据用户的标签,判断用户的画像,然后在社群内发送最为匹配的内容。也可以根据用户分层的结果,将相似的用户拉进一个社群内,进行更精细化的管理。

社群的本质就是做好用户的管理,是帮助企业实现精细化管理和落实服务的更为简单高效的手段。

五、企业微信的推广

在企业的官方网站和社交媒体平台上发布企业微信的介绍和使用方法,引导用户关注和下载。同时,可以发布与企业微信相关的活动和信息,吸引更多用户参与。

在企业的门店、办公场所等线下场所设置企业微信二维码,引导顾客扫码关注。此外,可以在企业的宣传册、名片、海报等印刷品上印制企业微信二维码,扩大曝光率;鼓励员工在个人社交媒体上分享企业微信,让更多的人了解和关注。也可以设置奖励机制,激励员工积极参与推广;通过举办线上或线下的活动来吸引用户关注和使用企业微信。例如,可以举办抽奖活动、发放优惠券等让用户在参与活动的过程中了解和使用企业微信；提供优质的客户服务，及时解答用户的问题和反馈，增加用户的信任度和满意度；可以设置专门的客户服务团队，提供一对一的服务支持。

总之，企业微信的推广需要综合运用多种手段，从线上到线下、从内部到外部进行全面推广。通过不断优化推广策略和提高服务质量，吸引更多的用户关注和使用企业微信，为企业的业务发展提供有力支持。

知识拓展

阅读表 2-1，了解企业微信和个人微信的区别

表 2-1　企业微信和个人微信的区别

功能	企业微信	个人微信
注册	免费，需 300 元认证费	免费，无需认证
个人能否申请	可以，但没有企业认证功能会受限	可以
可添加客户数	• 单号 + 好友 20 000 • 一个企业主题可 +50 000 客户 • 超出可申请扩容	单号 + 好友 10 000，不支持扩容
日好友添加量	• 被动添加：单号 500~5 000 人 / 天 • 主动添加：单号 60~300 人 / 天 • 添加通过率 10% 内	• 被动添加：单号 50~200/ 天 • 主动添加：单号 30~40/ 天 • 添加通过率 20%
群聊人数上限	500	500
活码	• 支持个人活码、群活码 • 用户只扫一次码，永久有效，不用换物料，一个群活码可以关联 5 个群	不支持活码
群发消息	• 企业微信管理后台支持统一配置，自动发欢迎语和入群欢迎语 • 每天对每位用户群发 1 次，管理员每月最多发 4 次	• 无后台，不支持自动发送，需要借助第三方工具 • 没有次数限制，但发送过于频繁会被限制
朋友圈	• 形式：支持文字、图片、15 秒视频、视频号、网页 • 发送次数：一天最多发送 3 次，支持按标签发送 • 不支持查看客户朋友圈，不能给客户点赞，属单项互动 • 支持查看历史朋友圈	• 形式：支持文字、图片、30 秒视频、视频号、网页 • 发送次数：没限制，但过于频繁会被限制 • 支持查看客户朋友圈，属双向互动 • 支持查看历史朋友圈
客户迁移	• 账号被封，支持迁移 • 员工离职，支持迁移	不支持迁移

【实践演练】

任务单：成立企业微信社群运营小组

实践主题	成立企业微信社群运营小组			
实训目标	通过实践，培养学生通过企业微信来运营社群的能力，让学生更好地理解社群运营的流程和规则			
实训方案	活动时间	约两周	活动平台	企业微信
	活动方式	分组、展示、交流、讨论		
	活动要求	1. 各组讨论确定本小组的社群名称 2. 各组设置社群的欢迎语、回复语和社群规则 3. 各组创建社群的渠道活码 4. 各组发布社群活动通知		
实践评价	学生自评、互评与教师评价相结合，条件允许应采用贯穿全课程的打分机制，因后期还需学生进行此企业微信的运营			

【思考题】

1. 如何通过企业微信收集、整理和分析客户数据，实现精准营销？
2. 如何利用企业微信提供的客户服务功能，提升客户满意度和忠诚度？
3. 如何结合旅游企业的特点和目标受众，制定有针对性的社群发布内容策略？

任务二　微信视频号运营

【引导案例】

2023年，暑期旅游相关短视频和直播内容热度增长明显，文化科普类直播最受亲子和学生群体欢迎。数据显示，7月博物馆类视频号关注度环比上涨89%，8月动物园类视频号关注度环比增长116%。游客既可以通过视频号内容挑选出行目的地，也可以在短视频和直播中了解科普知识，视频号已成为引流新路径。

近期，视频号进一步探索创新的商业化模式。视频号信息流广告能够助力旅游行业以更自然的方式融入视频号内容流，并通过多元链路直达转化。而视频号小店为商家提供了商品信息展示、商品交易等服务，全方位支持商家在视频号场景内开店经营。

新疆国旅视频号以内容直播和带货直播为抓手，白天带观众云游特色美景、分享人文故事，以优质内容实现心智种草；晚上直播带货无缝衔接，选品贴合暑期需求，直链小商店促进高效转化。直播间观看人数突破 53 万，互动点赞量达 30 万次以上，并沉淀了 2 500 多位新增粉丝。

【知识准备】

一、认识微信视频号

微信视频号是一个集创作、分享、商业推广于一体的短视频平台，内嵌于微信之中，用户无须额外下载其他应用即可使用。通过微信视频号，用户可以发布和分享自己的短视频内容，与其他用户进行互动，如点赞、评论和转发。同时，微信视频号也为商家提供了一个新的商业推广渠道，他们可以通过视频号直播卖货，拓展销售渠道。

此外，微信视频号还具备强大的社交属性。用户可以将视频号的内容分享到朋友圈、聊天场景等微信社交场景中，与好友分享自己的发现和感受。这种社交分享不仅增加了内容的曝光度，也加强了用户之间的社交联系。

总的来说，微信视频号是一个功能丰富、操作便捷的短视频平台，为用户提供了全新的创作和分享体验，同时也为商家提供了更多的商业机会。

二、微信视频号的注册与认证

（一）视频号开通

打开微信后点击发现→视频号→点击右上角人像图片→发表动态→完善资料→开通成功。

（二）视频号的起名

一个好的账号名字应该第一时间让用户知道你是谁、是干什么的，并且还能通过微信生态搜索到，获取更多自然流量！一般都采用昵称 + 专业领域的命名方式：例如：××会穿搭、××剪辑等。在视频号的起名当中需要注意这样几个内容。

（1）一个微信账号只能注册一个视频号，如果是为公司注册视频号的话，建议不要使用个人微信。

（2）视频号的名字具有唯一性，不能与其他已开通的视频号名字重复。

（3）视频号名字一年可以修改 5 次。

（三）视频号头像

一个好的头像，应当能表达出账号定位和创作者的个性，根据账号定位来匹配合适的头像。如果是企业账号，建议用品牌 LOGO，更显专业和官方，更能强化品牌效应，加深品牌印象。

（四）视频号简介

视频号运营者尤其注意，好的简介内容能够帮助你快速引流和涨粉！视频号简介中一般包括：你是谁、你是干什么的、你的优势、你能提供的价值、你的引流信息。简介是用户了解创作者信息的重要渠道之一。

（五）视频号的认证

视频号认证后拥有V标识，能够提高信任度，当用户在微信搜索相关内容时，认证后的账号会比未认证的账号更靠前显示，另外可以获得对应流量奖励、创作变现、搜索排前等权益。视频号的认证主要分为个人认证和企业认证，只需在主页点击相机图标→"我的视频号"→点击右上角的"…"选项→进入"认证"。

个人认证（黄V标识）需要同时满足的条件是近30天发表1个内容、粉丝100人以上和已填写简介。企业和机构认证（蓝V标识）需要满足以下条件。一是企业必须是已注册的企业或机构，且具有独立的法人资格。二是企业类型需要是公募基金、社会福利机构、医疗机构、教育机构等特定类型。三是企业需要有已认证的微信公众号或订阅号，因为微信公众号和微信视频号之间的互动可以更为便捷。四是企业需要在视频号上发布一定数量的视频，且这些视频符合微信视频号的规定和要求。视频内容应丰富、高质量，不涉及违规内容，且内容需与平台主旨相符。五是企业需要完成微信视频号认证申请，并提交相关资料进行审核。这些资料可能包括企业或机构的基本资料（如名称、地址、法人代表等），微信公众号或订阅号的认证资料，视频号的认证资料，以及企业或机构的营业执照、组织机构代码证、税务登记证等相关证件的扫描件或照片。

三、微信视频号的运营流程

（一）视频号起号

视频号起号指的是开始运营一个视频号，并将其打造成为一个受欢迎的内容平台账号。这个过程包括制作并发布高质量的视频内容，以吸引和保留观众，逐步增加粉丝数量，并力争使视频内容获得较高的点赞和播放量。一个成功起号的过程对于视频号的长期成功至关重要，它有助于建立账号的知名度和影响力，如表2-2所示。

视频号运营中的起号方法大致分为IP起号、私域起号、直播起号三种。

1. IP起号

首先需要确定好账号IP人设。这个人设需要根据目标人群和自身特点来设立，其次需要设定内容方向，确定一个大类，比如旅游类、冷知识、生活分享等。根据人设来设定好内容方向。接下来还需注重在微信各个生态领域打造好IP的连贯性，保持垂直统一，最后在各个细节上来增加IP人设的丰满度。

想成功地做好一个IP账号，最核心、最关键的因素是能够输出专业性的知识，有了专业性还要有"接地气"的传播能力，要把专业的知识转化成客户群体能够快速理解的知识点，还需要有辨识度，做好人设差异化。

2. 私域起号

如果运营商已在私域积累了大量用户，那么就可以运用私域起号。主要是通过直播预约的方式来获取流量，直播预约具有强提醒功能，能够快速给直播间增加流量。

表2-2 视频号成长阶段

成长阶段	平台权益		
	认证及功能权益	变现权益	流量权益
Lv.1 新人阶段(有效关注数<一百)	职业认证 企业和机构认证 原创保护	商品橱窗 直播带货 直播打赏	新入驻优质作者扶持:根据外站影响力评级获得入驻流量激励及扶持,扶持路径:北极星计划、MCN招募计划 加热工具:内容加热
Lv.2 百粉阶段(有效关注数≥一百)	同Lv.1权益	除Lv.1权益之外,新增:视频变现任务	加入重点作者扶持池 优质、原创作品流量倾斜 金星奖 内容加热
Lv.3 千粉阶段(有效关注数≥一千)	除Lv.2权益之外,新增: 兴趣认证 添加企业微信	除Lv.2权益之外,新增:短视频商品分享	同上
Lv.4 万粉阶段(有效关注数≥一万且通过认证审核)	除Lv.3权益之外,新增: ▽金V认证标识	除Lv.3权益之外,新增:互选平台	同上
Lv.5 百万粉阶段(有效关注数≥一百万且通过认证审核)	同上	除Lv.3权益之外,新增:定制化变现服务	同上

通过公众号、社群、朋友圈、企业微信等多种渠道来触达私域用户。开播后把直播间分享到私域各个渠道,形成公私域联动的流量机制。如果运营的私域积累用户数较少,但想最大化地利用起来,可以采用直播裂变-预约直播的方式来迅速提升直播预约人数。它的底层逻辑是邀请指定数量好友助力,预约直播,完成任务后可获取奖励。

3. 直播起号

视频号运营方法中起号最快的当属直播起号的方法,在这个起号类型中,需要掌控好"人""货""场"的匹配逻辑,这样直播也能快速起量,甚至爆发增长,通过短视频对前置商品进行测试,再结合直播、私域各种渠道来筛选出更好、更符合用户需求的爆款商品,如图2-2所示。

核心模块	好内容	好货品	好服务
关键指标	内容曝光点击率(进房率) 人均观看时长 有效观看占比(30 s/60 s/180 s)	商品气泡点击率 支付转化率 成交金额	DSR相关指标

图2-2 直播起号的核心模块和关键指标

(1) 好内容的核心指标

包括内容曝光点击率(进房率)、人均观看时长和有效观看占比(30 s/60 s/180 s)。在直播时需要提升两个方面,分别是直播间曝光率和直播间停留时间,通过优化直播间背景、直播间封面、露出关键信息等吸引用户进入直播间,以此来提高点击率。其次,针对主播话术、肢体语言、直播节奏、设置福利、有效互动,选择有吸引力的商品,来吸引用户停留,提升直播间停留时长。

(2) 好货品的核心指标

提升商品气泡点击率(用户对商品的兴趣程度)、支付转化率(用户观看后能否购买)、直播间开播期间成交金额。这些指标重在考核商家转化成交的能力,商家通过多渠道推广来吸引用户进入直播间,为不同客户提供差异化的商品和定价。例如:通过福袋玩法、优惠券玩法、1元秒杀等,吸引用户下单。

(3) 好服务的核心指标

做好售后服务,提升店铺 DSR(店铺服务质量)评分。

(二) 视频号内容运营

1. 账号定位

提前了解目标人群,可以参考同行、同类型的优秀对标账号,深入研究对标账号的粉丝画像,了解目标人群,以及吸引什么样的人群,做什么样的内容。账号定位组成方式为:人设 + 场景 + 呈现方式 + 主要内容形式 + 提供的价值。

2. 热门选题

在做内容选题之前,明确这三个问题,策划视频内容的思路会更清晰。第一,用户群是一群什么样的人?第二,这些人关心的内容是什么,该如何关联产品的应用场景?第三,提供的内容和价值能帮到用户什么,突出的卖点是什么?

热门选题具有即时性,能够快速引爆流量,除了日常积累选题,还可以通过行业特性来挖掘话题,例如,在中高考期间更新与中高考有关的内容等。善用工具,根据关键词挖掘热门选题,例如,小红书平台,关键词挖掘工具,抖音创作灵感小助手,知乎、微信公众号、微博等平台的热门内容,都是可以借鉴的。

3. 视频脚本

不同领域、不同商品、不同内容的视频脚本都不一样。可参照同行或热门视频的脚本结构,进行仿写。热门视频主要采用以下 4 种视频脚本结构,可供参考。

(1) 脚本结构 1:描述痛点 + 成功案例 + 方法。

(2) 脚本结构 2:提出问题 + 总结用户需求 + 总结商品卖点 + 总结必买理由。

(3) 脚本结构 3:错误操作 + 负面结果展示 + 正确方法 + 正面结果展示。

(4) 脚本结构 4:表明观点 + 佐证理由 + 案例分享 + 再次表明观点。

4. 视频拍摄

对于刚接触短视频或者接触短视频时间不长的创作者,没必要直接购买昂贵的专业相机,用手机拍摄即可。为保证稳定拍摄,需要有稳定器、三脚架等辅助工具。

接下来要学会运用视频拍摄技巧,掌握短视频拍摄时镜头的远近,即景别技巧,注意拍摄时的物体、人物在相机中呈现的大小和位置。

5. 视频剪辑

绝大多数的短视频剪辑都可以通过"剪映"完成。零基础的剪辑创作者来说,可使用"剪映"App 的模板,一剪成片,难度不高,短时间内可快速上手!

6. 视频封面

首先,确定封面底图。视频封面需要突出重点。如果是真人出镜,将真人占比比较大的画面作为封面底图;如果非真人出镜,就选择突出视频重点拍摄对象的画面,不要铺得过于满,这样不利于后期添加字幕,如图 2-3 所示。

其次,确定封面文案。文案是视频内容的高度概括,所以一定要短小精悍,控制在 8 个字以内,让观众一眼就抓到重点。最好用粉色或者黄色等暖色调突出视频文案。

最后,需要做到封面统一。相同风格的视频突出系列感,保证视频内容的连贯性。目前视频号系统默认封面是第一帧的图像,每次创作好视频后,单独再做一张封面页(可以使用创客贴、稿定设计、美图秀秀来制作),放到视频开头,将时间缩短到 0.5s,再把视频上传到视频号里面,系统就会自动默认第一帧的图像为封面。

图 2-3 真人占比示意图

7. 视频发布须知

在发布时需要注意视频号的尺寸,以目前的情况来看,视频号的尺寸可以参考:视频竖屏尺寸为 1 080 像素 ×1 920 像素(宽高比例:9∶16),封面显示尺寸为 1 080 像素 ×1 440 像素(居中,宽高比例:3∶4)。

在发布第一条视频的时候,需要了解用户客群观看视频的时间,在这个时间的前 30 分钟到 1 个小时之间发出是比较合适的。发出视频后可以分享到朋友圈、社群,或转发给同事、朋友,让他们帮忙点赞,来获得第一波流量。

(三)视频号的推荐机制

视频号的推荐机制主要分为:社交推荐、算法推荐、兴趣推荐、地理位置推荐等。

1. 社交推荐

触发社交推荐条件则是基于微信生态下好友点赞、评论、转发、传播。通俗来讲,只要有用户点赞,即可获得流量,不仅依赖于流量投放。所以在视频发布后需要第一时间将视频分享至好友、微信群、朋友圈,让他们点赞。

2. 算法推荐

通过大数据平台,根据用户行为轨迹、兴趣、视频内容偏好、职业、年龄等数据,推测出用户可能喜欢的内容。所以在创作中创作者应该多添加话题和标签,有助于被官方推荐。

3. 兴趣推荐

当用户进入视频号后,视频号默认推送、推荐这一栏内容,这时官方就会根据用户的兴趣偏好给用户推荐可能感兴趣的内容,例如当用户收藏了几个萌宠类视频或查看了朋友点赞过的视频后,推荐栏里推荐的都是类似的内容,所以在定位视频内容时,越垂直越好,这有助于增加用户黏性。

4. 地理位置推荐

基于 LBS 定位，在发布作品时带上地理位置标签，大概率会被推荐给同城用户，这对于地标类、打卡类、探店类视频账号尤其重要。在刚启动视频号时，利用好平台推荐机制，善用运营规则，从中获取官方流量是运营中不可或缺的环节。

四、微信视频号的引流推广

（一）账号简介引流

从账号设置的角度来说，对账号感兴趣的用户，点进账号主页的第一时间就会留意到账号简介，在账号简介下方留下显眼的转化入口，一定会有用户从这些途径添加进来，转化入口一般有以下两种设置方式：第一，使用"添加微信"组件，用户点击可以直接添加企业微信。第二，在文字简介中展示电话、微信号、直播福利等进行引导。

（二）扩展链接引流

扩展链接是当前从视频号引导转化、成交最高效的方式之一。旅游企业在发布视频内容的时候，可以选择添加扩展链接，目前只支持添加公众号链接。

1. 扩展链接的标题要具有较强的引导性，可以使用手势符号 + 文字指引的组合，例如，"➡加客服，免费领取福利""⬇戳下方，免费领取学习资料包"。

2. 引导用户点击链接公众号文章中的引导要设置得简单突出，比如，直接展示转化路径：二维码、公众号、视频号主页，放在较前面的位置，让想要添加账号的用户可以直接扫码添加。

3. 公众号链接不要随意更换，选择一个数据好、阅读量高的内容多与粉丝评论互动，评论区要有真实的、多方面的留言。

（三）内容描述引流

在发布每一个视频号作品时，都需要对视频内容进行描述。这里要注意的是，虽然描述的上限是 1 000 个字，但描述文字不宜过多，最好不要超过 40 个字，否则容易被折叠，被折叠后就需要用户手动点击展开，多一个动作，就会流失一部分流量，如图 2-4 所示。

（四）评论区引流

当旅游企业把视频发出后，自己要先评论，以引导用户进行评论。而且作者的留言，在视频号里面会被标记为一个黄色的"作者"标识，这也能强化信任关系。在引导用户评论的时候，可以在评论区留下联系方式。引导话术要和本条视频有关，否则就显得太生硬了。也可以从同类热门视频下，通过留言来直接寻找目标用户进行私信沟通。这也是加粉的方法之一。

图 2-4　内容描述引流

（五）私信引流

私信是非常重要的引流方式，可以分为主动和被动两种。被动的方式就是在个人简介中引导用户私信领取福利，以筛选真正感兴趣的用户，对用户进行分层，方便后续引流的动作。对于那些已经关注视频号的粉丝，可以主动发送私信（图2-5）。这就像公众号给粉丝发送欢迎语一样。可以通过不定期主动发送福利、话术，把他们引导到个人微信上去。建议要筛选那些经常主动点赞、评论的粉丝，他们的黏性更高，对你的信任感更强，添加个人号好友就会容易得多。

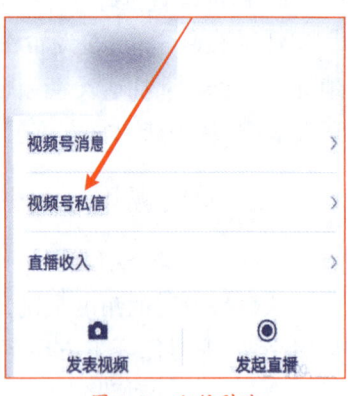

图2-5 私信引流

> **知识拓展**
>
> 微信视频号的变现方法
>
> 1. 广告收入
>
> 广告是微信视频号最主要的变现方式之一。当微信视频号拥有一定的粉丝基础和流量时，可以通过与广告主合作，在视频中插入广告以获得收入。这些广告可以是前置广告、中间广告或者视频结尾的广告。可以根据视频号的内容和受众群体来选择合适的广告合作方式，并从中获得广告费用。
>
> 2. 粉丝打赏
>
> 微信视频号支持粉丝打赏功能。当粉丝觉得你的视频内容有趣或者有价值时，他们可以通过打赏的方式来表达对你的支持和认可。你可以设置不同的打赏金额，或者提供一些特殊的福利和回馈给打赏的粉丝，以增加粉丝的参与度和忠诚度。
>
> 3. 付费订阅
>
> 如果微信视频号拥有高质量的视频内容和独特的价值，旅游企业可以考虑设置付费订阅功能。通过向用户提供独家的内容、教程、专栏等，吸引一部分用户付费订阅。这需要旅游企业运营商不断提升自己的创作能力和内容质量，以保持用户的付费意愿和满意度。
>
> 4. 电商推广
>
> 微信视频号与微信小程序的结合，为用户提供了一个直接购买产品的平台。可以在视频中推广旅游企业的产品，并通过微信小程序的链接让用户直接购买。当用户通过推广链接购买产品时，旅游企业可以获得一定的佣金。这需要旅游企业选择符合自身受众群体需求的产品，并通过专业和真实的方式进行推荐。
>
> 总的来说，微信视频号的变现方式多种多样，用户可以根据自己的兴趣、能力和受众群体来选择合适的方式。但无论选择哪种方式，关键是要保持创作的独特性和真实性，不断提升自己的创作能力和内容质量，以吸引更多的粉丝和赢得更多的支持和认可。

【实践演练】

任务单：旅游企业视频号运营

实践主题	旅游企业视频号运营			
实训目标	通过实践，培养学生通过视频号来运营企业产品的能力，让学生更好地理解视频号运营的流程			
实训方案	活动时间	约两周	活动平台	视频号
	活动方式	分组、展示、交流、讨论		
	活动要求	1. 内容策划。让小组成员根据旅游企业目标受众和主题进行内容策划，包括选题、拍摄、剪辑等。可以设定一定的内容主题范围，如美食介绍、旅行攻略、风景等，让小组成员在其中选择并策划相关内容 2. 视频制作。要求小组成员根据策划的内容，实际拍摄和制作视频。这包括脚本编写、场景布置、运用技巧进行拍摄技巧、后期剪辑等 3. 发布与推广。让小组成员在微信视频号上发布视频，并设计推广策略，如利用微信朋友圈、公众号等渠道进行推广，提高视频的曝光度和关注度 4. 质量要求：对视频的内容质量、画面质量、剪辑技巧等方面提出明确要求，确保作业质量 5. 团队协作：强调小组成员间的团队协作，鼓励大家共同讨论、分工合作，完成作业任务		
实践评价	设定明确的评估标准，如视频的点赞数、评论数、转发数等，以及小组成员在团队协作中的表现做出评价。可以根据评估结果给予一定的奖励或反馈，激励小组成员更好地完成作业			

【思考题】

1. 企业和机构如何进行视频号的认证？
2. 视频号的推荐机制主要分为哪几种？

任务三　微信公众号运营

【引导案例】

宜昌市夷陵区文化和旅游局以夷陵文旅公众号为载体，在公众号的功能入口，结合本地实际进行功能创新与融合，真正实现了"一号多能"，让游客只关注一个账号，便能解决相关系列问题。主要做法有：

一是数据共享，以旅彰文。在夷陵文旅公众号的功能入口上，一体化提供文化服务与旅游服务的功能入口，实现数据共享，以旅彰文、以文促旅。具体而言，公众号开设"文化夷陵""玩转夷陵""文旅在线"三大版块，包含线上图书馆、文化讲堂、文化遗产、文化资讯、文创大赛、夷陵酒店信息介绍、夷陵特色餐饮介绍、夷陵特产介绍、旅游投诉等十余种细分功能，让游客只关注此账号，便能解决系列问题。

二是二次开发，服务升级。公众号融入图书馆的图书借阅功能，进行二次开发，图文借阅数据和读者数据实时统计分析，助力图书产品更新和读者意见建议收集，促进产品和服务升级。在"书香夷陵"线上图书馆板块，免费为用户提供两万本各类书刊，使读者可以随时阅读自己喜欢的书籍，极大丰富读者的文化需求。线上图书馆月均阅读人数达到十万多人。在"读者大厅"板块，打通夷陵图书馆线上和线下借阅系统，使读者在线上即可提前查找图书馆的书籍，提前预约，这大大节省了读者的查找和借阅的时间成本。

三是平台互通，流量互促。公众号与网易宜昌本地页面打通，实现内容专题的媒体化推送，实现数据共享和流量互促。宜昌市夷陵区文化和旅游局在商业资讯平台设立文化讲堂、文化遗产、文化资讯、文化进万家等专项内容。

四是四馆合一，一号融通。公众号服务"四馆合一"的机构设置，实现了一号融通，一站式资讯服务平台建设。夷陵区文旅局及其二级单位原来在宣传上过于分散，各二级单位独立运营自己的公众号、微博等自媒体平台，功能接口分散。现将文化馆、博物馆、歌舞团、图书馆和夷陵区文旅局实现一号融通。

五是数字场景，舞动夷陵。建设舞动夷陵线上平台，为全区所有3A以上旅游景区和主要文化活动场所设置线下的自助式触屏阅读终端设备。将线上资讯与线下的自助式触屏阅读终端设备结合，推进本地数字化产品的多场景呈现。

【知识准备】

一、认识微信公众号

微信公众号是开发者或商家在微信公众平台上申请的应用账号，它允许用户与特定群体进行全方位的沟通和互动，包括文字、图片和语音形式。微信公众号分类包括订阅号、服务号和企业号。其中订阅号和服务号是普通公众号，适用于个人和企业，企业号专门为企业提供应用服务，功能更加全面。

1. 服务号

公众平台服务号，是公众平台的一种服务号类型，旨在为用户提供服务。服务号会在订阅用户（粉丝）的通讯录中。通讯录中有一个服务号的文件夹，点开可以查看所有服务号，可申请自定义服务号菜单。

2. 订阅号

公众平台订阅号，是公众平台的一种账号类型，为用户提供信息和资讯。如：骑行西藏、央视新闻、每天(24小时内)可以发送1条群发消息。发给订阅用户(粉丝)的消息,将会显示在对方的"订阅"文件夹中。在订阅用户(粉丝)的通讯录中,订阅号将被放入订阅号文件夹中。订阅号在获得微信认证后也可以申请自定义菜单。

3. 企业号

具备将企业销售售后和企业内部OA打通的微信企业号,具备微信订阅号和微信服务号无法比拟的强大功能。

二、微信公众号设置与管理

(一)注册与认证

在开始运营微信公众号之前,首先需要进行账号注册与认证。具体注册步骤如下。

(1) 进入微信公众平台的官网。
(2) 点击右上角的"立即注册"。
(3) 选择适合自己的账号类型。

(二)设置与管理

1. 基本设置

在成功注册并认证微信公众号之后,旅游企业可以进入后台管理界面进行基本设置。在基本设置中,可以设置公众号的名称、头像、介绍等信息,以及选择适合的公众号类型。

2. 菜单设置

通过设置菜单,可以为旅游企业的微信公众号创建自定义的菜单,方便用户进行导航和操作。在菜单设置中,管理员可以添加、编辑和删除菜单,并设置菜单的响应动作,如发送消息、跳转网页等。

3. 素材管理

素材管理是微信公众号运营中非常重要的一环。旅游企业可以通过素材管理上传和管理图片、音频和视频等多媒体素材,以供后续使用。此外,还可以创建图文消息,并定时发布或推送给用户。

4. 用户管理

微信公众号运营的核心是与用户进行有效的互动和管理。在用户管理中,管理员可以查看和管理关注者列表,了解用户的基本信息和互动行为。可以通过消息群发、自动回复等功能与用户进行交流,并提供个性化的服务。

三、微信公众号内容策划与创作

在数字化时代,微信公众号已成为企业和个人传递信息、推广品牌、建立影响力的主要平台之一。优质的内容策划与创作,不仅有助于提高公众号的阅读量、转发率,更能有效吸引目标受众,提升品牌形象。在内容方面,公众号自然以文章为主要载体,公众号的内容呈现样式有四种:图片、文字、视频、音频,在内容的呈现形式的选择上,创作者需要根据各方面综合衡量,将多种形式综合使用,多渠道相互引流。

（一）内容策划

好的内容是吸引用户关注和留存的关键。在进行内容运营之前，需要制定详细的内容策划方案。科学合理的内容策划可以更好地吸引用户的兴趣和关注。

1. 目标设定

明确公众号的内容定位和目标受众，根据目标受众的特点和需求，制定相应的内容策略。例如，针对年轻人的时尚公众号，应注重时尚潮流、美妆穿搭等方面内容的策划。

2. 选题方向

根据热点话题、节日、社会事件等，选取具有吸引力的主题。同时，要关注用户需求，选取用户关心、感兴趣的话题。

3. 内容形式

结合图文、视频、音频等多种形式，丰富内容表现力。在策划时，应考虑不同形式的特点，合理搭配使用，提升用户体验。

4. 更新频率

保持稳定的内容更新频率，有利于提高用户黏性。根据实际情况，制订合理的更新计划，保持持续的内容输出。

5. 互动设计

在内容中设计互动环节，如问答、投票、征集等，增强用户参与感。同时，通过评论区管理，及时回复用户留言，提高用户满意度。

微课：旅游微信公众号营销推文创作

（二）内容创作

内容创作是内容运营中不可或缺的一环。你可以根据内容策划方案撰写优质的文章、编辑精美的图片、制作有趣的视频等。通过丰富多样的内容创作，来增加用户的参与度和黏性。

1. 确定目标受众和定位

对微信公众号进行精准定位是非常重要的，这需要从受众的需求和心理的角度出发来考虑。需要先明确或了解受众的年龄分布、性格特点、兴趣爱好等，然后才能够在内容上进行优化，更好地吸引和留住目标受众。

不难发现，很多微信公众号在内容上缺乏特色，既没有自身优势，更没有目标受众，乃至于在运营上无从下手。所以，一定要先了解目标受众才能更好地创作内容，并且要有一个创新、独特而又有趣味的定位。

2. 创作的方法和技巧

（1）标题

微信公众号上第一个吸引受众的正是标题，所以，标题需要独特、精准、引人入胜，能够让读者知道文章究竟想讲什么。

（2）内容创新

微信公众号的内容创作需要注重创新，因为原创的内容让读者感到难得和新鲜，受众可以得到独特价值，这也可以激发他们的兴趣和好奇心，使其保持关注。如南京旅游公众号的宣传内容："江南佳丽地，金陵帝王州。""南京，六

微课：内容的灌溉

朝古都,十朝都会。""一年一度的悠长暑期,不妨和孩子纵览古都风采。""历史、人文、美景……用脚步打卡美妙金陵。"

(3) 更新频率

在微信公众号上定期更新内容是非常重要的,这不仅可以增加读者的可信度,还可以为提高读者的关注度,并增加访问量。

(4) 文章篇幅

微信公众号上的文章篇幅不必局限于某个范围,可以根据内容需要来设定,这样可以更好地给读者传达信息,优化文章质量。一般来说,文章篇幅在1 000字左右为宜。

(5) 图片和视频

图片和视频是增强读者体验的重要方式,使文章更加丰富也可以凸显文中的知识点,从而增加读者的知识量,也帮助他们掌握重要信息。

(三) 内容发布

在微信公众号上在完成内容创作之后,旅游企业需要选择合适的时间和方式进行内容发布。通过素材管理中的图文消息功能,运营人员可以设置内容的标题、封面图、摘要等,同时可以选择立即发布或定时发布。通过有效的内容发布策略,可以达到更好的传播效果。

四、微信公众号运营推广策略

(一) 利用微信群实施公众号推广

1. 确定目标受众

首先,明确旅游企业的公众号的目标受众是谁,他们在微信群中的特征是什么。这有助于找到适合的微信群并进行推广。运营人员可以通过搜索关键词、浏览社交媒体平台或参加线下活动等方式找到这些群。在微信群中分享有价值的内容,如文章、图片、视频等,以吸引群成员的注意力。确保你的内容与公众号的主题相关,并且能够为群成员带来价值。

2. 引导用户关注公众号

在分享内容的同时,引导群成员关注你的微信公众号。你可以在分享的内容中提及公众号,并提供一些激励措施,如优惠券、免费资料等,以鼓励群成员关注。积极参与微信群中的讨论,回答群成员的问题,提供帮助和建议;这有助于建立信任关系,并增加群成员对你的公众号的兴趣。

3. 微信群举办活动或比赛

可以在微信群中举办一些活动或比赛,如抽奖、答题等,以吸引群成员的参与。这些活动可以增加群成员的互动和参与度,同时提高企业的公众号知名度。需要注意的是,在利用微信群推广公众号时,要遵守微信群的规定和群成员的意愿,不要过度推广或打扰群成员。

(二) 利用H5页面为公众号引流

1. 制作高质量的H5页面

首先,需要创建一个具有吸引力的H5页面。这个页面应该包含有趣、有教育意义或具有娱乐性的内容,以吸引用户的注意力。同时,确保页面设计与品牌形象一致,以提升用户的认知度。在H5页面中，嵌入公众号的二维码或链接是引流的关键步骤。将二维码或链接放置在页面的显眼位置，如页眉、页脚或内容中，以便用户轻松找到并关注公众号。

2. 利用社交媒体推广

除了在H5页面中嵌入二维码或链接，还可以利用社交媒体平台进行推广。例如，在微信群、朋友圈或其他社交平台中分享这个H5页面，以吸引更多用户点击并关注公众号。确保H5页面具有易于分享的功能，如一键分享到微信、朋友圈等社交平台。这将有助于扩大H5页面的传播范围，吸引更多潜在用户关注公众号。

3. 分析数据并优化策略

通过收集和分析H5页面的访问数据、用户行为等信息，可以了解用户的兴趣和偏好，从而优化H5页面的内容和推广策略。这将有助于提高引流效果，增加公众号的粉丝数量。

(三) 利用微信直播间引导用户关注公众号

1. 创建一个吸引人的直播间

首先，确保直播间内容有趣、有价值，能够吸引目标受众的注意。旅游企业可以邀请行业专家、知名人士或有影响力的博主来参与直播，以提高直播间的吸引力和可信度。

2. 引导观众关注公众号

在直播过程中，不断强调关注公众号的好处，例如，可以获得更多优质内容、优惠活动或独家资源等。可以在直播开始时、中间和结束时都提及关注公众号的信息，确保观众不会错过。

3. 设置互动环节

为了增加观众与直播间的互动，可以设置一些互动环节，例如提问、投票或抽奖等。这样不仅可以提高观众的参与度，还可以引导观众关注公众号，以便获取更多信息。

4. 利用社交媒体平台推广

除了在直播间内推广公众号外，还可以利用其他社交媒体平台进行宣传。例如，可以在微博、抖音、快手等平台上发布直播预告和精彩片段，引导粉丝关注企业的公众号。

5. 提供优质内容

确保企业的公众号提供有价值、有吸引力的内容。这可以包括行业资讯、专业文章、实用工具或独家资源等。通过提供优质内容，旅游企业可以吸引更多粉丝关注公众号，并与他们建立长期稳定的关系。

(四) 利用搜索引擎优化(SEO)进行公众号推广

1. 用好关键词

确保公众号的名称包含与旅游企业的业务或主题相关的关键词。这样，当用户在搜索引擎中搜索相关关键词时，这个企业的公众号更容易被找到；在公众号的文章中，可以使用与旅游企业的业务或主题相关的关键词，并优化文章结构，使其易于阅读和理解，同时，确保文章内容有价值、有深度，能够吸引用户的兴趣和关注；并在公众号文章中添加有质量的外部链接，可以增加搜索引擎的外链权重，提高公众号在搜索结果中的排名。

2. 社交媒体整合

将你的公众号与其他社交媒体平台(如微博、抖音等)进行整合，通过分享你的公众号内容到这些平台,可以扩大公众号曝光度和影响力。同时,鼓励用户在这些平台上关注你的公众号,增加关注度和流量。

3. 互动优化

利用搜索引擎提供的数据分析工具,了解用户的搜索行为和需求,优化公众号内容和关键词策略。根据数据反馈,不断改进和优化 SEO 策略,以提高公众号的排名和曝光度。通过奖励机制、互动活动等方式,激发用户的兴趣和互动欲望。这可以增加用户的参与度和黏性,提高你的公众号在搜索引擎中的排名。

(五)利用线下活动来进行公众号推广

首先,你需要策划一场吸引人的线下活动。这可以是研讨会、讲座、展览、促销活动等。确保活动内容与你的公众号主题相关,并能吸引目标受众。

1. 二维码设置

在活动现场,设置显眼的二维码,引导参与者关注公众号。二维码可以放置在活动海报、宣传册、现场展示板等显眼位置。

2. 设置奖励

为了吸引更多人关注公众号,你可以提供一些奖励,如关注后可获得优惠券、折扣、赠品等。此外,还可以设置一些互动环节,如抽奖、答题等,让参与者在关注公众号的同时,也能获得乐趣。

3. 社交分享

鼓励参与者在活动现场通过社交媒体分享活动信息和公众号二维码,以扩大活动影响力。你可以设置一些奖励机制,如分享后可获得积分、兑换礼品等。

4. 互动体验

提供与公众号相关的互动体验,如使用公众号进行签到、抽奖、领取优惠券等。这样可以让参与者更深入地了解公众号的功能和优势,提高关注度和活跃度。

5. 合作推广

与其他相关机构或企业合作,共同推广公众号。

五、微信公众号数据分析

通过微信公众平台的数据统计功能可以对公众平台的用户数据进行量化分析。数据统计模块大致分为四个部分:用户分析、图文分析、菜单分析、消息分析。

(一)用户分析

在微信公众平台→统计→用户分析,用户分析数据包含用户增长和用户属性数据,通过它们可查看粉丝人数的变化和当前公众平台的用户画像。

1. 用户增长

(1)核心数据指标。① 新关注人数:新关注的用户数(不包括当天重复关注用户);② 取消关注人数:取消关注的用户数(不包括当天重复取消关注用户);③ 净增关注人数:新关注与取消关注的用户数之差;④ 累积关注人数:当前关注的用户总数。

其中新用户关注人数最能够直接反映公众号整体的质量。如果新关注人数相比平时的数据有明显上升,说明最新发布的文章内容是用户喜欢的或者采取的推广有效果。

(2)新增关注来源分析。目前用户关注到公众号的方式主要分为以下几种方式:公众号搜索、扫描二维码、图文页右上角菜单、图文页内公众号名称、名片分享、支付后关注等。

新增关注数是高价值数据,可以通过用户关注公众号的方式明确开源渠道,并加以合理利用。有针对性对开源渠道进行设计,通过内容、活动、运营等,在原来的基础上,加大宣传力度,在有效的渠道上,设计增长机制,增长用户。

① 公众号搜索。如果有40%的关注量是来自公众号搜索,就说明此公众号已经有一定的品牌知名度,定位也相对垂直,或者是在广告宣传方面比较到位。

想要提高来自公众号搜索的关注量,除了加大推广力度之外,还得取一个自带流量的关键词。

需要注意的是,如果出现公众号在业务关键词排名靠后的情况,可以选择申请认证、注册商标、提高粉丝互动率等方式来提高公众号排名。

② 扫描二维码。这是最常见的关注方式。用户通过扫描二维码进行关注的渠道有很多种:在线上,可以通过公众号互推、图文文末的引导关注,二维码海报活动的宣传,PC端页面、视频广告,等等;在线下,可以通过宣传单,促销活动海报等来引导用户进行关注。

为了满足用户渠道推广分析和用户账号绑定等场景的需要,公众号平台提供了生成带参数二维码的接口。使用该接口可以获得多个带不同场景值的二维码。用户扫描后,公众号可以接收到事件推送,通过带参数的二维码亦可做各个推广渠道的效果统计。

③ 图文页右上角菜单。在阅读文章的界面,在右上角菜单中点击"查看公众号"即可进入公众号主页进行关注。通过这个方式关注公众号的占比很低。

④ 图文页内公众号名称。通过文章标题下方的蓝色字体进行关注也是一种较为常见的关注方式,很多公众号也会在文章开头提示用户通过此方式来关注公众号。

⑤ 名片分享。一般是用户主动将公众号推荐给朋友或者分享到微信群的口碑传播,如果这个渠道给你带来了新增用户,那说明公众号的质量很不错。

⑥ 支付后关注。必须是认证过的服务号,才能开通微信支付功能。用户通过微信付款后会默认关注该公众号。

2. 用户属性

(1)性别。每个公众号的男女比例与行业特性有关,据此可以对文章的风格有侧重地调整。

(2)省份分布(城市分布)。此数据对旅游企业的参考价值非常大,可以非常清晰地知道企业在各个城市的业务能力,并据此做一些关键性的决策。比如,可以根据数据选择10个粉丝基础好的地区做落地推广。

(3)终端分布(机型分析)。同样的标题和封面在不同的手机上显示的效果是不一样的。应选择适用较多用户的屏幕尺寸,进行图文的排版,将图片的尺寸、标题的长度都调整到自己最满意的状态。以保证大部分用户收到的图文是适宜阅读的,用户体验也会更好一些。

(4)其他。除了以上数据以外,运营者还可以通过其他运营手段来获取更多、更有效的用户画像数据。例如:通过社群运营、微博工具等拉近与用户之间的关系,近距离了解自己的用户。或者通过活动运营,适当地收集用户的相关数据。

（二）图文分析

在微信公众平台→统计→图文分析→单篇图文／全部图文中，可以查看所发布的微信文章送达给了多少人，有多少人阅读、有多少人点赞和转发。公众号的打开率也可以通过此处数据得知。

1. 核心数据指标

（1）送达人数。图文消息群发时，送达的人数。

（2）图文页阅读人数。点击图文页的去重人数，包括非粉丝；阅读来源包括公众号会话、朋友圈、好友转发、历史消息等。

（3）图文页阅读次数。点击图文页的次数，包括非粉丝的点击；阅读来源包括公众号会话、朋友圈、好友转发、历史消息等。

（4）分享转发人数。转发或分享给好友、朋友圈、微博的去重用户数，包括非粉丝。

（5）分享转发次数。转发或分享给好友、朋友圈、微博的次数，包括非粉丝的点击。

（6）微信收藏人数。把文章收藏到微信的去重用户数，包括非粉丝。

（7）原文页阅读人数。点击原文页的去重人数，包括非粉丝。

（8）原文页阅读次数。点击原文页的次数，包括非粉丝的点击。

2. 图文详情

点击单篇"图文详情分析"还可查看公众号打开率，一次、二次传播率，阅读来源及阅读趋势。

（1）一次传播数据。关注该公众号的用户，通过公众号会话阅读文章或者从公众号分享文章到朋友圈的行为数据。一次传播转化率越高，说明公众号推送文章内容越受到现有粉丝的喜欢，这有利于维护现有的粉丝，增强其黏性。一次传播共有两个核心数据。

① 公众号会话阅读率。如果想提升文章的公众号会话阅读人数／送达人数（俗称打开率），应该着重考虑文章的标题。有时候做了高质量的内容，却被标题拖了后腿，这是得不偿失的。除了标题，影响打开率的还有文章选题、文章封面图、内容摘要、发送时间等相对可控的因素。而随着公众号数量越来越多，用户的信息渠道也越来越多。推文时间与其他公众号重叠，信息覆盖频率加快，必然导致打开率的降低。在这种客观的大环境因素下，想要提高打开率，就需通过相应的运营手段来改善。比如，微信在2018年推出了公众号标星功能，用户可以自主选择感兴趣的公众号显示在列表里的头部位置，同时标星公众号的头条封面图是可以吸引用户的大图显示。对运营者来说，抢占用户的置顶选择，就是在抢占用户的注意力，由此来间接地提升公众号的打开率。

② 公众号会话分享率。从公众号分享到朋友圈的人数／公众号会话阅读人数称为公众号会话分享率（图文转发率），是衡量这篇推送文章价值的标准，图文转化率越高说明这篇文章传播效果越好。

（2）二次传播。二次传播是指用户在未关注公众号的情况下，在朋友圈点击阅读或者在朋友圈再次分享传播的行为。相比一次传播，二次传播更加能够说明该篇文章推送的传播力和影响力，这是深度传播，比一次传播的数据更有价值。决定用户是否愿意进行传播的权重依次是：文章选题、内容质量、标题、其他因素（商业、技术等运营手段）。传播数是由一次传播和二次传播构成的，通常这两者的构成比例会趋于一个数值且比较稳定，如果突然有某篇文章这个数值差距较大,那么则要考虑一方偏弱的缘由了。比如,二次传播有时也会超过一次传播,数值大于1。像这种情况,有可能是属于跟热点的效果,要么就是该文章的生命周期较长。

(3) 阅读来源及趋势。这是图文分析中非常关键的数据。通过分析阅读来源,可以推测出读者的阅读场景,知道他们是在哪个渠道看到文章的,方便做运营优化。目前公众号阅读来源包含如下渠道。① 公众号会话:文章在选定的时间内通过公众号推送、预览、手动回复来获得的阅读量。② 好友转发:将文章转发给好友或者推送到微信群的阅读量统计。③ 朋友圈:将文章转发至朋友圈后文章的阅读量统计。④ 历史消息:用户在公众号历史消息里点击文章的阅读量统计。⑤ 其他:按照微信官方的解释,"其他"阅读来源总结下来有以下几种。a. 微信自定义菜单,包括引用图文素材、引用历史消息等;b. 页面模板,"原创"开通后,页面模板引用图文素材、引用历史消息等;c. 微信搜索,在微信→发现→搜一搜里搜索到的"相关文章";d. 朋友圈热文,在微信→发现→看一看,被推荐到朋友圈的文章;e. 关键词回复,关键词自动回复时引用的图文素材;f. 文章内部链接,阅读原文链接;g. 微信收藏,阅读微信收藏内的文章。

(4) 全部图文。单篇图文是对单次推送的图文数据分析。全部图文是对公众号整体内容质量的分析,指的是该公众号发出去的所有图文在该时间段里的阅读数据总和。主要包含四个核心数据指标:图文页阅读次数、原文页阅读次数、分享转发次数、微信收藏人数。① 图文页阅读次数:所有图文在某个时间段里的阅读次数(去重且包括非粉丝的阅读次数)。② 原文页阅读次数:点击一篇文章左下角的"阅读原文"的次数,这个数据很考验用户的黏性以及本篇文章的内容质量。③ 分享转发次数:标题决定了读者要不要点击进来看,而质量决定了文章的转发量,标题和内容会互相影响。④ 微信收藏人数:文章被用户收藏的人数,干货类、工具类、教程类的内容被收藏的可能性较大。这些都是在做公众号运营时需要关注的数据。通过这些数据,我们可以知道真正的图文覆盖人数。

(5) 小时报。在公众号的数据分析中,单篇图文其实价值不大,所以主要是看全部图文的小时报(彩蛋数据)。它统计一天内不同的时段文章被用户阅读的情况,这能够比较好地体现用户的活跃时间段。建议多关注这个数据,至少要按月进行分析。在分析变化的数据时,首先要明确常量,再用变量来进行对比,最终找出规律。不要凭主观的猜测去判断用户什么时候有空看微信,什么时候发文最好;而是要通过数据找出流量点,再通过流量点来测试,从而找出最适合的推文时间。比如,某公众号的用户在不推送的情况下,阅读行为集中在 8—10 点。一篇文章在合适的时间被推送,效果肯定会比随便找个时间推送的效果好。如果推送时间固定的话也会让用户形成一种阅读习惯,从而增加用户黏性。

(三) 菜单分析

在微信公众号平台→统计→菜单分析中,可以查看微信公众号会话页里的一级菜单及子菜单的点击情况。菜单栏作为微信公众号提供服务的关键入口,公众号的菜单栏里有子菜单,合理的设计分类子菜单的内容,通过菜单栏的点击率,了解用户关心什么、在乎什么,并做出对应的调整规划。

(四) 消息分析

在微信公众平台→统计→消息分析中,可以查看粉丝在公众号回复消息的情况。根据"小时报 / 日报 / 周报 / 月报"查看相应时间内的消息发送人数、次数及人均发送次数。

1. 核心数据指标

(1) 消息发送人数：关注者主动发送消息的人数（不包括当天重复关注用户）。

(2) 消息发送次数：关注者主动发消息的次数。

(3) 人均发送次数：消息发送总次数/消息发送的去重用户数。

2. 消息分析方法

消息关键词分析可分别查询7天、14天、30天里，前200名的消息关键词是什么。我们经常习惯在文章添加一些关键字，用户在后台进行回复，关键词回复分析有助于得出用户与平台互动的频率、文章的回复率，这些数据对分析文章很有帮助。除此之外，通过关键词的分析，我们能找出用户的主要疑惑点，做好FAQ（客户常见问题与解答），通过FAQ提高客服的工作效率。

实训：旅游公众号文章撰写

知识拓展

故宫博物院——旅游景区公众号运营的佼佼者

旅游景区公众号运营成功的案例有很多，其中一个比较典型的例子是"故宫博物院"。故宫博物院是中国最大的古代文化艺术博物馆，拥有丰富的文物资源和深厚的文化底蕴。为了更好地推广故宫文化，吸引更多游客前来参观，故宫博物院开设了官方微信公众号，通过一系列精彩的内容和活动，成功吸引了大量粉丝，成为旅游景区公众号运营的佼佼者。

故宫博物院微信公众号的成功之处主要有以下几点。

1. 丰富的内容资源

故宫博物院公众号每天都会推送有关故宫的各类文章，包括文物介绍、历史故事、文化活动等，这些文章内容丰富多彩，吸引了大量对历史文化感兴趣的读者。同时，公众号还会不定期推出专题报道，深入挖掘故宫的文化内涵，帮助读者更加深入地了解故宫。

2. 互动性强

故宫博物院公众号非常注重与粉丝的互动，经常推出各种互动活动，如线上答题、征集用户故事、征集摄影作品等，让粉丝参与其中，增加了用户的参与感和黏性。此外，公众号还会回复用户的留言和评论，与用户保持良好的沟通和互动。

3. 线上线下结合

故宫博物院公众号不仅在线上推广故宫文化，还通过线上线下结合的方式，为粉丝提供更加丰富的体验。例如，公众号会推出各种线下活动（如文物展览、讲座、文化体验等）吸引粉丝前来参加，从而实现了线上线下的良性互动。

4. 精准定位和推广

故宫博物院公众号在内容制作和推广方面，非常注重精准定位和目标受众的需求。公众号会根据用户的兴趣和需求，推送相关的文章和活动，提高用户的阅读体验和满意度。同时，公众号还会把自己的文章通过各种渠道（如社交媒体、广告投放等）进行推广来扩大品牌知名度和影响力。

【实践演练】

任务单：完成微信公众号的设计

实践主题	完成微信公众号的设计
实践目标	通过实践，培养学生运营公众号的能力，让学生更好地理解公众号的内容创作应该有一定的原创性和独特性，能够吸引读者的注意力，并且能通过数据分析，对公众号的运营情况进行监测，及时调整内容
实践方案	活动时间：约两周　活动地点：自选 活动方式：分组、展示、交流、讨论 活动要求： 1. 各组讨论确定本小组的组名、口号和标识 2. 各组确定公众号定位（如景区公众号、酒店公众号或者旅行社公众号等），该定位应具有一定的实用性 3. 各组展示自己的公众号，并发布2—3篇公众号文章
实践评价	学生自评、互评与教师评价相结合，条件允许应采用贯穿全课程的打分机制（后期还需学生对此公众号进行运营并撰写笔记）

【思考题】

1. 如何收集和分析微信公众号的运营数据，需要关注哪些具体的指标？
2. 针对一家主题乐园，在六一儿童节到来之际，如何设计互动环节，推出有吸引力的活动来增加客户黏性；如何通过内容更新和用户体验优化来保持用户的长期关注？

任务四　微信小程序运营

【引导案例】

揽翠湖温泉度假村成立于2014年，坐落在山水灵秀的临朐县，拥有室外20 000平方米高端温泉养生区、18 000平方米梦幻水城、20 000平方米马术俱乐部，以及健身房、室内游泳池、多功能会议室等多种休闲养生场所，环境迷人，被评为国家4A级风景区。其中梦幻水城曾多次作为综艺节目《快乐向前冲》的比赛赛道，成为当地位居第一的人气度假村。

品牌营销负责人陈总表示，随着移动互联网的深入渗透，度假村企业都在寻求线上线下的融合，通过多渠道打通和多场景融合，突破现有服务模式，为消费者创造更多优质的服务体验。"揽翠湖"提前嗅到这股互联网气息，提前进行品牌营销升级，通过智慧化营销锁定目标客户群。2018年5月，"揽翠湖"接入微盟客来店，发力小程序线上营销，通过创建"在线预约、在线砍价、全民推广、会员中心",进行全面线上引流,沉淀精准客户。合作近1年,累计增粉150 900多人,转化会员87 850多名,会员储值1 020 000余元,线上营收达3 687 500余元,年销售额达50 000 000余元。

随着移动互联网的普及,消费注意力逐渐转至线上。截至2019年8月,微信小程序总量达236万,较2018年11月公布的120万几乎翻番。小程序的市场规模依然保持着强劲的增长势头。而随着小程序的生态基础设施的渐趋完善,用户个性化使用需求的快速觉醒,小程序在垂直细分领域,以及其他智能终端场景的覆盖上,添上浓墨重彩的一笔。

【知识准备】

一、认识微信小程序

(一)微信小程序的定义

微信小程序是腾讯开发的应用程序,可在微信内直接使用,无须下载和安装其他应用程序。它实现了应用"触手可及"的梦想,用户可以通过"扫一扫"或搜索功能快速打开应用。微信小程序的设计理念是"用完即走",这意味着用户可以随时使用小程序,使用完毕后即可离开,无须卸载。

微信小程序的开发相对简单且成本较低,适合中小商家和个人开发者。它基于微信生态,提供了多种服务和功能,覆盖购物、社交、娱乐等多个领域,使用户能够便捷地获取服务。随着移动互联网的迅猛发展,旅游行业也在不断寻求创新与变革,旅游小程序应运而生,为旅行者和旅游公司提供了更加便捷的旅行体验。

(二)旅游类微信小程序的分类

旅游类微信小程序的分类相当丰富,可以根据不同的功能和服务特点进行划分。以下是一些常见的旅游类微信小程序的分类。

1. 旅游电商类

这类小程序主要服务于旅行社和酒店等旅游服务供应商,通过小程序平台提供旅游产品预订、支付、客服等电商服务。例如,一些旅行社或在线旅游平台会开发自己的小程序,方便用户在小程序内完成旅游产品的购买和预订。

2. 旅游辅助服务类

这类小程序主要提供旅游过程中的辅助服务,如景区讲解小程序、地图导览小程序、预约入园小程序等。它们的特点是功能单一但实用性强,能够解决游客在旅游过程中的一些实际问题。

3. 旅游信息类

这类小程序主要提供旅游信息资讯服务,如游记攻略、旅游目的地政策公告、通知等。这类小程序通常与其他小程序形成矩阵,互相导流,实现引流转化、留存复购的循环。

二、微信小程序的开发

小程序的开发遵循以下原则：第一，简洁明了、用户友好。设计过程中应把用户体验放在首位，界面应做到简单易用，过于复杂或是烦琐的使用方式会让用户望而却步。第二，保留核心功能、去除冗余功能。小程序的初衷就是快速为用户解决问题，所以我们应该致力于仅保留最重要的功能模块。第三，引导用户操作、一目了然。小程序设计时应保证用户能明白小程序可以做什么、怎样操作，这就要求设计者设置清晰的操作指引。第四，保持系统的一致性。如果一个小程序中，各个界面的设计风格大相径庭，会让用户产生困惑，反而无法专注于小程序的功能，以下重点介绍小程序的使用方法。

（一）明确用户群体

首先要明确小程序的目标用户群体，因为不同的用户群体会影响小程序的设计和功能。确定小程序的主题：这是决定小程序定位和功能的关键因素。旅游小程序是一种提供旅游服务的轻应用，主要面向年轻人群和旅行爱好者。它的主要特点是可以提供便捷的旅游服务，包括但不限于在线预订、行程规划、景点介绍、酒店预订等功能。通过旅游小程序，用户可以更加方便快捷地获取旅游信息和服务，提升旅行体验。

（二）注册小程序

小程序的注册主要分为企业小程序和个人小程序两种。个人小程序注册流程相对简单，只需个人身份信息验证即可。企业小程序注册流程相对复杂，需要提供管理者身份信息的同时，还需要提供企业各项资质、对公账号、企业验证等。因此，企业版一般需要提供一系列的证明和验证材料，还需要支付认证费用。下面重点介绍一下企业小程序的注册流程。(1) 访问微信公众号平台官网并点击"注册"按钮，选择"小程序"作为账号类型。(2) 使用电子邮件地址和密码进行登录，并进行邮箱激活；(3) 填写主体信息，包括企业类型(如个人独资企业、企业法人等)、企业名称、营业执照注册号、注册方式(微信认证)等；(4) 登记管理员信息，包括姓名、身份证号码、手机号码等；(5) 在微信认证的过程中，需要填写企业相关信息，如企业类型、名称、组织机构代码、法定代表等，并上传相应的认证文件，如组织机构代码证、企业法人营业执照等；(6) 支付认证费用。

（三）小程序搭建

根据旅游公司的品牌形象和用户体验要求，在小程序制作工具中选择符合旅游公司形象的小程序模板，小程序的界面风格优先注重简洁、美观，根据旅游公司的需求进行制作；搭建完成后，对小程序进行测试和调整，确保功能正常、流畅稳定；经过测试确认无误后，将小程序提交给微信官方审核，并在通过审核后发布上线供用户使用。

三、微信旅游小程序运营思路

（一）旅行社小程序运营

1. 裂变分销

微信是最适合做分销获客的平台。旅游电商类小程序的后台将用户发展为分销员，可以借助分销员的社交关系链，为旅行社、旅游酒店等旅游企业快速获客。旅游小程序支持一键分销，快速邀请下级，也支持海报分销、朋友圈分享、扫码邀请、自定义分销层级、分销员冻结、锁客、按比例返佣、分销员分组管理等功能。

2. 小程序直播

旅游直播是有效的宣传推广手段。旅行社可以开展旅游目的地导游直播、节假日促销直播、直播卖特产等活动，帮助旅行社获客引流，还能通过卖货增加收入。旅游小程序私域直播，可以显著提高客户活跃度与客户黏性，提升转化率。同时，也可以开启微信视频号的视频，将旅游小程序挂载到视频号直播里促进销售。

3. 限时秒杀

在节假日、周末、旅游旺季等时间段适合开启限时秒杀活动。配合前期的预热宣传，不仅能积极拉新引流，还能提高新老客户转化率。

4. 优惠券

优惠券是最常用的营销工具之一，既给了客户实际优惠，又不会让客户觉得产品太廉价。可以设置折扣券、满减券、指定券、新客户专享券等形式的优惠券，帮助旅游企业轻松获客。

5. 小程序链接

旅游电商小程序后台可生成小程序专属链接，支持在微信以外的环境打开小程序。比如短信、邮件、网页等，客户点击链接，就可以跳转至旅游小程序。从而帮助旅游企业覆盖更多渠道客源，适用多种转化获客场景。

此外，旅游企业也可以通过小程序二维码、商品推广码，制作传单、海报、易拉宝等在线下场景投放，吸引线下客源至旅游小程序中。

（二）旅游酒店小程序的运营

1. 完善服务流程，提升用户满意度

在用户入住前、入住中、入住后的三个节点里，利用小程序提供一条龙的优质服务，或者服务环节补充。比如入住前，在小程序里设置提前办理入住、利用消息推送提醒客人入住、巧用导航功能等；入住中，可以在小程序里设置扫码开锁、扫码连接 Wi-Fi、服务呼叫等功能；入住后，在客人退房时，可以在小程序里设置线上开票功能、有奖问卷调查等等。

2. 进行营销活动，树立酒店品牌

小程序里有多种营销工具，适合进行营销活动。常见工具有优惠券、积分商城、积分抽奖、会员签到、裂变分销、拼团、秒杀、红包、返现等。此外小程序有直播功能，酒店开通直播，可以直接面向用户去宣传酒店的理念、服务、企业文化、品牌等内容。

3. 获取更多流量，扩大私域流量池

酒店之前就有公众号、群聊等工具，用来沉淀自己的会员。小程序则可以帮助酒店获取更多流量，扩大私域流量池。微信官方为小程序开放了多个流量入口，使其至少可以通过微信搜一搜、附近的小程序、分享、公众号关联小程序、公众号菜单添加小程序链接、公众号文章插入小程序卡片等方式获取流量。

(三)旅游景区小程序的运营

1. 大型景区小程序

大型景区本身有一定知名度,也有自己完善的官网、分销渠道、官方公众号等。对于这种景区来说,小程序更多的是一个提供给游客的便捷订票渠道。这种小程序的运营重点是求稳,保持景区的良好形象。

(1)保证小程序访问体验良好。比如打开速度快、加载速度快、页面设计美观等。

(2)做细节、维护品牌。在小程序里布局购物车功能、查看浏览记录、收藏、在线客服、意见反馈、点评、投诉等功能。

2. 中型景区小程序

中型景区知名度一般,转化率也不高。没有大景区的名气和资源,也没有小景区的地理位置便利和社交传播属性。因此这种景区的小程序,在运营时最需要分销,让游客带来游客。

(1)带来直接客源。像三级分销、拼团购、秒杀、0元抢这样的分销应用,是可以带来直接客源的,也是最高效的分销工具。

(2)扩大基本盘后期转化。砍价、红包、分享有奖等分销功能,带来的是流量,是注册会员,后期需要转化成有效客源。

3. 小型景区小程序

小型景区(单一景点、园区)知名度一般,但它有个优势,离城市近——可以依靠本地社交圈子和人际关系网,口口相传,获得大量客户。这样的景区小程序,运营最需要的是积分体系+积分兑换及会员签到功能,从而促进多次消费。

(1)设计亲子游产品。在小程序中设计亲子游产品,刺激多次游玩。另外,设计重点要落在知识科普、培养动手能力等方面。让家长休闲放松、让孩子学到东西、拉近家庭感情,家长自然会倾向购买这样的套餐。

(2)打造休闲游。在小程序里打造休闲产品,比如农业观光、采摘、捕捞等,让那些习惯城市生活的人们体会农家乐趣。有了多次消费的可能性,积分的作用就很大了。任何在景点园区内的消费项目,都可以布局到小程序里。包括门票、餐饮、游玩设施、体验项目、购物等,并累计积分;每天的会员签到也可以得积分。积分又可以兑换礼物、体验券、门票等,以此吸引游客多次消费。

四、微信小程序推广

小程序营销推广的几种方式包括利用社交媒体推广、通过线下活动推广、利用广告投放推广、借助用户口碑推广及运用内容营销推广等。企业可以根据自身的特点和需求选择合适的方式进行小程序营销推广。同时需要注意不同推广方式的优缺点及与目标受众的匹配程度,来进行合理的组合和运用,以达到最佳的营销效果。

(一)公众号推广

比如周边游的目标客源是本地游客,那么在节假日前夕,可以在本地粉丝较多的公众号上投广告。也可以在自己的公众号里推广旅游小程序。主要有以下几种形式。

(1) 公众号资料页(图2-6)。
(2) 公众号菜单栏跳转小程序。
(3) 公众号图文消息推送小程序。
(4) 公众号自动回复消息推送小程序。
(5) 公众号文章插入小程序(分链接、卡片等形式)。

(二) 社群推广

如果所推广的旅游项目比较小众,比如户外俱乐部、登山徒步活动等且有专门的粉丝群、交流群等,则可以尝试在粉丝社群里推广旅游小程序(如图2-7)。

图2-6 公众号资料页

图2-7 旅游粉丝社群的小程序推广

(三) 利用社交媒体推广

社交媒体是现代营销的重要渠道之一,小程序也不例外。企业可以通过微信、微博、抖音等社交媒体平台,利用社交媒体广告、KOL合作、话题营销等方式,将小程序推广给更多的潜在用户。例如,微信是社交媒体中最大的平台之一,企业可以在微信上通过朋友圈广告、公众号推广等方式进行小程序营销。微博作为另一个重要的社交媒体平台,同样可以利用其影响力进行KOL合作和话题营销。在抖音上,企业可以通过短视频和直播的形式进行小程序推广。

(四) 通过线下活动推广

线下活动是小程序营销的重要方式之一。企业可以通过举办各种线下活动,如新品发布会、促销活动、路演等,吸引潜在用户参与活动,并借助活动宣传小程序,提高品牌知名度和销售额。例如,一家服装品牌可以在商场或商圈举办新品发布会,在展示其新款服装的同时,向参与者介绍其小程序商城。通过现场扫码进入小程序购买新款服装,进行小程序推广。

(五)利用广告投放推广

广告投放是小程序营销的重要手段之一。企业可以通过投放各种类型的广告,如搜索广告、信息流广告、品牌广告等,将小程序推广给更多的潜在用户。例如,在搜索广告中,企业可以在搜索引擎中投放与小程序相关的关键词广告,吸引潜在用户点击进入小程序。在信息流广告中,企业可以通过投放图文和视频广告的形式进行小程序的推广。在品牌广告中,企业可以通过品牌代言人和品牌形象广告的方式推广小程序。

(六)借助用户口碑推广

用户口碑是小程序营销的重要方式之一。企业可以通过提供优质的产品和服务,让用户满意并产生口碑传播。此外,企业还可以通过鼓励用户分享和转发小程序的方式,提高品牌知名度和销售额。例如,在用户口碑传播方面,企业可以通过提供优质的产品和服务,让用户满意并愿意向亲朋好友推荐小程序。在鼓励用户分享和转发方面,企业可以通过推出分享有礼、转发抽奖等活动,吸引用户将小程序分享给更多的人。

(七)运用内容营销推广

内容营销是小程序营销的重要方式之一。企业可以通过撰写博客文章、制作视频教程、发布白皮书等方式,提供有价值的内容和解决方案,吸引潜在用户的关注和信任。同时可以在内容中适当引导用户进入小程序进行购买和使用。例如,一家教育机构可以制作一系列的视频教程,介绍如何使用其小程序进行在线学习。通过视频内容的介绍和引导,吸引更多的潜在用户进入小程序进行学习。同时可以在视频内容的结尾处提供优惠券等福利,鼓励用户进入小程序进行购买和使用。

知识拓展

目前,在中国有一些已经做得非常好的景区小程序案例,例如,杭州野生动物世界,这是一个集动物园、神奇动物学院于一体的寓教于乐的综合性旅游目的地。其小程序不仅提供了门票预订、导览地图、路线推荐等基础功能,还提供了AR导航、动物语音、动物直播等有趣、有爱的功能,让游客可以与动物亲密互动,感受动物的魅力和与动物互动的乐趣。

欢乐谷集团及其旗下9家欢乐谷小程序,这是一家专业从事主题公园开发和运营的企业,旗下9家欢乐谷分布在全国各地。它的小程序不仅提供了门票预订、导览地图、实时排队等基础功能,还提供了礼品商城、会员管理、游戏互动、娱乐资讯、AR导航、AR幻境、社区分享等增值功能,让游客可以在游玩的同时,享受更多的乐趣和服务。同时会员统一管理也大大提升了景区的二次消费水平。

【实践演练】

任务单：微信小程序的运营

实践主题	微信小程序的运营		
实践目标	通过实践，培养学生运营小程序的能力，让学生更好地理解小程序的基本设计应该有一定的原创性和独特性，能够吸引读者的注意力，并且能通过各种方式完成对小程序的推广		
实践方案	活动时间	约两周	活动地点	自选
	活动方式	分组、展示、交流、讨论	
	活动要求	1. 各组讨论确定本小组的组名、口号和标识 2. 各组确定小程序目标人群（如旅行达人、旅游小白），该目标人群具有一定的普遍性 3. 各组展示自己的小程序	
实践评价	学生自评、互评与教师评价相结合，条件允许应采用贯穿全课程的打分机制，因后期还需学生进行此小程序的推广		

【思考题】

1. 如果要经营一个旅游酒店类的小程序，需要设计哪些功能界面？
2. 如何利用微信小程序，实现有效的流量变现和转化，提高商业价值？

模块小结

本模块主要围绕微信运营进行深入探讨，介绍了利用微信的各种功能和工具，进行品牌推广、用户互动、内容营销等一系列活动，以实现企业营销目标的过程。微信运营的核心在于通过精细化的管理和运营策略，提升用户体验，增强用户黏性，进而实现品牌价值的提升和转化。

本模块首先介绍了企业微信。通过社群运营，企业可以在企业微信中建立与用户之间的紧密联系，提升用户黏性和活跃度。在社群运营中，需要关注社群规则、话题引导、活动策划等，营造积极向上的社群氛围，促进用户之间的交流和互动。在运营微信视频号时，找准定位、优化内容及推广视频是三个关键步骤。通过精准定位、不断创新和优化内容，以及充分利用微信平台的推广资源，可以有效地提升微信视频号的知名度和影响力。

微信公众号是微信运营的重要载体,通过公众号的运营,企业可以发布内容、与用户互动、进行产品推广等。在公众号运营中,需要关注内容策划、排版设计、推送频率等方面,确保信息能够准确、及时地传递给目标用户。微信小程序作为一种轻量级应用,具有便捷、高效的特点,对于提升用户体验和转化效率具有重要意义。小程序运营需要关注用户体验、功能优化、推广渠道等方面,通过不断优化小程序的功能和体验,提升用户满意度和忠诚度。

综上所述,微信运营是一个综合性的应用,需要关注多个方面的细节和策略。在实际操作中,企业需要结合自身的实际情况和目标需求,采用个性化的运营方案,以实现最佳的运营效果。

模块练习

一、判断题

1. 企业微信的会话存档功能可以实时存档员工与客户的聊天内容,满足企业监管需求。（   ）
2. 微信视频号的推荐机制只包括社交推荐和算法推荐两种。（   ）
3. 微信公众号的内容呈现形式仅限于文字和图片。（   ）
4. 微信小程序的开发成本相对较高,不适合中小商家和个人开发者。（   ）
5. 旅游景区小程序的运营不需要考虑用户口碑的传播。（   ）

二、单选题

1. 企业微信的关键功能之一是打通微信,高效管理客户。（   ）

   A. 正确　　　　　B. 错误

2. 企业微信的注册流程中,哪一步不需要进行？（   ）

   A. 填写注册信息　　　　　B. 绑定微信账号
   C. 注册成功　　　　　　　D. 发布第一条消息

3. 微信视频号的认证分为几种类型？（   ）

   A. 一种　　　B. 两种　　　C. 三种　　　D. 四种

4. 微信公众号内容策划的第一步应该是？（   ）

   A. 目标设定　　B. 选题方向　　C. 内容形式　　D. 更新频率

5. 微信公众号的图文分析中,哪一项数据可以反映用户对文章的直接反馈？（   ）

   A. 送达人数　　　　　　　B. 图文页阅读人数
   C. 微信收藏人数　　　　　D. 原文页阅读人数

6. 微信小程序的设计理念是什么？（   ）

   A. 用完即走　　　　　　　B. 长期绑定用户
   C. 频繁更新内容　　　　　D. 复杂操作界面

7. 以下哪项不是旅游类微信小程序的分类？（   ）

A. 旅游电商类 B. 旅游辅助服务类
C. 旅游新闻类 D. 旅游信息类

8. 旅游小程序的运营思路中,哪一项不适合用于提升用户黏性?(　　)

A. 裂变分销 B. 小程序直播
C. 限时秒杀 D. 增加广告数量

9. 微信小程序推广的方式中,哪一项是通过提供有价值的内容和解决方案来吸引潜在用户关注的?(　　)

A. 公众号推广 B. 社群推广
C. 利用广告投放推广 D. 运用内容营销推广

三、多选题

1. 企业微信的推广方式包括哪些?(　　)

A. 利用企业官方网站和社交媒体平台
B. 在企业门店、办公场所设置二维码
C. 鼓励员工在个人社交媒体上分享
D. 举办线上或线下活动

2. 微信公众号内容策划与创作中,内容呈现样式包括哪些?(　　)

A. 图片　　B. 视频　　C. 音频　　D. 文字

3. 微信公众号的图文分析中,哪些数据可以反映文章的传播效果?(　　)

A. 分享转发人数 B. 分享转发次数
C. 微信收藏人数 D. 原文页阅读人数

4. 微信小程序的开发原则包括哪些?(　　)

A. 简洁明了,用户友好 B. 保留核心功能,去除冗余功能
C. 引导用户操作,一目了然 D. 保持系统一致性

5. 微信小程序营销推广的方式包括哪些?(　　)

A. 公众号推广 B. 社群推广
C. 利用社交媒体推广 D. 通过线下活动推广
E. 利用广告投放推广 F. 借助用户口碑推广

四、论述题

1. 论述微信公众号在旅游企业中的应用及其重要性。
2. 论述微信小程序在旅游行业中的运营策略及其对旅游企业的影响。

模块三　小红书运营

◆【学习目标】

◆ 素养目标

1. 培养对旅游行业的热爱。
2. 培养良好的数字化素养。
3. 养成协同合作的能力。
4. 养成传播健康、正面信息的习惯。

◆ 知识目标

1. 熟悉小红书平台及工具。
2. 掌握品牌建设与传播知识。
3. 理解数据分析与优化的基础知识。

◆ 能力目标

1. 能撰写旅游笔记。
2. 会进行品牌合作。
3. 会进行笔记变现。

◆【重难点】

◆ 重点：笔记的制作与引流。

◆ 难点：平台算法与运营。

◆【模块引导】

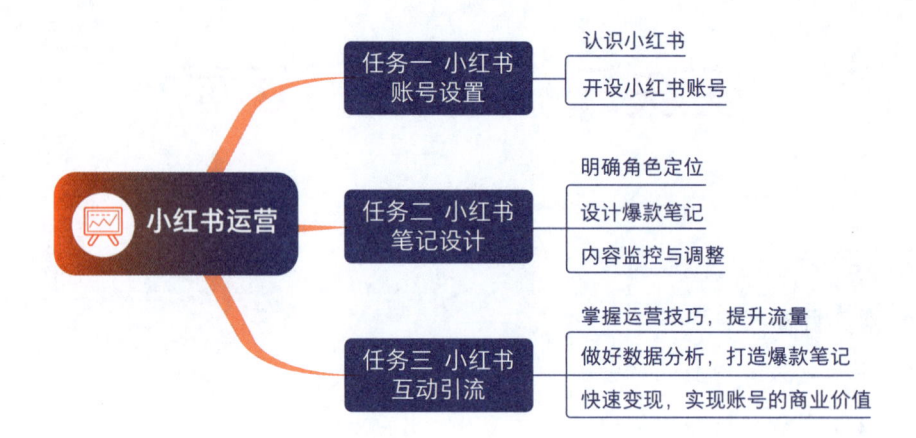

```
                                    ┌─ 认识小红书
                    ┌─ 任务一 小红书账号设置 ─┤
                    │                   └─ 开设小红书账号
                    │
                    │                   ┌─ 明确角色定位
   小红书运营 ───────┼─ 任务二 小红书笔记设计 ─┼─ 设计爆款笔记
                    │                   └─ 内容监控与调整
                    │
                    │                   ┌─ 掌握运营技巧，提升流量
                    └─ 任务三 小红书互动引流 ─┼─ 做好数据分析，打造爆款笔记
                                        └─ 快速变现，实现账号的商业价值
```

任务一 小红书账号设置

【引导案例】

小红书十周年：创造广阔而温暖的社区

2023年8月2日，小红书CEO星矢进行了小红书十周年内部分享。星矢对小红书使命——以科技为笔，人文精神为墨，勾画人间烟火气，最抚凡人心——做了进一步阐述。小红书将坚持以科技和人文精神结合，创造广阔而温暖的社区。

星矢回顾了过去十年小红书的坚持。从诞生之初，小红书就注重用最快的速度去测试用户需求，收集反馈，并让用户感受到团队的用心和真诚。同时，因为对"生活没有标准答案"的相信，小红书在早期就引入算法，希望能为每个用户量身定制适合自己的平台。在这一过程中，团队明确了"科技是我们这个数字时代的神奇画笔""所以小红书首先应该是一家科技公司，要去拥抱、学习、掌握、运用这个时代最先进的科技"。与此同时，画什么、为谁而画，决定了小红书的方向。

展望未来，星矢说，希望"未来的每一天，每一个普通人，无论他出生在哪里，无论他生活在哪里，打开小红书都能既看到一个'广阔的大世界'，从这里走向世界和未来；也能通过普通人的分享和连接，感受到一个'温暖的小社区'，让陌生变得不冰冷，让活着不再孤单"。

【知识准备】

一、认识小红书

小红书[①]以口号"标记我的生活"成为备受年轻群体喜爱的信息分享平台。平台整合社交分享和购物功能，满足用户分享生活和购物的需求。

小红书平台创始人是旅行和购物爱好者，2013年因一份《小红书出境购物攻略》在网站上被用户大量下载而走红。这就是小红书最初的产品形态。之后不到一年的时间，小红书推出了海外购物分享社区，随后发展为内容社区，允许用户分享购物和旅行经验，吸引更多用户和品牌合作。现在的小红书平台，已扩展到多种生活领域，成为社区电商平台，融社交、内容分享和电商为一体。

（一）小红书的用户

年轻群体成为小红书的主要用户，原因主要有三个方面。

首先，知名博主的高质量内容分享，尤其是所分享的美妆和时尚的经验，对年轻用户具有强大的吸引力。知名博主推荐和种草效应促使年轻用户更容易信任和购买相关产品。

[①] 本任务在编写时使用的小红书App版本为v8.10.2(8102501)，操作页面与最新版可能存在细微差异，但不影响读者参考学习。

其次，小红书的内容广泛覆盖了年轻人感兴趣的领域，如美妆、护肤、美食、健身等，满足了用户多样化的需求。

最后，小红书重视内容质量和审核，用户可以在平台上找到热门、经过筛选的产品，无须在其他电商平台或代购上花费时间。精美的图片和吸引人的文案刺激了年轻用户的购物欲望，而有趣的包装和用户体验增强了她们的参与感。

(二) 小红书的平台优势

小红书从社区开始做起的，不断地壮大，在"种草社区"里面，有如下几点优势。

一是年轻化用户群体和社交氛围。小红书深受年轻群体的青睐，特别是"90后"和"95后"，他们是社交网络的主力军。这个年龄段的用户更容易接受新事物，更愿意在社交媒体上分享生活和购物经验。小红书提供了一个充满活力和时尚氛围的社交平台，用户之间可以互动，可以关注其他用户、点赞、评论，甚至私信交流生活点滴、购物体验等，提高了用户的参与感，由此形成紧密的社交网络，增加了用户的黏性。

在营销推广中，口碑至关重要。人们更倾向于相信朋友、家人或其他消费者的推荐，而不是传统广告。小红书通过口碑的方式，用图文或视频笔记展示经验和意见，因此更加可信。

二是名人效应。知名博主的影响力极大，他们的推荐和"种草"可以直接影响用户的购买决策。比如某女性博主，在小红书上有超百万的粉丝，她分享的时尚、美妆和旅行经验，通常受到用户的热烈欢迎。用户在平台上追踪自己喜欢的博主，获取他们的购物清单和生活方式。

三是个性化推荐和真实性检验。小红书对内容进行精细化分类，用户可以根据自己的兴趣选择关注的板块。平台使用推荐算法，根据用户的浏览历史和喜好，为用户推送个性化的内容。同时对用户发布的内容进行严格审核，杜绝虚假和低质量的信息。

(三) 小红书的业务合作方式

作为当下一个充满活力的社交购物平台，小红书提供多种业务合作方式，使品牌、商家和内容创作者能够充分发挥创意，推广产品和服务，与用户建立深层次的互动。

开设企业号：平台允许企业和商家开设企业号，通过这一平台，品牌能够发布产品内容，并在简介中展示联系方式和地址，方便引流。企业号开设的操作相对简单，在注册完小红书账号后，找到"设置→账号与安全"，点击"官方认证→企业认证"，填写相关的资料，同时需要支付一定的费用。

广告投放：小红书支持品牌在平台上进行广告投放。品牌可以申请广告投放资质，通过精准的投放和大数据算法，提高广告的相关性，增加转化率。广告投放是一种有效的品牌推广方式，可以帮助品牌提升知名度，吸引更多用户。

品牌合作人：小红书与各大品牌合作，邀请他们在平台上发布有关品牌产品的内容。这种合作方式是多赢的，对于小红书，增加了流量；对于品牌方，提供了一个宣传和销售产品的渠道；对于用户，有了品牌的入驻，提高了购物的信任度。

商家入驻：小红书对商家的入驻条件较为严格，但这也确保了平台上的商品质量和服务。商家可以在小红书上开设官方旗舰店，展示和销售产品，进行促销活动。入驻申请需要经过审核，需要满足平台的要求，确保提供高品质的商品和服务。

二、开设小红书账号

小红书运营的第一步是注册账号。本节以苹果系统中通用版本的小红书为例,讲解小红书账号的注册、登录和认证的操作方法。

(一)账号注册与验证

1. 利用手机号码注册并登录

首次打开应用程序时,将看到注册选项。可以选择使用手机号码、微信、QQ、微博等社交媒体账号来注册。如果选择使用手机号码注册,需要提供手机号码并接受验证码。输入验证码后,点击"下一步"或"注册"。如果选择使用社交媒体账号注册,需要授权小红书应用程序来访问账户信息。完成授权后,将创建一个小红书账号。

填写个人信息,如昵称、性别、生日等。这些信息将帮助小红书更好地为您推荐内容。创建一个有效的密码,用于保护账号的安全,阅读并接受小红书的用户协议和隐私政策,点击"注册"或"完成"按钮,完成注册流程。

2. 完善个人信息

打开小红书应用,点击右下角的"我"(个人资料)的图标,进入个人主页,点击上方的"编辑个人资料"按钮。

首先是上传头像和背景图片,在"编辑个人资料"页面上修改或添加昵称,其他用户将通过名称来识别用户。

个性签名是个人资料中比较重要的部分,也会在主页显示,一般是一句或一段文字,可以简要介绍自己、表达兴趣爱好或分享个人理念。还有性别和生日,城市和所在地,行业和职业,教育程度和学校,兴趣和关注等信息,小红书会根据这些信息推荐特定领域内的内容或商家。

账号注册完成后,因权重较低,平台一般不会倾斜数据流账号,因此新账号"养号"成为关键,主要方法如图3-1所示。

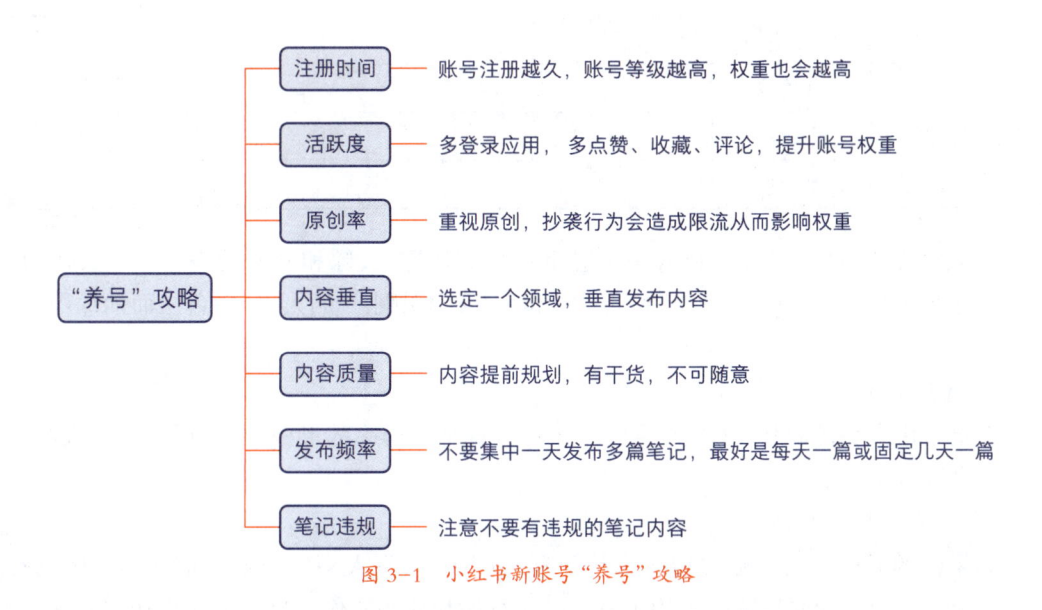

"养号"攻略:
- 注册时间：账号注册越久,账号等级越高,权重也会越高
- 活跃度：多登录应用,多点赞、收藏、评论,提升账号权重
- 原创率：重视原创,抄袭行为会造成限流从而影响权重
- 内容垂直：选定一个领域,垂直发布内容
- 内容质量：内容提前规划,有干货,不可随意
- 发布频率：不要集中一天发布多篇笔记,最好是每天一篇或固定几天一篇
- 笔记违规：注意不要有违规的笔记内容

图3-1 小红书新账号"养号"攻略

(二)账号标签定位

在账号设计层面就要有清晰的定位和设计,最简单的方式是观察分析平台上的其他账号,进行同类账号对比,如表3-1所示。找到与自身定位领域相似或内容相近的账号,观察账号定位、选题内容、爆款笔记、笔记数据等,从中找到自己账号的独特性。

表3-1 小红书账号对标定位表

筛选方向		账号1	账号2	账号3	账号4	账号5	账号6
账号定位	名称						
	简介						
	粉丝数						
	人设定位						
	账号特色						
选题内容	选题方向						
	内容类型						
	话题						
	关键词						
	笔记数量						
	更新频率						
	发布时间						
爆款笔记	标题						
	封面						
	文案						
	内容结构						
笔记数据	点赞数						
	收藏数						
	评论数						

完成对标账号的分析后,新人博主应重点考虑昵称、头像和简介的设置。主页作为账号的"门面担当",不仅要清晰、美观、有辨识度,还要体现账号的人设、特色从而加深用户的印象。

1. 选择头像

在这个讲究美的时代,一个好看的头像能直观呈现博主的形象,在选择小红书头像时,需要考虑到多个因素。

(1)真实性与亲近感

如果你的品牌或者和账号以个人经历和见解为主,真人头像能增加信任感和亲近感。小红书上一些成功的旅行账号使用了真实的旅行照片作为头像。这样的头像让用户感觉到这是一个真实的人,从而产生共鸣。

(2) 专业性和内容一致性

头像应该反映专业性和内容定位。如果你是专业的旅行博主,头像应该传达出你的专业性。比如可以使用本人在旅行中的照片,背景是美丽的自然景色,传达出博主热爱旅行且有一定专业性的信息。

(3) 独特性与记忆性

头像要容易记住,脱颖而出的关键是需要有精巧的设计。比如有冲击力的场景,极其简单的元素,引发情感共鸣的画面等,甚至是不同的颜色,都能够传递不同的情感。假如账号定位在"照片漫画",则可使用漫画类型的卡通头像。用漫画、实物或标志做头像,一样会很有吸引力。

总之,在选择头像时,需要深入了解自己的品牌形象,目标受众的喜好,以及颜色心理学等知识,结合这些因素选择既符合个人特色又能引起观众共鸣的头像。

2. 确定昵称

昵称是在线社交和内容创作的标识,一个好的昵称可以吸引更多用户的关注,提升个人品牌。因此,在选择昵称时,需要仔细考虑并确保它能反映内容并具有独特性。选定昵称后,尽量避免频繁更改,以维护一致性形象。

(1) 定位要清晰。一个好的昵称应该清晰地反映你的内容和运营方向。确保你的昵称与你发布的内容相匹配,如果内容涉及多个领域,可以考虑在昵称中包含主要细分领域的关键词。比如,如果你是一位美食博主,你的昵称可以包含"美食"或"厨房"等关键词,例如"美食小厨娘"。再如以"××老师教英语"为例,有三十个以上的万粉博主都用这个公式取名。这是一个被证明的好的取名公式,即"文字简介 + 内容细分领域"。

(2) 简洁且好记。选择一个简洁的昵称,避免使用过于复杂或难以拼写的字词。用户更容易记住简单的昵称。应避免使用生僻字或过多的符号,避免增加用户记忆的难度。比如"丸子丸子小老师",是一个比较简单的昵称,用重复来加强"丸子"这一个人IP。再如,有些名称是非常简洁的,"反诈薯""美妆薯""电影薯""数码薯""汽车薯""VLOG 薯"等等,都简洁明了地用昵称传达了账号所负责的功能。

(3) 考虑个性化。如果可能的话,考虑在昵称中加入一些个性化元素,以凸显你的独特风格或个人特点。个性化昵称可以帮助你在用户心目中建立更鲜明的形象。

(4) 限制与规范。第一是遵循字符限制和中文规范。第二是避免频繁更改,以免影响个人品牌的一致性。第三是避免侵权和违规,在选择昵称时,避免使用与已知品牌、公司或其他用户的昵称相似的内容,以免侵犯他们的权益。也要避免使用敏感或违规的词语,以确保不会因违规而受到封禁或投诉。

3. 设置简介

由于头像和昵称的展示空间有限,简介成为展示个人特色和吸引关注的重要途径。如何在有限的字数内清晰地表达更多令人印象深刻的信息?

(1) 明确定位。简洁明了地表达旅行定位,例如"全球探险家""自助旅行爱好者"等。用简短的词语概括主题,让人一眼就能明白账号内容。

（2）突出个性。描述在旅行中的独特视角或特殊爱好。例如，"热爱品尝世界各地美食的胖达人""追求极致户外体验的探险者"。突出个性可以让人记住你，与其他旅行账号区分开来。

（3）旅行经历。简明扼要道出丰富的旅行经历，可以简要地列举一些你去过的国家或城市。例如，"已游历三十多个国家，分享最地道的旅行体验。"这样的描述显示你的经验丰富，让人更愿意听取你的建议。

（4）专业技能。强调能力，如果你有特殊的旅行技能或专业知识，不妨在简介中突出强调。例如，"潜水达人，分享海底世界的奇妙之旅""摄影师，用镜头记录世界各地的美"。

（5）个人情感。真实情感是极其动人的，透露一些你在旅行中的真实情感和体验，让人觉得你是一个真实、有血有肉的人。例如，"在乌镇的阳台上喝咖啡，这就是我向往的生活"。

（6）使用表情。在简介中适当使用表情可以增加趣味性，也能用简短的符号表达更多的信息。例如，一个飞机的表情符号可以代表你的旅行爱好，一个摄影机的表情符号可以代表你的摄影技能。

（三）主页功能介绍

打开小红书的界面，可以发现包含多个板块，每个板块都有不同的内容和功能，以提供丰富的社交体验和信息分享。

1. 首页

在首页上主要有"关注""发现"和地理位置的板块。在"关注"里面，显示用户关注的博主的一些最新动态和分享。通过在该板块浏览内容，可以跟踪自己感兴趣的用户、博主，以及了解他们的生活、心得分享等。

"推荐"是根据智能算法技术，为用户提供个性化的内容推荐，主要依据是兴趣、关注的话题和用户，以及浏览历史。推荐内容包括美妆、时尚、美食、旅行、健康等各种主题的图文、视频笔记。这是一个不断更新的板块，有助于帮助用户或者博主发现新的灵感和感兴趣的内容。

地理位置的板块会根据用户的定位进行推送，通常是附近的一些热门话题、流行趋势。用户可以在这里浏览附近的热门美妆教程、时尚穿搭、旅行攻略、美食推荐等。

2. 购物

购物板块是小红书的电商功能，允许用户在平台上浏览和购买各种商品。在这里找到各种各样的商品，平台也会了解用户的购物心得和购物经历来进行推荐。点击右上角的"更多"按钮还能查看购物车、订单、收货地址等信息。

3. 消息

用户接收的官方号推送和私聊消息都会依照时间顺序显示在消息页面中，可查看其他用户的评论、点赞、关注等互动，也可以接收系统通知。用户还可以点击右上角的"发现群聊"按钮进行"创建群聊"。

4. 我

编辑个人资料，查看发布的内容、关注的用户、粉丝，以及管理隐私设置都在"我"这个板块。上半部分是个人信息面板，包括用户的头像、名字、小红书号等基本信息，下半部分则是"笔记""收藏""赞过"三个栏目，分别展示用户发布、收藏、赞过的笔记。用户可以点击左角的"≡"按钮,还可以找到"发现好友""创作中心""活动中心""合作中心""专业号中心"等更多功能。

知识拓展

QuestMobile 2023 年新媒体生态洞察

据 QuestMobile 数据显示,截止到 2023 年 9 月,抖音、快手、小红书、哔哩哔哩、微博五大典型新媒体平台去重活跃用户规模达到 10.88 亿,渗透率达到 88.9%,三大梯队态势基本形成。其中,抖音以 7.43 亿月活、同比 5.1% 的增速独占鳌头,第二阵营中微博、快手月活分别为 4.85 亿、4.57 亿,同比分别增长 −1.2%、5.1%,哔哩哔哩和小红书位居第三阵营,月活分别为 2.1 亿、1.99 亿,同比分别增长 6.7%、20.2%。

另外,由于用户普遍会在多个平台间流转,平台间的竞争也已经非常突出。应对方案来看,一方面,"明修栈道",平台内容精细化、运营多元化并以此增强用户黏性。图文、音乐、小说、短剧,内容的边界一再突破。过去一年,抖音、小红书用户日均时长同比分别增长了 6.8 分钟和 5.5 分钟,同时,围绕用户运营而来的"带货"模式也已经跑通,成为主流零售模式。另一方面,"暗度陈仓",各大平台悄悄抢用户、冲击变现。例如,原本用户区隔明显的小红书和哔哩哔哩,由于小红书基数较低,在用户争夺中持续发力,经过一年的快速增长,用户规模紧追哔哩哔哩。

另一个显著变化是,独立 App 播客渠道正在吸引越来越多的小众用户分流,如小宇宙、皮艇、荔枝播客等。

【实践演练】

任务单:完成小红书账号设计与运营

实践主题	完成小红书账号设计与运营
实践目标	通过实践,培养学生创作爆款笔记内容的能力,让学生更好地理解旅游行业下,游客或者是受众的痛点、爽点、痒点,想要看到的旅游行业的内容,掌握小红书平台的数据推荐规则
实践方案	活动时间:约一周　　活动地点:自选 活动方式:分组、展示、交流、讨论 活动要求: 1. 各组讨论确定本小组的组名、口号和标识 2. 各组确定小红书账号名称、定位(如运营某民宿、推介某村旅游项目、导游证考证辅导、网红打卡推介、探店达人、音乐+景点混剪推荐等),该定位应具有一定的社会实际应用性,并制订运营计划

续表

实践评价	学生互评与教师评价相结合。小组上台介绍账号名称、定位和运营计划。由全班在线上课程平台进行互评打分，任课教师对汇报小组进行课堂点评。计分标准如下： 1. 小红书账号创立计划(40分) 账号名称和定位(15分)；创意性(15分)；实际应用性(10分)。 2. 小红书账号运营计划(50分) 内容规划(20分)；多样性和丰富性(10分)；与定位相符性(10分)；推广策略(10分)。 3. 团员分工(10分) 团队协作计划(5分)；监测与调整机制(5分)

【思考题】

1. 在账号注册过程中，请思考小红书对用户账号安全的保障措施，如登录验证、信息加密等。讨论平台如何平衡提供个性化服务与保护用户隐私的关系。

2. 对比不同领域的热门旅游账号，讨论他们的个人主页设计、标签运用及个性化设置。分析这些设计如何塑造用户个人品牌形象，吸引更多关注和互动。

任务二　小红书笔记设计

【引导案例】

在小红书拥有众多粉丝的房琪 kiki

房琪 kiki 是旅游生活类博主，前央视主持人，全网千万粉丝博主，在小红书拥有众多粉丝。她的封面统一且有美感，每一个笔记都像是一个小电影，受欢迎的内核还是她的生活方式、给用户传递的生活态度、功底深厚的文字表达，以及视频的拍摄剪辑技术。所以，做内容还是要从自身条件出发，而非什么火就去做什么，能持续在平台产出有价值的作品才会走得更远。

房琪 kiki 引起众多关注的重要原因是她的文案和语录。小红书有很多博主给房琪 kiki "种草"，拆解房琪 kiki 的语录，也都获得很高的点赞和评论。通过房琪 kiki 的账号，我们可以感受到只有真正拥有更多的精彩内容、打磨自己的文字功底，给用户提供更多的价值，才能获得关注。

【知识准备】

一、明确角色定位

在确定内容方向之前,需要明确一个有特色的账号,一定是专注于某个领域,并且将内容做到极致。角色定位一般有四个方向。

(一)专家角色

在专业领域拥有深厚知识的人,可以选择这一赛道。专家角色的关键在于分享有价值的信息和见解,前提是建立领域内的权威性,这需要深入学习和持续更新。当受众认为你是一个领域的专家时,他们更有可能信任你的建议和观点。

如"坤哥玩花卉"的坤哥原是《中国花卉报》的资深记者,他拍摄深度的视频内容,展示专业的花卉知识。面对花卉难题,还能够提供解决方案,并分享实用的建议。

常见的专业知识分享有深度分析、产品评测、趋势预测、问题解答等,作为领域内的有影响的人,专家角色可以影响受众的决策和行为。

(二)资深分享者角色

资深分享者角色侧重于分享个人经历和成长故事。这些经历可以涵盖从个人生活、职业经历到旅行冒险的各个领域。资深分享者通常将自己的旅程与受众分享,包括面对的挑战、克服困难的经验和获得的启发。

资深分享者的内容还涉及个人品位和风格的展示。无论是时尚品位、美食偏好还是旅行经历,他们通过展示自己的独特风格来吸引受众。这些内容对于那些寻找灵感和创意的人来说尤为有吸引力。

资深分享者也会诚实地分享自身的个人故事、挑战和成长经历,以展示真实性。如"阿脸"是摄影师、环球旅行家,他通过分享真实的旅行故事和旅行经历,触发受众的情感共鸣。

(三)品牌代言人角色

品牌代言人角色通常与各种品牌合作,推广其产品和服务。这种合作通常是双赢的,因为品牌可以借助账号的影响力来推广他们的产品,而账号也可以从品牌合作中获得经济回报。品牌代言人通常会吸引一群忠实的粉丝,这些粉丝对他们的推荐和建议具有高度信任。这种信任是通过持续的品牌合作和真实的评价建立起来的。

另外,品牌代言人需要确保与代言品牌有一体性,共享相似的价值观和使命,以帮助品牌建立信任。同时,品牌代言人需要保持诚实和良好的公众形象,以维护他们的信誉。

(四)生活达人角色

达人的内容旨在启发受众,让他们尝试新的事物和体验。生活达人通常会分享自己的生活方式选择、喜好和建议等,以激发受众的兴趣,吸引志同道合的受众。在高频率的互动、分享和评论中,提高账号的影响力。

二、设计爆款笔记

(一)拆解爆款笔记

打造爆款笔记之前,分析爆款因素至关重要,如表3-2所示。

表3-2 小红书爆款笔记拆解分析表

序号	爆款笔记链接	标题	文案	封面	内容结构	关键词	点赞	收藏	评论

第一是分析笔记内容结构。站在用户视角,先观察笔记的内容类型是属于美妆、穿搭、旅行还是其他领域;观察笔记的整体结构,包括开头、正文和结尾;观察笔记的逻辑设计,留意作者使用的语言风格和措辞,是平实易懂、还是幽默风趣或是专业严谨,每种风格都有其优缺点,有助于模仿和借鉴。

第二是研究平台算法。聚焦爆款笔记的标签运用,了解标签背后的含义和流量来源;探究关键词重复的频率,找到爆款笔记在搜索结果中的排名;分析爆款笔记所参与的话题或挑战;留意爆款笔记的发布时间,发布频率和时机。

第三是分析互动区反馈方式。仔细研究评论区反馈,尤其是获得高赞和留言人数很多的评论,这些评论往往反映了用户对笔记内容的兴趣点和共鸣点。了解用户对笔记内容的态度和评价,将用户提出的问题或建议,作为优化内容的重要参考。了解用户的需求有助于我们更好地满足他们的期望,提高互动量和转化率。留意评论区中出现频率较高的热门话题或流行语,创作新内容时可参考,增加与用户的共鸣。

(二)文案设计

在明确了自己账号的定位后,写出爆款内容成了第一要务。一篇优质的笔记能够带来巨大的流量,而优质的笔记首先离不开好的选题和有创意的文案。

1. 建立选题库

首先,选择与自己账号类型和定位相近的成功账号进行借鉴。这些账号可以是同一领域内的专业博主,同行业或相关领域有影响力的用户。仔细分析那些已经取得成功的爆款选题,包括标题、内容、形式、配图等方面。理解这些选题之所以成功的原因是非常关键的,可以帮助你抓住用户的兴趣点。

在借鉴的过程中,注意选题中的关键元素,如有趣的标题、引人入胜的开篇、有深度的内容等。借鉴并不意味着照搬,而是要在参考的基础上加入自己的特色和创意。可以通过结合个人经验、独特见解、幽默的风格等,使借鉴的选题更贴合自己账号的特点。

资料:小红书旅游笔记评论

其次,在评论中寻找爆款选题是一种创新且有效的方法。评论区蕴藏着大量的用户真实反馈和需求,通过善于发现和利用评论中的信息,可以更好地满足受众的期待,提升内容的吸引力。

2. 打造爆款标题

标题是用户获取笔记内容的重要来源,也是一篇笔记内容的高度提炼。

(1) 引起好奇。确保标题具有独特性和新颖性,能够吸引用户的好奇心。避免使用过于普通或老套的词汇,注重在标题中呈现出独特的卖点。制造一些疑问和悬念,让用户想要点击查看更多内容,以满足好奇心。比如,"这个地方为何成为爆款?""神秘力量!揭开这里走红的成功密码"。

标题越能够颠覆认知,阅读量就越高,比如,"学生党不花钱旅游法!"这句文案就比较颠覆认知,想要旅行就得买机票、住酒店,哪里可能不花钱呢?难道会有其他方法?用户产生了好奇,就会点开内容进行浏览。多样性才是标题文案的常态,虽然颠覆认知的文案非常吸引人,但也不能每一篇笔记都用这样的模式,否则容易让用户产生疲劳感。颠覆认知的文案不要过度夸大,而且要与内文相匹配,否则会让用户产生被欺骗的感觉。

(2) 数字和清晰的价值。数字在标题中的运用能够简洁直观地传达信息,有效提高用户对内容的敏感度。在标题中使用数字能够吸引眼球,同时清晰地表达出内容的价值,让用户知道他们将获得什么。例如,"旅游摄影教程""10分钟学会的摄影技巧,打造酷炫成片"。

(3) 必须包含关键字。小红书的推荐机制主要依赖于用户的浏览习惯,因此标题中的关键字对于内容的曝光度至关重要。关键字可以吸引特定用户,帮助运营者锁定目标受众。当用户浏览页面时,突出的关键字能够引起他们的兴趣,促使他们点击浏览。

(4) 用符号增加吸引力。在标题中加入符号,无论是特殊符号还是标点符号,都能够使标题更生动、更引人注目。特殊符号可以增添一些小的图案,美观且有展示信息的效果;标点符号则多用于增强语气。例如,一篇关于夏季穿搭的笔记标题可以是"夏日旅行穿搭大作战!✦",其中的"✦"符号既增加了一些美观感,又使标题更为引人注目。

(5) 借助热点与热词。通常来说,热点具有爆发猛、传播快、时效短的特点。如果能够及时掌握热点,正确应用热点,那么,热点就是撬开笔记阅读量的支点。一些热点通常是事先可以预测到的,如节假日、特定季节;而突发性热点则是一些突发事件、社会热点、热门新闻等。

比如,"五一小长假,最佳旅游目的地大揭秘!"五一小长假是一个可预见的热点,在标题中利用"五一小长假"这一关键词吸引用户点击,内容可以包括独特的旅游目的地、实用的旅行攻略、特色美食等。

再如"好消息!热门景点门票降价,赶紧计划你的假期吧!"假设某个热门景点因为某种原因突然宣布门票降价,这便是一个突发性热点。在标题中利用"好消息"这一表达,使用表达突发性喜讯的词汇(比如"限时特惠"等),激发用户的好奇心。

除了热点之外,每年都会有不同的网络热词出现,这些词自身有着很高的热度,作为一个运营者,你要有足够的敏感力,这样才能捕捉到最新、最火的热词,再结合自己的内容巧妙地应用,笔记就会与众不同。

(三) 图文笔记

图片是小红书笔记中非常重要的一部分,美观的图片会让用户一眼就锁定你的笔记。

尤其是一张好看的封面图,是优质笔记的必备要素之一。

1. 重点打磨封面

多图笔记中的首图会作为封面图自动显示在该笔记缩略界面,如果提前制作了专门的封面图,那么将封面图添加为第一张即可。首图的选择非常重要,必须保证其美观性和富有吸引力。

资料:视频封面的制作技巧

2. 图片突出主题

图片应当清晰地反映主题,让用户一眼就能理解你的分享内容。体现重点信息的方式有两种:直接以图像展示或添加文字展示。使用主题相关的图标、符号或背景元素,以直观的方式呈现内容主旨。例如,如果分享的是旅游笔记,可以使用旅行元素,如地图、行李箱等。

3. 使用高清素材

图像质量直接关系到用户对内容的印象,高清的图片和素材更能展现专业和用心,增强画面的表现力。如果使用插图,需确保它们是高质量的矢量图或高分辨率的图片。

在设计过程中要注意手机的屏幕尺寸,确保首图在浏览时依然清晰可见。同时还应注意网络传输速度对图片尺寸的要求,过大的图片可能会因为较慢的传输速度而影响用户体验。

4. 构图别具匠心

构图就是通过对画面主体和各种元素的巧妙安排,构造更加和谐的画面。构图讲究画面的平衡、对比与视角。最常用的构图方法是三角构图,也就是在画面中通过三个视觉主体构建三角区域。除此之外,运营者也可以通过多样化的途径和方法进行探索,不断优化画面布局。

5. 色彩引人注目

色彩搭配是吸引用户眼球的重要因素,选择合适的色彩可以让封面图更富有活力。撞色对比能增强画面冲击力,相近的颜色则使画面看起来更加和谐,复古色能提升画面的底蕴,流行色能快速吸引年轻用户的眼球……而且色彩本身就带有情绪,冷色、暖色所营造的氛围迥然相异,巧妙地运用色彩能有效带动用户的情绪。运营者要善于利用色彩的特点和色彩与情绪的关系进行创作。如图 3-2"你要爱荒野上的风声~"画面颜色对比,色彩明亮而温暖,营造出令人向往的氛围。

6. 对比强烈直观

在小红书等社交媒体平台上,用户的注意力是有限的,让内容在瞬息万变的信息流中脱颖而出,视觉吸引力至关重要。对比强烈的图像能够迅速吸引用户的注意力,在众多页面中脱颖而出;有效地突显

图 3-2 适宜的色彩搭配

页面上的重要元素,如标题、关键信息或主题图;明亮的颜色和鲜明的对比有助于产生冲击感,让用户更容易理解和记忆内容,同时也能够引起情感共鸣;还能够减轻用户的阅读负担,使整体体验更加愉悦。

7. 添加文字注释

在图片中适当添加文字注释,不仅能对图片进行说明,补充图片无法准确传达的信息,还能增加图片的信息量。文字注释可以直接放进图片,也可以通过添加标签来补充。

8. 多图展示全貌

有时运营者想要展示的图片较多,但一条笔记中允许添加的图片数量有限,那么可以采用拼图的方式来制图。常见的拼图样式有双拼、三拼、四拼、六拼,也可根据内容进行特别的设计,如图 3-3 所示。多图的封面在小红书的笔记中也应用得非常广泛,通常用来展示某一系列的产品,也可以是某一件事情的整个过程与步骤。

只有明确每张图片的意义,才能有的放矢,让图片发挥作用。无意义的图片,既占据了笔记的版面,又浪费了用户的时间,无法给运营者带来帮助。

9. 打造精品内容

爆款的标题和丰富的图片将用户领进门,接下来用户能不能认真看完笔记,留下点赞、评论,甚至是收藏后再离开,就要靠笔记内容的吸引力了。最重要的一个原则就是内容"有料","干货"十足。

干货型内容的涵盖面非常广泛,如各个领域的知识、技巧等,主要分为三大类别:塑造价值、强调重要性和解决用户需求。

塑造价值注重分享有深度和广度的知识,创作者通过提供专业的见解、独到的经验,为用户呈现有实质性价值的内容,包括专业领域的深度解析、行业趋势的预测等。

图 3-3 小红书拼图笔记封面

强调重要性旨在引导用户认识到某些内容的不可或缺,从而提高他们对这方面内容的学习欲望。创作者通过介绍某项事物重要性,激发用户对相关知识的兴趣。例如,"为什么旅行对个人成长至关重要?"是为了探讨旅行的益处,从提升学识、拓宽思维到个人成长等方面,强调建立旅行习惯的重要性。

解决用户需求是最为核心的一类,干货内容必须能直接解决用户的实际需求,满足用户的刚性需求,让用户通过阅读得到真正的帮助。小红书笔记的针对性很强,每一篇笔记都是针对特定产品,精准地推送给特定的人群。因此,优质的笔记可以将品牌和用户之间的联系变得更加紧密,把真实的产品使用心得分享给粉丝和消费者,形成口碑的传递。

(四)视频笔记

视频笔记的创作主要有三个热门方向,究其本质,其实都体现着用户求真求实的信息需求。

1. 视频日志——记录生活

视频日志(Vlog)是当下非常热门的短视频形式。有些Vlog不需要主播出镜,只说话即可,甚至不需要过多的文字说明,只是简单地记录日常的生活片段、"打卡"瞬间,就能够收获极高的热度。

Vlog的内容与小红书的口号"标记我的生活"相契合,主要包括生活的碎片化内容和学习、工作、健身等"打卡"瞬间。Vlog依靠容易引发共鸣的内容和节奏缓慢却井然有序的理想生活状态等备受用户的喜爱。由此也可以看出,Vlog的走红,一方面是它抓住了用户的求同心理,另一方面是它以简单明晰的形式很好地适应了短视频兴起的热潮。Vlog在短短几分钟时间内,在创作成本和观看的时间成本都不高的情况下,为用户构建了一种真实且美好的生活状态。

不过,在Vlog走红的同时,其竞争也在不断加大。为了避免自己发布的Vlog被同质化的内容淹没,建议运营者在创作中加入一些个性化标签。

2. 测评、体验——呈现真实产品

将评测、体验类的内容制作成视频,能够动态地展示产品,让用户感受到真实。这一类型的视频笔记能够拉近与用户的距离,将产品真实地呈现给用户,并且能够带来可观的变现收益,因此它也是商业合作推广的常用途径之一。

如介绍各种有趣店铺和热门景点的探店博主,其笔记都是以视频的形式记录探店的过程,结合简洁精练的讲解,让用户对所介绍的对象产生具体而深刻的印象,获得更强的代入感。

3. 制作教程——展示真实过程

这类笔记的内容较多体现在手工制作、美食制作、学习教程等方面,对于旅游领域而言,主要有目的地介绍视频、当地美食、文化体验视频、户外探险视频、旅行小贴士视频等,一般来说教程会配合讲解,展示的操作过程是连续的。而且在进行一些较为复杂的操作时,运营者会停下来进行详细解,灵活调整讲解节奏,传达效果更佳。

资料:写视频脚本快速入门技巧

对于任何平台而言,短视频都有一个"黄金6秒"原则:视频需在其前6秒引起用户的兴趣。也就是说,一个视频必须在6秒内让用户点赞、收藏、评论或者转发,否则大概率是无法留住用户的。因此,制作视频时必须突出特性,把最具吸引力的话放在前面说。

三、内容监控与调整

想要让一篇笔记获得高热度,除了在内容上下功夫,运营者还需要具备宏观思维,尤其是面对限流等问题时,要善于自查、分析,不断优化方向。

(一)限流监控与自查

小红书限流是指平台为了保障系统的稳定性和用户体验,对用户的操作进行一定的限

制,一般来说都是针对违规内容。笔记或账号被限流的类型,大致可以分为单篇笔记被限流、多篇笔记被限流和屏蔽笔记搜索这三种。

1. 单篇笔记被限流

如果一篇笔记被小红书系统检测出存在盗图、雷同,或者包含从其他小红书内容中直接抄袭而来的段落,甚至直接使用其他小红书作者的图片等非原创内容,那么该笔记就有可能被限流。这意味着小红书注重内容的原创性,对重复、抄袭等行为采取了严格的措施,以维护平台上的创作者权益和提高用户体验。

如果一篇笔记被判定疑似未经报备的商业笔记,或者包含推广某些产品、带有商业利益的内容,那么该笔记同样有可能被限流。这强调了平台对于商业行为的规范,以保持用户在小红书上的信任感和防范滥用广告推广的情况。

对于博主而言,如果账号存在单篇笔记被限流的问题,建议不要简单地修改被限流的笔记。若确有必要发布类似内容,博主需要将内容重新构思,确保全部原创,否则系统可能认定为发布重复内容,导致笔记被更加严重地限流。

2. 多篇笔记被限流

多篇笔记在小红书被限流可能源于多个因素,可能是由于账号发布的内容质量较差,对用户缺乏价值和吸引力。运营者需检视笔记质量,提高内容的转化率、点赞量、收藏量。通过完善与改进内容,可以逐渐使被限流的笔记恢复到正常曝光度。重点在于提供对用户有意义且有价值的内容。

发布过多商业内容同样可能导致账号内的多篇笔记被平台限流。运营者需检查是否发布了过多品牌合作或商业笔记。在市场规则下建议遵循合理的比例为"6:1",即每发布6篇常规笔记,有1篇是商业笔记,以避免商业笔记过载。

如果账号曾有违规记录,平台可能将其设置进入"小黑屋",被限制流量分配。

3. 屏蔽笔记搜索

如果某账号的笔记违反了小红书的社区规范,如留下伪造笔记数据、涉嫌售卖假货等,平台可能采取限流措施。违规程度较轻时,可能仅对涉事内容的单篇笔记搜索进行屏蔽;而违规程度较严重时,可能直接屏蔽该账号的所有笔记内容。若运营者收到小红书的违规通知,且难以明确违规的具体文字,盲目修改可能导致笔记再次违规,因此建议直接删除相关笔记,避免二次违规,以免对账号权重造成影响。权重的提升较为复杂,一旦下降,恢复也较为困难。

小红书拥有庞大的用户体量,实时为所有笔记建立搜索索引不切实际。当运营者发布一篇笔记后,可能需要等待约几十分钟。如果超过30分钟仍然搜索不到新发布的笔记,说明该笔记可能尚未被收录,建议重新发布其他内容的笔记。

(二)笔记收录自查与解决方案

1. 何为笔记收录

小红书的笔记收录是指用户发布的笔记经过审核通过后,被系统放入小红书的"笔记库"中,并通过搜索功能展示在推荐页面和搜索结果页面,以获得更多流量。

可通过将笔记转发到微信,验证是否能查看来检验该笔记是否审核通过。审核通过后

30分钟左右,可搜索自己的笔记,确保在搜索结果中能找到。使用其他用户账号进行搜索,可以进一步验证审核情况。

博主还可通过使用完整标题或高频关键词进行搜索验证。在实际搜索中,虽然用户很少使用完整标题进行搜索,但这可帮助博主验证笔记是否被成功收录。另外,通过搜索主要关键词并点击"最新"排序,如可以在前100篇笔记中找到自己发布的笔记,则可验证已被收录。

2. 笔记收录与调整

在小红书中,笔记的收录与否直接影响着流量的获取。然而,被收录的笔记并不一定比未被收录的笔记获得更多访问量。对于一些没有明确关键词、未被细化内容领域的笔记,如日常穿搭、自拍、日常娱乐等,收录与未收录的流量区别并不显著,因为这类笔记更多依赖推荐获取流量,而非搜索。然而,对于那些通过关键词精准搜索能够获取流量的博主,确保笔记被收录尤为重要。比如,旅行攻略类博主可以通过将笔记关键词具体到地点、区域,产品评测类博主可以具体到产品类目与名称,以帮助笔记通过精准搜索获得更多流量。品牌方在与关键意见领袖(KOL)合作时也要把笔记收录,因为未收录的笔记仅具有曝光和点击,失去了在后续精确搜索中的内容沉淀,影响品牌的商业笔记效果。

为提高笔记的收录率,运营者需要自查与调整。首先,确保笔记内容不涉及广告、原创性强、不违反社区规范。其次,避免反复修改已收录的笔记,保持账号状态正常。此外,多发布平台扶持的内容类型,如视频笔记相对于图文笔记更容易被收录。因为平台资源有限,笔记的收录与排名在一定时间内会发生变化。

总体而言,笔记的收录与否并非绝对可控,运营者应着重提升笔记收录的概率,但无法保证笔记一定被收录。及时优化方向,直击用户最想了解的话题和最迫切的诉求,而不是随意、频繁更改方向。将每篇笔记都视作整个账号生命周期中的一个环节,不断努力提升整体运营水平。

知识拓展

小红书户外广告:每条旅行建议,都是亲身经历

2023年全球旅游市场回暖,小红书希望抓住暑期旅游旺季的机会点,针对竞品,明晰自身在旅游圈层的平台定位,打出产品区隔性;针对用户,通过户外大媒介投放,以有用的旅游攻略覆盖到访游客的途经场景,建立暑期旅游人群"上小红书搜索旅游攻略"的认知,巩固小红书实用心智,辐射更多泛大众用户,产生更多的讨论与好感度,提升站内旅游攻略的搜索与转化。

如今越来越多人崇尚随性简单、走哪逛哪的旅游方式,按缜密周全的计划旅行常常被诟病比上班还奔波劳碌,这给小红书旅行内容打出产品区隔性的机会,因为与垂直类旅游平台相比,小红书的博主们是更加具体的人,没有刻板的套路,都是真情流露,不分业余还是专业,在旅游探店等本地内容输出上有得天独厚的优势,这些有人情味的碎片细节和情绪氛围是小红书独家的宝藏。

经历过的人才更明白旅行的真实痛点,更能感染到他人、被他人共鸣。因此 The N3 Agency、WMY 两家机构为小红书做了如下创意策划:

口号:"每条旅行建议"都是亲身经历。

活动筛选小红书上 17 座城市热门旅游景点、特色景点笔记,基于用户真实笔记内容,总结各个旅行"过来人"的亲身经历,把每篇旅行笔记都凝练成简单、直观的一句话建议,搭配用户拍摄的旅游地实景照片,产出男女老少都能看懂的、真正能有帮助的旅行建议。

在全国 17 座热门旅游城市投放了两百余个户外广告位,覆盖北京、上海、杭州、重庆、广州、武汉、西安、长沙、南京、成都、南昌、洛阳、敦煌、大同、苏州的市中心商圈、CBD、公交地铁及核心景点,实现有效户外广告触达,吸引众多游客驻足拍照。同时也在众多社交媒体上引发热议,小红书站内"我的暑期自由行"活动累积实现共 4 924.4 万浏览量。

【实践演练】

任务单:小红书爆款笔记创作任务

实践主题	从旅游知识博主的角度出发,创作系列笔记		
实践目标	通过实践,培养学生创作爆款笔记内容的能力,让学生更好地理解旅游行业下,游客或者是受众的痛点、爽点、痒点,以及想要看到的旅游行业的内容,掌握小红书平台的数据推荐规则		
实践方案	活动时间	约一个月	活动平台	小红书平台
	活动方式	分组、展示、交流、讨论		
	活动要求	1. 内容要求:景点推荐、旅行攻略、美食介绍、购物指南等主题均可。 2. 形式要求:多样化的呈现形式。可选择文字、图片、视频等,但务必确保每篇笔记都有足够的信息量,能够为读者的选择提供有帮助的信息。结合自己专业知识,力求每篇笔记都有深度和独特性。 3. 风格要求:用生动、有趣的语言或图片呈现笔记,吸引用户。遵守平台规范,不含敏感信息和违规内容。 4. 数量要求:至少 10 篇笔记,每篇都要有一定的深度和价值		
实践评价	1. 根据小红书平台数据指标,阅读量、点赞量、收藏量等,完成对本次活动的评价; 2. 具体而言,阅读量赋分 30%,点赞量赋分 30%,收藏量赋分 30%,教师评价 10%		

【思考题】

1. 分别分析小红书上点赞量超过一万与收藏量超过一万的内容,探讨哪些元素能够使一篇旅游帖子成为爆款,讨论点赞量与收藏量的区别?

2. 研究小红书上受欢迎的目的地推荐帖,思考是什么因素让这些目的地在平台上备受关注?是景点特色、美食体验,还是其他因素影响了用户对于旅行目的地的选择?

3. 考察在小红书上成功引起用户互动的旅游内容,分析这些内容是如何激发用户分享自己的旅行经历或提出问题的。讨论互动对内容传播的推动作用。

实训:小红书旅游笔记撰写

任务三　小红书互动引流

【引导案例】

拥抱数字时代　共享美好未来

2023年全民数字素养与技能提升月系列宣传片主题是"拥抱数字时代　共享美好未来"。

2022年3月中央网络安全和信息化委员会印发《提升全民数字素养与技能行动纲要》(以下简称《行动纲要》),对提升全民数字素养与技能作出安排部署。《行动纲要》指出,提升全民数字素养与技能,是顺应数字时代要求,提升国民素质、促进人的全面发展的战略任务,是实现从网络大国迈向网络强国的必由之路,也是弥合数字鸿沟、促进共同富裕的关键举措。要把提升全民数字素养与技能作为建设网络强国、数字中国的一项基础性、战略性、先导性工作,切实加强顶层设计、统筹协调和系统推进……促进全民共建共享数字化发展成果,推动经济高质量发展、社会高效能治理、人民高品质生活、对外高水平开放。

【知识准备】

一、掌握运营技巧,提升流量

(一)爆款本质:平台与用户的认同

小红书笔记的效果,主要由两部分组成,一是标题与封面是否有吸引力,二是内容和文字是否有价值。"爆款"笔记有一万种运营技巧,但核心还是"好的内容"即"平台认可的内容""用户爱看的内容"。平台认同是指不违反小红书的规则,用户爱看是指能够给用户带来价值。

爆款笔记有众多的标签与特征,如实用性强、垂直度高、信息量大、图美、内容丰富等。笔记具备以上的特征越多,越容易打造成为爆款。

初期运营者常面临一个困境:是追求笔记数量还是注重笔记质量?对于非商家而言,建议更注重笔记的质量,因为高质量的笔记能够有效促成互动,而互动水平是提升笔记排名的重要因素之一。互动包括点赞量、收藏量和评论量,这些指标的增加将提高笔记在平台的权重,从而取得更好的排名。

(二) 技巧一:明确黄金曝光

在小红书里,用户可以随时随地标记自己的生活,但是对于运营者而言,需要思考在线用户量什么时候最多,什么时候发布笔记效果最好,笔记推送时间和地理位置其实也存在技巧,影响着曝光量。在小红书平台发布的每篇笔记都需要经过严格的审核流程,包括系统自动审核和人工审核。因此在选择推送时间时,运营者应该合理考虑审核的时间成本,以免推送时间与实际发送时间之间出现过大的差距,从而错失合适的时机。

推送的黄金时段并非固定不变的,而是由目标用户的生活习惯决定的。运营者需要深入了解目标用户的活动规律,找到发布内容的最佳时间段。例如,如果目标用户是学生,那么工作日的晚上和周末的白天可能是他们在线学习的高峰期,此时发布笔记能够获得更高的曝光率。如果是职场的年轻人,通常在 6:00—9:00 这段时间都奔波在上班的路上。大多数上班族的通勤时间都在一个小时左右,大家挤在地铁、公交上,会借刷手机上的各种社交平台打发时间。此时发布适合他们的笔记会获得更高的曝光率。

一般来说,小红书的平台推送时段主要集中在 9:30 前后、12:00—13:30、18:30 前后和 21:30 后,分别对应上班途中、午休时间、下班途中、入睡前等几个关键时间点,运营者应该尽量在这些时段发布笔记,以确保在平台推送的高峰期获得更多的关注。

增加笔记曝光率还可以通过添加位置来实现。尤其是对于旅游类型的小红书运营来说,地理位置至关重要。发布笔记时,在发布界面为笔记添加地点信息,从而将笔记与特定的区域相关联,吸引更多该区域的用户。除地点信息之外,间接性的标签也有作用,例如,在笔记中添加与地域相关的标签,如城市名、地标等,也可让系统识别笔记的地域属性,从而在推送时考虑到地域因素,提高笔记在同城用户或者检索用户中的曝光率。

(三) 技巧二:充分展示关键词

在庞大的内容库中,要想脱颖而出,关键词的精准使用显得尤为关键。对于旅游行业的笔记,通过巧妙使用关键词,可以提高内容的曝光度,吸引更多读者,提高笔记的热度和排名。

1. 标题中的关键词

标题是笔记最为引人注目的部分,也是搜索引擎和平台算法首要关注的内容。在旅游行业的笔记中,关键词的精准使用可以通过地点和活动关键词的结合,如"巴黎浪漫游:塞纳河畔漫步";也可使用季节和目的地的关联,如"夏日海滩探访:三亚清爽度假指南"。通过这样的方式,笔记的标题不仅包含了核心关键词,还赋予了更多信息,提高了搜索的精准性。

2. 内容围绕关键词来写

关键词不应该只是在标题中出现,更应该在内容中得到深入展开。以"巴黎浪漫游"为例,如"巴黎最佳美食""畅游卢浮宫艺术之旅"等,以丰富的内容,提高笔记的针对性和实用性。

3. 结尾处加上关键词

在笔记结尾,可以通过话题标签的方式再次加强关键词的表达。例如,在分享完三亚旅行攻略后,结尾处可以添加类似话题标签:"三亚浪漫之旅,海边美食探索"等。这样的标签不仅有利于对关键词的再次强化,也方便平台进行内容分类,提高了被推荐的概率。

4. 利用平台热门关键词

小红书平台经常会有一些热门关键词,反映着用户当前关注的话题。对于旅游行业的笔记,可以结合这些热门关键词,使内容更贴合用户的兴趣。例如,"旅游随笔"与"国庆""春节"等关键词相结合。

(四) 技巧三:善于互动

1. 主动引导用户关注

在运营初期,采取主动出击的策略能够有效提高账号的曝光率。可以通过在他人笔记中展现活跃度,积极点赞和评论,引起用户的注意。在各类型笔记中发布高质量评论,可以大幅提升账号曝光的可能性。

2. 敏锐回应用户互动

不论是在他人的笔记还是自己的笔记中,及时回应用户的点赞和评论是保持互动的关键。在点赞和评论相对较少的情况下,耐心地回复每一位用户,对于提升笔记的热度至关重要。即使在后期粉丝量增加,仍要重视高质量评论的回复,以提升笔记的热度并巩固粉丝关系。

3. 创新直播互动

直播互动是一种极富创新性的互动方式,它具有两大优势。首先,直播是最直接的互动形式,能够与粉丝进行面对面的对话,实现实时反馈。其次,直播能够展现出图文笔记难以达到的真实性,让粉丝更深入地了解你和账号的内容。因此,对于适合直播的账号,不定期地进行直播能够增强用户的黏性。在直播中分享有趣的内容,进行问答互动,或者展示一些幕后花絮,都能够吸引更多粉丝的参与。

值得注意的是直播互动是一把双刃剑,如果没有足够的吸引力、应变能力或者缺乏直播技巧,可能会产生负面效果。

(五) 技巧四:做好笔记定位

这里说的内容定位并不是账号定位,而是指具体的笔记主题定位。如果做一个酒店博主,那么每篇笔记的主题应该如何定位,才能获得更多的流量?

第一是追热点,以酒店体验类账号为例,要实时关注行业动态,保持对酒店和旅游行业的关注,及时了解最新的酒店开业、改装、活动等动态,并且要挖掘本地热门元素,及时体验并分享。还可以将酒店体验与时尚、潮流等元素结合,例如在热门的艺术区域或设计师酒店进行体验,不定期策划一些专题,如"最具设计感的酒店""奢华酒店一日游"等。这样的专题能够形成一系列连贯的内容,提升博主的专业度。

第二是看场景,酒店体验的小红书博主在进行笔记设计时,可以结合休闲娱乐设施、服务体验、特色活动等,也可跳脱酒店的场景,融入新的主题,例如"结婚后,梦幻入住××酒店"就是创作者在推荐酒店的时候,加入了"婚恋状况"这一场景。

第三是看资源,根据自己掌握的资源,来分享真正有价值的信息。依旧以酒店体验的博主为例,如果博主有酒店管理、旅游规划等专业知识,可以从专业的角度出发,深入挖掘酒店的特色和服务亮点。如果个人与酒店有深度合作,可以争取更多的体验时间和资源,以更全面的视角呈现酒店的特色。通过巧妙整合资源,博主可以提供更具深度和广度的酒店体验分享,为读者呈现真正有价值的信息,同时树立自身在小红书平台的专业形象。

(六)技巧五:表达清晰有力

即使完全相同的内容,使用不同的表达方式也可能带来截然不同的效果,这就是文案表达的魅力所在。笔记内容首先需要有理有据,逻辑清晰,同时提供的信息应该具有信息量,有比较大的参考作用。比较简单的方式是利用表情或者段落分段,可以使笔记看起来不枯燥,也能方便用户在大量的笔记内容中梳理对自己有用的信息。总体来说对他人有帮助有价值的笔记信息,最容易在小红书中受到欢迎。例如,图3-4中"三亚旅游:出行事项+防雷攻略!5天人均1580"笔记内容丰富,包括路线安排、费用价格等,用大量的表情使得用户阅读起来较为愉悦。

图3-4 小红书笔记示例

(七)运营"窍门"答疑

1. 关键词堆叠问题

在小红书运营中,有些博主会在笔记末尾堆叠大量关键词,希望以此提高笔记的曝光和排名。然而,这种做法实际上对于提升排名没有实质性的帮助,反而可能影响用户的阅读体验。

在笔记发布和推送过程中,小红书使用语义分析系统来检测笔记内容。这一系统不仅仅关注关键词,更注重内容之间的语义关系和逻辑关系。过多的关键词堆叠可能使笔记内容与关键词之间失去密切相关性,影响用户的阅读体验,难以引起互动。建议更注重创作有吸引力、有价值的内容,让语义分析系统能够准确理解并推送给合适的用户。

2. @小红书官方号问题

一些博主喜欢在笔记中@小红书的官方账号,希望能够引起官方的关注和回复,以提高笔记的曝光和排名。这种做法的实际帮助也有限,官方账号并不会因为被@就主动推送笔记,也不提供额外的流量扶持。如果博主希望与小红书官方合作,更有效的方式是报名参加相关活动或提高自身账号的优势,吸引官方主动寻求合作。

3. 笔记流量差问题

在遇到笔记流量差的情况时,首先考虑笔记本身质量是否足够好,是否能够吸引用户,而不是怀疑是否被限流。博主需要站在用户的角度思考,追求用户认可的有价值的内容,而不是仅凭主观判断。同时笔记流量与内容的流行趋势相关,需要注意时下用户的兴趣变化,避免发布过时的内容。

4. 删除笔记问题

在账号运营一段时间后,部分博主会考虑是否删除流量较差的、不成熟的笔记,担心对整个账号的权重产生负面影响。删除笔记时,第一,要考虑是否存在违规的内容,如果内容违规要尽快删除。第二,某些博主因笔记未被搜索引擎收录而考虑删除,但未被收录并不代表笔记没有价值,也不代表没有自然流量的推荐。

5. 小红书私信问题

在小红书私信中能否发送微信号成为博主关心的问题,尤其是在平台升级了专业号之后。对于需要发送微信号的博主,建议尝试开通企业号功能,这是解决一些品牌和商家转化变现问题的有效途径。不建议通过私信发送微信号等外部平台引流信息。

6. 换手机号登录问题

正常更换登录手机号,对账号流量影响不大,无须过于担心。但频繁的登录切换需谨慎,如果一个设备频繁登录或切换两个小红书账号,可能会对账号流量产生一定的影响。

二、做好数据分析,打造爆款笔记

(一)平台算法与推荐机制

对于数据进行分析的前提是了解平台的数据算法和推荐机制。

1. 审核阶段

小红书平台对笔记进行发布后的审核,采用机器审核和人工审核的方式。如果笔记内容通过了机器审核,即符合小红书规定,就能够立即在平台上被用户看到。如果在机器判定下显示违规,笔记就会进入人工审核阶段。如果人工审核内容违规,可能导致笔记被限流,不再被推荐到公共流量池中;如果人工审核内容没有违规,笔记将被推荐到公共流量池中,提高其曝光机会。

2. 收录阶段

只有被搜索引擎收录的笔记才能够被推荐给用户。因此,通过审核后,博主首先需要查看笔记是否被成功收录。可以通过在搜索框中输入笔记标题,选择"最新"选项,来检查笔记是否被成功收录。如果在搜索结果页中能够找到刚刚发布的笔记,就表示笔记已经被成功被收录。

3. 匹配推送阶段

一旦笔记通过审核并被收录,小红书平台会使用语义分析系统对笔记进行分析。系统会根据笔记中的关键词给笔记打上一定数量的标签,从而为后续的推送工作做准备。初始情况下,笔记会被推荐到一个有限的初始流量池中。根据用户的反馈,系统判断笔记是否受欢迎。用户的反馈包括点赞、收藏、评论、发弹幕、转发、关注等行为都对此判断有帮助。如果第一波推荐得到了较好的反馈,笔记会进入下一个更广泛的流量池,获得更多的曝光量。这一过程不断循环,直到用户对笔记产生的行为数据趋于平稳。爆款笔记不一定持续被推荐,如果笔记违规、被他人举报,或者到了某一推荐量级后,可能会被再次审核;如果被发现违规,可能会被停止推荐。

(二)数据流量的四个入口

一般来说,小红书的流量入口有四个,分别是关注、发现、位置、搜索。

1. "千人千面"的发现页

小红书的发现页面是用户浏览、发现新内容的主要入口,平台通过复杂的流量机制来展示内容,推荐给用户。一般展示当前热门、受欢迎的笔记和专业号,这些内容通常是系统综合考虑了用户的互动点赞、收藏等行为之后,进行加权计算得出的。

在千人千面的算法机制下,每个人看到的发现页面是不一样的,平台会根据用户的浏览历史、点赞、收藏等行为,了解用户的兴趣和喜好,向用户展示他们可能感兴趣的内容。

在发现页面上,笔记内容以双列展示的形式呈现,将更多的内容一目了然地展现在用户眼前。这种设计要求笔记的封面和标题足够吸引人,从而促使用户主动点击并打开笔记,形成更多的互动。同时运营者还需在笔记中植入精准的关键词,让系统能够准确地为笔记打上相应的标签,帮助系统能够更好地理解和分析笔记的内容,为用户提供更加个性化、符合兴趣的推荐。

2. "粉丝独享"的关注页

当你被用户关注时,你所发布的笔记都会被推荐给这些用户。起初,这个入口的流量可能比较小,但当你的粉丝形成一定规模后,这个流量就会变得巨大。在小红书首页顶端"关注"里面的笔记不一定是按照发布的时间顺序呈现的,可能几天前的内容也会出现在一屏。对于整体的笔记推荐流量来说,关注页面带来的流量占比很少,在"去中心化"的算法机制下,要让笔记"出圈",必须要让笔记出现在发现页面。

3. "长尾流量"的搜索键

小红书的搜索键流量入口机制涉及多个方面,其中包括关键词匹配、搜索排名、用户个性化推荐等。小红书的搜索引擎会根据用户输入的关键词匹配笔记的标题、正文、结尾和图片等内容。因此,在笔记中精准地使用关键词是提高被搜索到的概率的关键。关注热门话题并将其纳入笔记内容中也可以提高流量。

针对一些特定类型的笔记,如教程、攻略类的内容,需进行关键词优化,考虑用户可能使用的搜索关键词,同时考虑反映用户可能关心的具体场景或问题相关的细分词,在笔记中布局,以提高搜索结果的匹配度。比如搜索"酒店"会出现"价格""餐厅""房间"等词语,这些都是搜索酒店的人可能会遇到的细分场景。

4."本地生活"的同城页面

用户点击同城页面时,系统会自动获取用户的地理位置信息。同城页面的主要目的是为用户提供本地化的内容,包括美食、旅行、探店等,用户点击同城页面通常是出于对本地生活的关注和需求。因此,同城页面提供了一个使用户更加黏附于平台的理由,因为他们可以在这里找到有关自己所在城市的有趣信息。

如果创作者的内容与同城相关,例如关注本地生活、分享同城经验,那么同城页面就是一个很好的流量入口,提供额外的曝光机会。

本地化的内容更容易在本地社交圈内分享和传播。用户可能更愿意分享在同城页面发现的有趣内容,从而增加内容的传播范围,进而吸引更多用户。

如果作者的账号内容定位与本地生活无关,即使用户位于同城页面,他们可能不会在这个页面找到感兴趣的内容。在这种情况下,可以选择忽略同城页面,而专注于其他适合自己内容的流量入口。

(三)数据复盘的两大方式

复盘是棋类术语,指的是在完成一局棋后,重新演绎整个对弈过程,评估下棋步骤的优劣。这包括审视哪些步骤下得适宜,哪些步骤存在不足,以及哪些方面有改进的空间。复盘是还原对弈过程并进行深入的分析。

将复盘思维融入内容创作中是至关重要的。在发布笔记后,需要根据阅读量、点赞数、收藏数等指标,分析笔记的封面、标题、正文等方面的优劣。需要思考是哪些方面表现出色,哪些方面有待改进,以及哪些因素影响了笔记的阅读量、点赞数和收藏数。

此外,整个账号也应该有固定的复盘周期,通常以周或月为单位。这时,可以审视近期的更新数量和互动数据,根据数据和复盘的结果及时调整运营方向,以避免陷入同一问题误区,可以使用表3-3进行数据复盘。

1. 分析笔记数据

针对一篇具体的笔记,应该从阅读量、点赞数、收藏数、评论数、涨粉数和分享数及相关比值等方面进行复盘。

(1)阅读量。笔记封面左下角"小眼睛"后面的数字代表着阅读量。阅读量低可能是因为用户未在发现页点击笔记。复盘时应该从以下几个方面考虑。

第一是笔记的选题是否符合目标受众的兴趣,分析目标受众的痛点、需求,确保选题与用户关注的话题相关。第二是比较平台上同类选题的笔记,探究其他成功笔记的切入角度和写作方式,看是否有类似笔记获得高阅读量。第三是将自己的笔记封面和标题与爆款笔记进行对比。注意关键元素,如颜色、排版、图文比例等,以便发现优化空间。第四是对笔记的视觉冲击力进行评估,检查标题是否足够吸引眼球,确保其简洁明了、有趣,并包含可引起人们好奇心的关键词,检查封面是否有引人注目的元素。尽可能考虑使用鲜艳的颜色、清晰的图片或具有情感色彩的图文组合。还可以查看评论区,看用户是否有提供宝贵的改进建议。

表3-3 小红书账号运营数据复盘表

	发布时间	主题	创作内容	阅读量	点赞数	收藏数	评论	涨粉数	分享数
单篇笔记数据									
	粉丝	主要访客	阅读量	浏览时长	互动数	点赞数	收藏数	评论	弹幕
一周数据汇总									
周总结									

（2）点赞数与收藏数。点赞数和收藏数分别代表用户对笔记的情绪价值和实用属性的认可。理解这两者之间的关系有助于更全面地了解用户对笔记的反馈。如果点赞数大于收藏数，说明用户更注重笔记的情感共鸣，即情绪价值更高。这可能是因为内容涉及用户的情感需求，引起了他们的共鸣和喜爱。如果收藏数大于点赞数，表明用户更看重笔记的实用价值，即笔记对解决问题或提供实用信息有更强的效果。这可能意味着笔记提供了用户需要的实际帮助或价值。一些笔记在发布后的一年多时间里一直被点赞和收藏，说明一些内容可能会保持长期吸引力。如果收藏数远低于点赞数，建议优化笔记的内容，调整选题和内容结构，提升实用性或情感共鸣，确保更好地满足用户的期望。

（3）阅读量与点赞数的比值。阅读量和点赞数的比值是分析笔记质量和用户互动的重要指标。点赞作为一种较为容易的互动方式，其比值能够反映用户对内容的喜好。有爆款笔记倾向：阅读量与点赞数比值小于或等于10∶1通常表示笔记有成为爆款的潜力，用户对内容产生了较高的兴趣，更容易引发点赞行为，也更可能会在社交平台上产生更大的传播效应。当比值大于30∶1时，表明笔记可能不受欢迎，用户在打开笔记后没有获得足够的价值，导致缺乏点赞和收藏。这可能是因为内容质量不够或者未能满足用户期望。针对不同的比值情况，要及时进行内容质量检验与改进，包括强调爆款因子，激发用户痛点、痒点、爽点等，并依据相关的工具和清单进行改进。

（4）评论数。评论数是用户参与和反馈的直接体现。评论中包含了用户的情感反馈，博主可以了解读者的喜好、情感取向，有助于后续创作更符合读者喜好的内容。在评论中提到的问题或疑虑是内容质量的重要指标，博主可以通过回应解决这些问题，提升内容的实用性和可理解性。评论区中的点赞数和回复数可以体现笔记引起共鸣的程度。通过分析评论中的共性问题，博主可以总结出解决方案，满足更多读者的需求。博主可以通过评论与读者互动，回答问题、解决疑虑，建立更紧密的社区关系。在评论区引导读者查看其他相关笔记，可以帮助维护流量，增加用户在博主账号中的停留时间。

（5）涨粉数。通过分析涨粉数，博主可以了解到新增粉丝的来源是通过推荐、搜索还是其他渠道。如果某一篇笔记涨粉较多，可以追踪分析这篇笔记的特点，了解哪些内容更吸引粉丝，为后续的创作提供参考。通过涨粉数，可以初步判断笔记吸引了哪类观众，如果涨粉效果不佳，可能需要检查人设、风格等因素是否与目标观众相匹配。涨粉数不仅仅是数字的增长，还关乎粉丝的活跃程度。通过与其他指标相结合，博主可以了解粉丝的互动频率，更好地维护和提高粉丝的黏性，如果粉丝增长迅速但用户流失也很快，可能需要思考如何提高用户留存，增加粉丝的长期关注度。

2. 复盘账号数据

账号复盘依旧有几个关键性的数据需要关注，首先是发布数量。设定每周、每月的发布数计划，在每周、每月复盘时，比较实际发布数和计划发布数，分析是否有达到预期，如果没有，则需要深入了解原因。

第一是检查原定的发布周期是否合理。如果发布周期较短，可考虑调整发布周期，以确保更多的时间用于内容制作。如果计划的选题过于复杂，可降低选题难度，选择一些相对容易实现但仍能吸引目标受众的主题，以提高发布效率。在发布计划周期前，提前准备一些素材、草稿或者大致的内容框架，以便在实际发布时能够更加迅速地完成内容的制作。可以适当利用提醒工具，如日历、待办事项或专门的 App 等，确保在设定的时间内完成发布任务。检查内容制作的工作流程，寻找可能的瓶颈和优化空间。可以通过提高效率的工具、技巧等来加速内容的制作过程。

第二是点赞数和收藏数分析。如果在一个时间段内，发布的笔记数量基本相同，但是点赞数和收藏数效果差很多，那需要在选题和内容上着重复盘和检查。

检查选题是否具有足够的吸引力，内容是否有足够的独特性、实用性和吸引力，可研究同领域内的爆款笔记，了解其成功之处，借鉴这些笔记的关键词、内容结构、互动方式等成功元素；确保封面图片引人入胜，标题能够吸引目标受众，可对比爆款笔记的封面和标题，找出差距，并尝试优化自己的封面和标题。关注时机和频率，选择合适的发布时机，不要发布得过于频繁或过于稀疏，找到适合自己账号的发布频率。

三、快速变现，实现账号的商业价值

用心写好笔记，用创意的内容开拓和留住粉丝，才能持续进行变现。

（一）广告变现

1. 置换合作

置换合作适合新手博主，博主免费获得品牌方产品，发布"种草"体验笔记，实现资源互相置换。即使粉丝量较少的博主，也拥有变现的机会。

置换合作一般可以通过三种方式实现：第一是品牌方联系博主置换，或者博主主动询问品牌方是否可以进行置换合作。第二是利用小红书的好物体验功能。点击左上角的三条横线,再点击"好物体验",如图 3-5 所示,就可以进行报名。"好物体验"有一定的门槛,一般来说报名人数是产品的几百倍,所以博主需要专注做出爆款内容才能有机会得到体验资格。第三是在第三方通告平台上寻找合作。博主只需在第三方代理平台报名,并等待筛选即可。

虽然在置换合作中博主没有直接获得金钱收益,但这种形式仍然有一些间接的变现机会和长期的益处:积累合作案例和建立口碑;搭建进入品牌合作领域的一个契机,积累成功的体验案例。在成功的合作体验后,博主可以与品牌方沟通,提出要求追加奖金的请求。如果合作的体验笔记成为爆款,品牌方可能会额外奖励博主一些金钱或其他形式的回馈。

2. 付费合作

付费合作主要指品牌方支付推广费用给博主,博主使用产品后创作内容,将广告植入笔记中,这一变现方式适用于有一定粉丝基础的博主,但粉丝量并不是决定性因素。在小红书"去中心化"的流量机制下,一般博主也有做出爆款的可能性。

正常情况下,付费合作主要有通过平台的报备合作和私下合作两种方式。

报备合作是在博主的粉丝数达到 1 000 后,可以在小红书的蒲公英平台上接单,品牌方通过蒲公英平台下单,支付合作费用,由平台作为中介方进行协调,品牌方下单和博主提现都需要向平台支付 10% 的手续费。在完成合作后,费用会支付给博主,博主可以提现到银行账户。

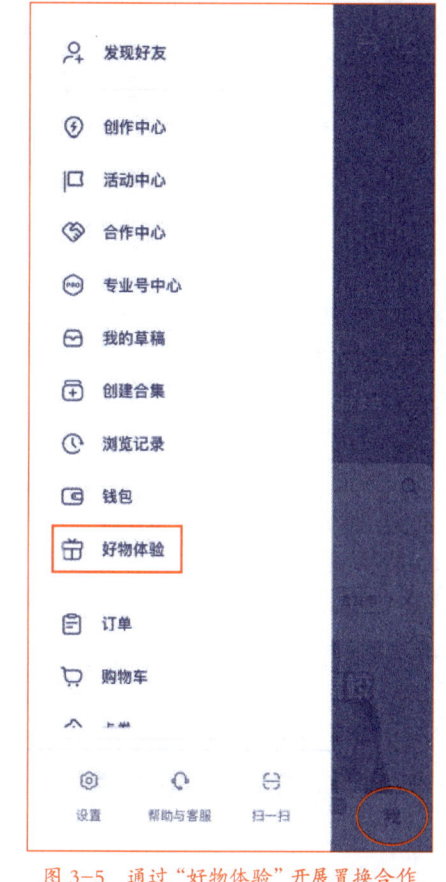

图 3-5 通过"好物体验"开展置换合作

除了官方的报备合作,品牌方和博主还可以私下合作,然后在小红书上发布笔记,私下进行结算。这种方式相对灵活,但相应的风险也更高。小红书对不报备合作有较大的限制,如果笔记的广告痕迹太明显,被平台识别出来的话,可能笔记会被判定违规而被限流。因此博主在创作付费内容时要注意真诚分享,而不是生硬的植入广告。

长期合作是指博主与品牌建立起稳定的合作关系,不仅在一次性的推广中合作,还可能长期进行多次的合作。这种形式更多基于信任和累积的关系,通常伴随着更丰厚的报酬。

3. 合作报价的注意事项

广告报价与粉丝量相关联,但不是绝对规律。一般情况下,报价 = 粉丝数 ×10%。这个公式会有一定波动,大部分博主的报价在粉丝数的 5%~10% 之间。近期发布笔记的点赞数和阅读量也影响报价,好的数据有助于提高价格。不同领域的广告报价存在差异,千瓜数据的一份报告显示,2022 年上半年,在小红书上投放品牌数量占比前三的领域为护肤、母婴育儿、美食饮品,投放金额超 10 亿元。除此之外,品牌方的预算不同,导致最终合作价格也有

103

所浮动。

广告笔记的不同呈现方式,也会影响报价。一般情况下,单推报价 > 合集报价,视频报价 > 图文报价。单推指在一篇笔记中植入某一个产品的广告,合集指在一篇笔记中以某一主题介绍多个产品,可以存在一条或多条广告。当你不确定自己领域的报价时,可以在第三方平台上搜索同领域同等级粉丝量级的博主的报价作为参考。

在运营中,还需要注意以下两点。

(1) 不断学习和尝试。尝试图文、视频、合集等不同形式的广告,寻找适合自己的风格。了解最新的市场趋势,把握变现机会。

(2) 珍惜羽毛。根据自身情况合理定价,不过分低估自己的价值。珍惜自己的羽毛,选择与自己账号调性相符合的产品。

4. 增加广告合作的方法

(1) 定位垂直,领域精准。领域定位精准:博主在小红书平台上,为了吸引品牌方的关注,必须确保自己的内容定位垂直,即专注于特定领域的创作。这指的是所发布内容的领域要一致,确保博主的粉丝与品牌产品的目标受众高度匹配。例如,如果博主希望接到与旅游相关的广告,就应当选择同领域的选题,例如分享旅行经验、目的地推荐、旅行装备等。这样,品牌方在搜索与旅游领域相关的博主时更容易找到该博主的内容,增加合作机会。定调契合品牌:博主不仅需要垂直定位,还需确保账号调性与粉丝人群的消费能力与品牌的定位相匹配。例如,如果一个博主以分享"穷游"为主,那么其粉丝可能更倾向于购买低客单价的产品。品牌方在选择合作对象时,会考虑与其产品价位相符合的博主,以提高广告效果。增添关键词:博主要学会在内容中增添关键词,以提高被搜索到的概率。通过分析热门话题标签或利用第三方数据榜单,博主可以选择与自己内容相匹配的关键词进行植入。例如在"旅行是最好的医美"相关的内容中,添加与化妆和护肤周边产品相关的关键词,以提高在相关搜索中的曝光机会。

(2) 创造植入空间,露出广告位。创造植入空间:博主需要确保在笔记中有植入空间,即内容形式和呈现方式能够容纳产品广告。例如,通过在实拍图片中展示产品,或在视频中安排场景植入产品,为品牌方提供广告植入的机会。这可以通过创造与品牌相关的场景或产品展示来实现。广告位的露出:在发布笔记时,博主要有意地露出广告位,确保品牌方能够在这些位置植入产品广告。可通过在内容中展示特定物品、场景或配饰,为品牌方提供可供广告植入的位置。Vlog(视频日志)的优势:Vlog 博主更容易接到广告合作,因为 Vlog 形式适用于多个领域,可以在不同场景中植入各类产品。通过在生活、美食、成长等方面分享,Vlog 博主创造了更多的广告植入机会。Vlog 对于旅游行业的博主来说是一种极其重要的表现形式。

(3) 数据好,频率高。爆款笔记频率:博主要确保近期频繁产出高质量的爆款笔记,点赞数达到 500 或 1 000 以上,这可以展示出博主有能力稳定地做出受欢迎内容的能力,为品牌方提供了可预估效果的依据。粉丝数与算法:粉丝数虽然是考量指标之一,但在小红书这个以算法为核心的平台上,粉丝数并非决定性因素。在推荐页中被打开的概率越大,越有成为爆款笔记的潜质,这为小博主提供了与大博主竞争的机会,品牌方在筛选博主时会更加关注笔记的质量和推荐潜力。

(4)有附加价值。提升素材质量,除了考虑广告投放效果,博主还应注重提升创作素材的质量。即使广告效果一般,但如果物料素材优质,能提升用户对品牌的好感度,为品牌方创造附加价值,被选中的概率也会增加。博主可以通过提高摄影和视频制作技能,确保创作素材的质量。宣传平台多样化:博主创作的图文笔记或视频笔记在与品牌方合作后,可以被用于品牌的各种宣传渠道,或者是博主本人可以提供多个平台的宣传,为品牌增加曝光度。

(二)带货变现

1. 直播带货

直播带货是小红书主推的变现方式,通过直播形式分享好物,提高用户对产品的直观了解,从而促进转化。平台会定期激励主播进行直播带货,且直播的门槛低,只需实名认证、绑定手机号和开通专业号即可。

博主可通过直播选品功能在选品中心选择产品进行带货。这个功能在粉丝数达到1 000以上后开通。在选品中心选择合适的产品后,确认选品即可加入直播选品列表,如图3-6所示。在直播时,通过主页的"+"选项,选择"直播",设置主题和封面,选择要添加的产品,即可进行直播带货。

图 3-6 直播带货流程

如果商家想要在小红书进行直播带货,可以按照以下流程和条件进行准备:需要开通小红书的企业号,企业有别于个人账号,适用于商家和品牌。商家的小红书账号需要有至少500个粉丝,且在过去的28天中,商家账号需有15天登录小红书,表明账号活跃。商家的产品或服务还需符合小红书允许直播带货的类别,包括但不限于3C电器、生活服务、出行旅游、教育培训、文化传媒、家具建材、工农产品和通信产品等。一旦商家的账号满足以上条件,就可以通过小红书平台提交直播带货的申请。这可能涉及填写一些必要的信息,如企业资料、直播计划等。

直播带货是一种小红书主推的变现方式,小红书以好物"种草"为核心,直播强调信息分享,不仅仅是产品营销,更倾向于产品的测试和试用,相比其他平台,小红书直播没有过于浓烈的营销氛围,语言亲切,使用"分享""来看看"等词语引导用户关注。

2. 笔记带货

小清单带货适合普通人,门槛和直播相同,需要1 000个粉丝。博主在"我→左上角"≡"→合作中心→买手合作→笔记选品"的流程指引下,搜索想要带货的商品,点击"确认选品"后,就可以在"我的选品"中能看到。

第二步就是根据商品内容,"编辑笔记→添加商品→选择商品→发布笔记"。

在笔记带货的过程中,要创建有吸引力的笔记,包括高质量的图片、生动的文字描述,突出产品特点。笔记中可以添加店铺的商品卡片,方便用户直接购买,还可提供优惠券,激励用户购买,提高转化率。

3. 店铺带货

小红书推出了"号店一体"功能,博主只需要实名认证,把账号升级成专业号,即使没有粉丝也能开通店铺。个人号需要支付1 000元押金,企业号需要支付20 000元押金。此外,如果月销售额小于10 000元,那么平台不会收取服务费,7天内即可结算到账。

开店方式如下:博主可以进入创作中心,点击"更多服务"选项,再点击"内容变现"选区的"店铺"选项申请开店。选择店铺类型、经营类目,填写个人信息后即可成功开通店铺,而且平台会采取一些措施不定期激励博主开店,如减免押金。

博主和品牌方通过开通店铺在平台内完成成交,实现了从"种草"到"拔草"的全链路流程,降低用户决策和行动成本,提高转化率,小红书站内实现了闭环。

(三)影响力变现

并不是所有的博主或者企业都是靠广告合作或者带货变现。有些账号靠输出垂直内容,吸引精准粉丝,引流到其他私域流量中,实现更多的变现。前提是账号需要有个人品牌。

在其他平台,可能关键意见领袖(Key Opinion Leader,KOL)是对群体的购买行为有较大影响力的人,但小红书平台上100万粉丝以上的头部博主非常少。在去中心化的推荐算法机制下,小博主打造出爆款笔记的概率大大增加,即便只有几千个或者几万个粉丝,也能靠优质的内容和鲜明的人设吸引铁杆粉丝,让别人付费。比如,你是一个有1 000个粉丝的旅行机票购买博主,开办了一期抢票攻略,只有10个用户付费。你只要把这10个付费用户服务好,把用户体验做到极致,毫无保留地分享你的知识,最终就会获得这10个付费用户的认可。慢慢地,你就会有100个、1 000个付费用户。

如今,很多消费者习惯主动寻求购买意见。小红书作为辅助消费决策的平台,"内容多元"和"社区活跃"两大优势明显。以社区为底色,不断破圈,探寻新的消费场景,突破了用户增长的瓶颈。对品牌来说,小红书是品牌建设的重要阵地,它能够帮助品牌快速提升知名度,迅速圈定一批核心用户,对于创业者来说,小红书是一个非常友好的去中心化平台,运营得法,收获流量和变现也会变得相对容易。小红书是一个可以长期运营的互联网平台,值得投入成本进行旅游小红书账号的运营。

知识拓展

新红数据服务工具

对于品牌方和商家来说,刚接触小红书时,由于缺乏平台投放经验,可能对平台运营不太熟悉,不知道如何制定投放策略。新红数据的"种草流量大盘"可以观察不同领域内的种草情况,通过种草笔记、商业笔记、种草达人等数据,了解热门内容和受众画像,掌握行业推广趋势。此外,"红人搜索"功能可以根据作者类别、粉丝画像、数据表现和投放报价等条件来缩小检索范围,帮助找到备选账号。

除了投前找号,品牌方和商家还需要进行投后的复盘和竞品投放策略分析。针对这两个场景,新红数据提供了"品牌结案管理"和"品牌投放分析"功能。通过"品牌结案管理",用户可以自主创建投放方案,通过笔记导入和成本设置,及时监控和管理笔记投放数据,并评估投放效果。而使用"品牌投放分析",可以根据竞品名和关键词进行搜索,高效追踪竞品的投放动作,并通过分析投放策略,复刻成功经验,降低试错成本。

对于小红书达人来说,学习优秀笔记的运营技巧,提升自身账号内容质量是必不可少的。新红数据的"笔记搜索"功能提供一百多项精细化分类,以及作者属性等多项高级筛选条件,并支持下载导出,帮助他们找到更多可分析的案例。

此外,"热搜词排行"提供了日榜、周榜和月榜的热搜词排行参考,可以选择近期热点作为内容创作方向。有时候作品的数据不佳,可能是没有被小红书官方收录。这时,"搜索排名查询"功能可以帮助判断发布笔记的收录情况,只需输入笔记链接和关键词,系统就会智能生成检测报告。

对于MCN机构来说,高效账号管理是他们的普遍需求。通过新红数据的"我的收藏"功能,他们可以对签约进行分类管理,并通过批量导入账号,随时查看达人账号的运营数据,及时追踪近期运营效果,大大缩短了数据统计周期,提高了账号管理的销量。

【实践演练】

任务单:小红书"投前找号任务"

实践主题	从品牌方和商家的角度出发,找到适合的小红书博主号
实践目标	通过实践,增强学生分析账号的能力,从甲方角度切入,去认识小红书,深入理解小红书平台广告变现的机制

续表

实践方案	活动时间	约一周	活动平台	小红书与新红数据服务工具
	活动方式	分组、展示、交流、讨论		
	活动要求	1. 任务背景：一家全国连锁酒店品牌计划推广其"暑期住房"套餐，在小红书平台上寻找合适的博主合作，以增强品牌曝光度。酒店为此任务提供10万元的合作经费，希望通过新红数据平台找到10位具有影响力的博主。 2. 明确合作目标：定义合作博主的特征，例如，关注者数量、内容风格、地域分布等，确保与品牌的定位和目标受众相符。 3. 新红数据平台筛选：利用新红数据平台，根据设定的合作目标，使用筛选功能找到符合条件的博主。可以按照关注者规模、互动率、受众地域等指标进行筛选。 4. 博主综合评估：对于筛选出的博主，进行综合评估，考虑其内容质量、互动效果、与酒店品牌相关的经验等因素。确保合作博主具有真实的粉丝基础和良好的品牌形象		
实践评价	学生互评与教师评价相结合，计分标准如下。 1. 任务背景理解(20分) (1) 完整度(10分)：是否全面理解任务背景，包括酒店品牌的需求、推广目标、合作经费等。 (2) 深度(10分)：是否能深入挖掘任务的关键信息，如推广经费、目标博主数量等。 2. 明确合作目标(20分) (1) 特征定义(10分)：是否清晰地定义了合作博主的特征，包括关注者数量、内容风格、地域分布等。 (2) 与品牌定位契合度(10分)：是否确保合作博主的特征与品牌的定位和目标受众相符。 3. 新红数据平台筛选(30分) (1) 目标匹配度(15分)：在使用新红数据平台筛选时，是否准确地按照关注者规模、互动率、受众地域等指标找到符合条件的博主。 (2) 筛选逻辑合理性(15分)：筛选过程中是否运用了合理的逻辑，确保选出的博主符合合作目标的特征。 4. 博主综合评估(30分) (1) 内容质量(10分)：对博主的内容进行评估，考虑原创性、专业性等方面。 (2) 互动效果(10分)：考虑博主的互动率、受众参与度等因素。 (3) 与品牌相关经验(5分)：是否有与酒店品牌相关的经验，以提高合作效果。 (4) 真实粉丝基础(5分)：评估博主的关注者是否真实，避免虚假粉丝			

【思考题】

1. 调研在小红书上成功引起用户互动的旅游内容,分析这些内容是如何激发用户分享自己的旅行经历或提出问题的。
2. 小红书上的热门账号通常有哪些运营技巧?分析一位成功旅行博主的运营策略,思考这些技巧如何提高账号的曝光和粉丝互动。
3. 在小红书平台上发布内容后,如何进行有效的数据复盘与分析?讨论博主应关注的关键指标。
4. 如何通过小红书平台的受众洞察工具,深入了解自己的粉丝群体?分析关键的受众特征,例如年龄、地域、兴趣爱好等,以更精准地定位和吸引目标受众。

模块小结

小红书运营涉及用户账号设置、发布笔记内容和粉丝互动引流等多个方面。首先,了解小红书的用户群体是非常重要的,因为这有助于我们更好地定位和吸引目标用户。小红书的用户主要包括专家、资深分享者、品牌代言人和生活方式达人等,他们展示自己的专业知识、经验分享、品牌推广和生活方式等。

如果要开设账号,注册和验证账号是首要任务,账号标签的选择是展示个性和吸引目标受众的关键,通过合理设置标签,用户可以在平台上更好地被发现和推荐。主页功能的介绍则是展示个性和内容风格的窗口,通过巧妙设计主页,用户可以提高账号的关注度和吸引力。

落地到打造爆款笔记,首先要明确定位目标用户,不同的人有不同的关注点和内容特点,需要根据自身定位选择合适的角色。创作一条爆款笔记需要注意文案设计、图文笔记和视频笔记的创作方式,打造独一无二的内容,或许可以吸引更多的关注和互动。笔记发布后,及时监控与调整内容,保持与平台和用户的良好关系。

通过数据分析,用户可以了解平台算法和推荐机制,从而做出更具影响力的爆款笔记。最终,通过广告变现、直播带货和影响力变现等方式,用户可以实现账号的商业价值,将影响力转化为实际的经济收益。

模块练习

一、判断题

1. 小红书的用户主要是年轻女性。(　　)
2. 小红书的推荐算法主要依赖于用户的浏览习惯和互动行为。(　　)

3. 在小红书上,拥有更多粉丝的博主一定会有更高的内容曝光率。(　　)
4. 小红书平台鼓励用户在笔记中堆叠关键词以提高曝光率。(　　)
5. 小红书的流量入口只有"发现"和"关注"两个。(　　)

二、单选题

1. 小红书的口号是什么?(　　)
   A. 标记我的生活　　　　　　　　B. 分享你的美好
   C. 连接每一个瞬间　　　　　　　D. 记录每一刻精彩
2. 小红书平台的主要内容类型不包括以下哪项?(　　)
   A. 美妆　　　B. 旅行　　　C. 健身　　　D. 股票交易
3. 小红书账号注册时,不需要提供以下哪项信息?(　　)
   A. 手机号码　B. 性别　　　C. 银行账户信息　D. 生日
4. 在小红书上,以下哪种方式不利于提高笔记的曝光率?(　　)
   A. 使用热门关键词　　　　　　　B. 堆叠无关的关键词
   C. 发布高质量的原创内容　　　　D. 互动回应用户评论
5. 小红书平台的笔记审核过程包括哪两个阶段?(　　)
   A. 机器审核和人工审核　　　　　B. 内容预览和发布
   C. 用户反馈和数据分析　　　　　D. 标签选择和推送设置
6. 小红书的流量入口包括哪几个?(　　)
   A. 只有"关注"和"发现"　　　　 B. "搜索"和"同城"
   C. "关注""发现""位置"和"搜索"　D. "广告"和"推荐"
7. 小红书的直播带货功能对粉丝数量有要求,要求至少有多少粉丝?(　　)
   A. 500　　　B. 1 000　　　C. 5 000　　　D. 10 000
8. 小红书的笔记带货功能适合哪类用户?(　　)
   A. 普通人　　B. 企业号　　C. MCN 机构　D. 专业广告商
9. 小红书的"号店一体"功能要求博主进行实名认证并升级成什么类型的账号?(　　)
   A. 普通号　　B. 专业号　　C. 企业号　　D. 媒体号
10. 在小红书上进行数据复盘时,以下哪个指标不适合用来评估笔记的质量?(　　)
    A. 阅读量　　B. 点赞数　　C. 收藏数　　D. 粉丝的性别比例

三、多选题

1. 小红书的用户群体主要包括哪些类型?(　　)
   A. 专家　　　B. 资深分享者　C. 品牌代言人　D. 生活方式达人
2. 小红书的笔记内容可以包括哪些数据类型?(　　)
   A. 文字　　　B. 图片　　　C. 视频　　　D. 音频
3. 小红书平台的商业变现方式包括哪些?(　　)
   A. 广告变现　B. 直播带货　C. 笔记带货　D. 影响力变现

4. 小红书平台的数据分析可以帮助博主了解哪些信息？（　　　　）
A. 阅读量　　　　B. 点赞数　　　　C. 粉丝特征　　　　D. 笔记收录情况
5. 小红书平台的推广策略应考虑哪些因素？（　　　　）
A. 目标受众的兴趣　　　　　　　B. 内容的原创性和质量
C. 发布时间和频率　　　　　　　D. 广告合作和品牌契合度

四、论述题
1. 论述小红书平台对于内容创作者的重要性及其在旅游行业中的运用。
2. 论述小红书平台的数据分析功能如何帮助博主优化内容和提高曝光率。

模块四　短视频运营

◆【学习目标】

◆ 素养目标
1. 提高审美能力以及人文素养。
2. 具备家国情怀,肩负使命担当。
3. 坚守社会公德和主流价值观,传递正能量。
4. 做有深度、有温度、有党性、有人性的旅游短视频。

◆ 知识目标
1. 熟悉短视频平台及工具。
2. 掌握短视频内容与策划方法。
3. 理解平台推广与变现的基本逻辑。

◆ 能力目标
1. 能撰写旅游短视频脚本。
2. 会拍摄剪辑短视频。
3. 会进行短视频引流与变现。

◆【重难点】

◆ **重点**：短视频拍摄与剪辑。

◆ **难点**：短视频数据运营。

◆【模块引导】

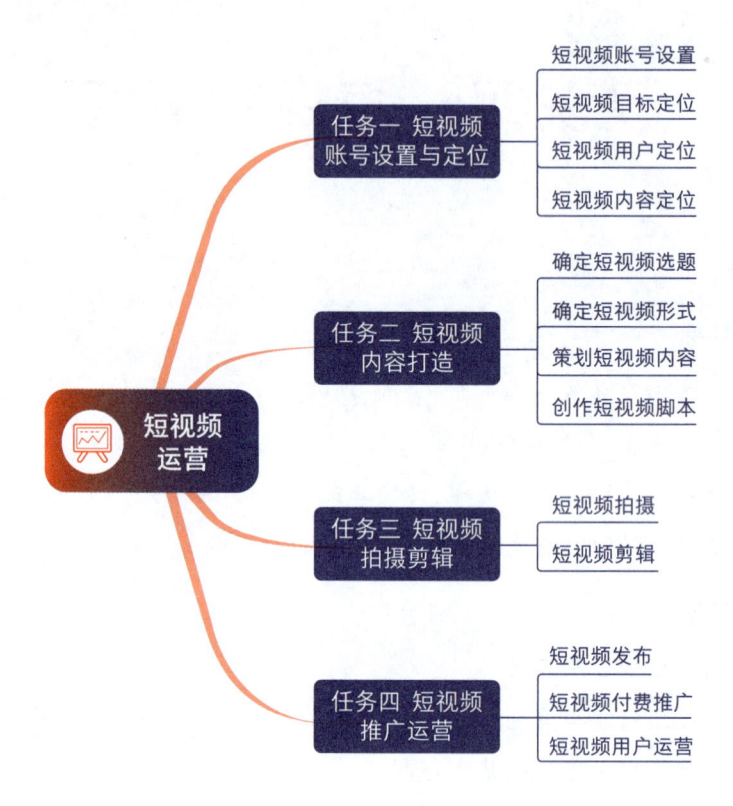

短视频运营
- 任务一 短视频账号设置与定位
  - 短视频账号设置
  - 短视频目标定位
  - 短视频用户定位
  - 短视频内容定位
- 任务二 短视频内容打造
  - 确定短视频选题
  - 确定短视频形式
  - 策划短视频内容
  - 创作短视频脚本
- 任务三 短视频拍摄剪辑
  - 短视频拍摄
  - 短视频剪辑
- 任务四 短视频推广运营
  - 短视频发布
  - 短视频付费推广
  - 短视频用户运营

任务一　短视频账号设置与定位

【引导案例】

触网后，杭州一个导游撬动了旅游业

诸鸣是浙江一名从业将近25年的老导游，曾获得过"国家导游技术技能大师"等导游界重要头衔。现在，他在抖音上拥有一千多万粉丝，通过短视频和直播带着粉丝"云旅游"。蹿升的热度让诸鸣有些始料未及。二十年来，他在线下带旅游团就是这样的风格，把知识点揉碎了，融合在讲解里，时不时地抖抖包袱。他猜想，走红的基础是大众对传统文化有求知欲，但日常生活中缺乏容易触达的渠道。

诸鸣一下觉得找到了方向。他长年在华东带团旅游，深耕江南的文旅知识，储备着丰厚的内容资产。他开始以每天1~2条的频率更新，粉丝量飞速上涨。2021年6月，一段他在导游车上侃侃而谈"浙江为什么成为共同富裕示范区"的视频被广泛转发。网友们称赞他有着难得的好口才，随着几次爆火，一个有趣、有知识的导游形象逐渐深入人心。

诸鸣的视频多是由游客实录，呈现他在导游现场的原生态讲解，其中有人文典故，夹杂着奇闻趣事，以讲故事的方式将当地的文化、历史和经济特点娓娓道来。"我是个讲解员，本质上也是一名知识的搬运工。知识永无止境，所以对于我来说，创作灵感是取之不尽、用之不竭。"

【知识准备】

一、短视频账号设置

账号的设置涉及账号名、Logo、头像、简介等，它们会在很大程度上影响账号的形象和短视频的播放量。设置一个账号，就如同装修一间房子，要遵循一定的步骤和技巧。接下来从几个维度解析如何装修出"走红体质"的账号。

（一）账号名拟定

好的账号名能够帮助客户明确产品可提供的价值，降低传播成本。起一个响亮、易传播的好名字不是一件容易的事情。拟定账号名可参照以下思路（表4-1）。

当然从命名方式上来说，账号名称可以是名称+个性、名称+类目、名称+服务内容、名称+地域等，总之最好是直接且体现信任。起好名字之后，要核查所起的名字是否已经被注册，避免因重名出现麻烦。

（二）头像选取

头像是辨识账号的一个主要标准。用户打开一个短视频账号，能够吸引他进入的除了内容之外就是头像了。选取头像要符合两个原则：符合身份特征、图像清晰美观。

表 4-1 短视频账号名拟定思路

要点	案例
简洁易记忆	一些个人自媒体账号,比如"跑腿界的彭于晏""会恰饭的王小潮"等,都是简单好记,从昵称就能判断是做什么的
谐音命名	好物种草类账号如"信口开盒",谐音命名的账号,不仅内容新颖、情节引人入胜,也让人易于记忆
关键词定位	如"野食小哥""贫穷料理"提示了短视频的内容与美食相关;"麦小兜开车去非洲""一个人的穷游中国"则是表明了旅行博主的视频拍摄范围
以数字命名	如创业 Vlog 领域的"一只陀陀",还有创意搞笑类"陈翔六点半",旅游自媒体"一天旅行""环华十年"等都容易让人记住

常见的头像选取可参照表 4-2。

表 4-2 常见短视频账号头像类型

类型	优点
使用真人头像	真人头像可以让用户直观地看到人物的形象,拉近心理距离
图文 Logo 头像	用图文 Logo 做头像可以明确短视频的内容方向,有利于强化品牌形象
使用短视频的动画角色做头像	用短视频中的动画角色做头像,有助于强化角色形象。例如"一禅小和尚",主人公一禅是一个聪明可爱的小男孩
使用账号名做头像	用账号名的文字做头像,背景为纯色,突出了字体,很直观,能够强化账号 IP
使用卡通头像	使用卡通头像即选取一个和自己账号的内容方向相符的形象做头像

比如做马尔代夫账号,并非一定要用海岛图片做头像。因为从用户的视角来看,笔记的头像很小,无法表现出海岛风情的特色。运营者的意图到了用户视角已经打了很大的折扣,存在运营者和用户之间的视角差。

(三) 简介编撰

短视频账号的简介可以理解为一种文案,常见的简介类型见表 4-3。

表 4-3 常见短视频账号简介类型

类型	案例
表明身份	"飞碟说"的简介:知识百科类自媒体视频 "一禅小和尚"的简介:可能是世界上最萌的小和尚
表明领域	"摩登兄弟"的简介:用心认真唱歌,承蒙各位厚爱 "看鉴"的简介:互联网最棒的历史短视频
表明理念和态度	"一条"的简介:所有未在美中度过的生活,都是被浪费了 "真相大白话"的简介:稀奇古怪,饶富趣味,身边的"真相帝",生活的杂学家
留下联系方式	"七舅脑爷"就写了两个要素:要聊天来围脖(微博的谐音)吧

账号简介不仅可以表达短视频账号的定位和自身的身份特征,还可以对账号的内容能否更广泛传播起到基础性作用。建议根据账号运营方向来细化,比如写出为粉丝解决了什么问题,提供了什么价值,为变现做好准备。

(四)封面设置

封面也叫头图,是用户第一眼看到的内容。对于短视频来说,给人的第一印象很多时候是"永远的印象"。好的封面可以让用户快速了解视频内容,增加点击率。封面图应该尽量和账号的定位、调性符合且相关,目的是增加信任、传递信息,可以是办公场景、企业门店、公司背景、个人生活等,如果是用背景图来表达文字类引流信息,一定要确保显示的效果清晰、简洁、无水印。

二、短视频目标定位

要想做好短视频运营,创作者首先要明确运营短视频账号的目的,这样才能让后续的运营做到有的放矢。

(一)品牌营销

企业运营短视频账号的目的多是进行品牌营销,扩大品牌的影响力。具体来说,企业通过短视频进行品牌营销的目的又可以细分为:提升品牌知名度、保持品牌热度、推广新品、打造品牌新形象等方面。

(二)展示自我

有些人运营短视频账号是为了借助短视频平台展示自我,将自己打造成某个领域中的"达人"("达人"在网络用语中是指在某一领域非常专业、出类拔萃的人物,指在某方面很精通的人,即某方面的高手),如才艺型"达人"、搞笑型"达人"、情感型"达人"、专家型"达人"等。创作者如果想要在短视频平台将自己打造成某领域的"达人",就要根据自身条件,从自己擅长的领域切入,这样更容易成功。

(三)销售商品

短视频的火爆发展不仅为普通用户提供了展示自我的平台,为企业提供了新的营销渠道,还有效推动了电子商务的发展。

目前,很多短视频平台都设置了购物车功能,创作者可以在短视频中添加商品链接来销售商品。凭借巨大的流量和极低的成本,很多创作者都将短视频作为一个强大的商品销售渠道。

三、短视频用户定位

用户画像分析是短视频创作者进行创作的第一要务。用户画像是真实用户的虚拟代表,是建立在一系列真实数据之上的目标用户模型,简单来说,就是把用户信息标签化。

在短视频内容创作中,进行用户画像分析的意义在于有利于商家和短视频创作者换位思考,以用户为中心,更好地了解用户偏好、挖掘用户需求,从而实现精准化营销。构建短视频用户画像的步骤如下。

(一)用户信息数据分类

构建短视频用户画像的第一步是对用户信息数据进行分类。用户信息数据分为静态信息数据和动态信息数据两大类(图4-1)。

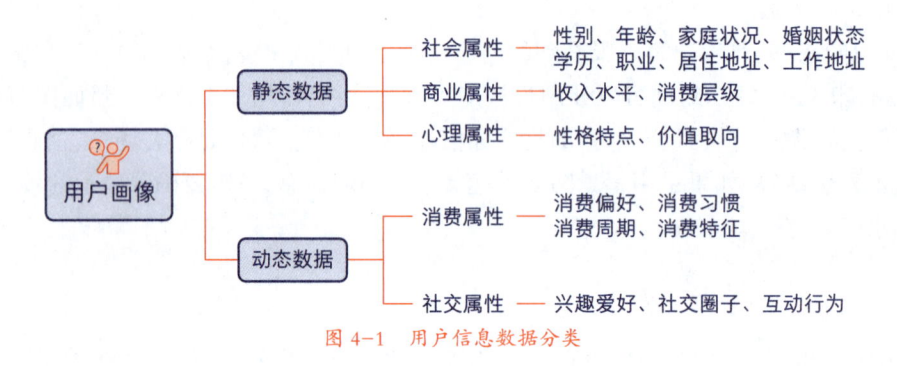

```
用户画像 ─┬─ 静态数据 ─┬─ 社会属性 ── 性别、年龄、家庭状况、婚姻状态
          │            │              学历、职业、居住地址、工作地址
          │            ├─ 商业属性 ── 收入水平、消费层级
          │            └─ 心理属性 ── 性格特点、价值取向
          └─ 动态数据 ─┬─ 消费属性 ── 消费偏好、消费习惯
                       │              消费周期、消费特征
                       └─ 社交属性 ── 兴趣爱好、社交圈子、互动行为
```

图4-1 用户信息数据分类

(二)确定用户使用场景

如果只了解用户信息数据,短视频创作者还不能形成对用户的全面了解,应该将用户信息融入一定的使用场景中,才能更加具体地体会用户的感受,还原真实的用户形象。短视频创作者可以采用"5W1H"法来确定用户使用场景,如表4-4所示。

表4-4 "5W1H"法的要素及其含义

要素	含义
Who	短视频用户。
When	观看短视频的时间。
Where	观看短视频的地点。
What	观看什么样的短视频。
Why	互动行为背后的动机,如关注、点赞或分享。
How	与用户的动态和静态场景结合,洞察用户使用的具体场景。

(三)确定用户的动态使用场景模板

短视频创作者要提前准备好沟通模板,按照用户动态信息数据和用户动态使用场景来设计,具体的设计要依据自身期待获取的信息来进行。

动态使用场景模板一般包括以下内容:常用的短视频平台,使用频率,活跃时间段,周活跃时长,使用的地点,感兴趣的话题,什么情况下关注账号,什么情况下点赞,什么情况下评论,什么情况下取消关注,以及用户的其他特征等。

(四)获取用户的静态信息数据

要想获得用户静态信息数据,短视频创作者需要统计和分析大量样本,再加上用户基本信息的重合度较高,为了节省时间,可以通过在短视频大数据分析平台获取竞品账号数据的方式来获取用户的静态信息数据。

(五)形成短视频用户画像

将静态信息数据和动态使用场景进行整合以后,短视频创作者就可以构建大概的短视频旅游类账号的用户画像,可扫二维码进行了解。

资料:短视频旅游类账号的用户画像

(六)对旅游内容有消费意愿的用户的特征

从整个旅游短视频内容创作的角度来看,用户画像非常关键。用户画像除了年龄、地域之外,还包括收入和各方面的水平,除此之外还可以将消费旅游内容的用户分为这三个类型。

1. 浏览型用户

这类用户没有明显的目的,甚至根本就没有想出去旅行的欲望,他们只是通过旅游类视频内容来满足娱乐需求、消磨时间,他们会关注美的东西,以及有趣、好玩的内容。要想打动这些用户,则内容形态应更偏小视频、短视频,时长最好控制在一分钟以内。

2. 兴趣型用户

这类用户已经具有一定的目的性。他们的需求可能是对于目的地的一些深度玩法,包括一些推荐的游玩攻略等,可承载的内容消费时长在 1~3 分钟。

3. 需求型用户

即用户已经有非常明确的旅游需求,这时候用户更多需要的是产品和服务的购买,这种类型的用户大比例会集中在 OTA 平台及各个社交媒体攻略社区。所以 OTA 平台也开始自己做内容板块,通过内容场景来直接推荐商品,形成闭环。

这三类用户的分布更像一个漏斗,像浏览型用户大比例集中在社交媒体、短视频平台上;而兴趣型用户除了在社交媒体之外,还会集中在旅游类的攻略社区,他们在社区中完善自己的旅行计划;最后,需求型用户主要集中在 OTA 平台。

不同类型的用户对旅游内容的需求不一样,这也决定了视频创作者以什么样的内容能够吸引到更多的用户,并服务于用户。

四、短视频内容定位

无论短视频创作者运营短视频的目的是什么,短视频在制作好以后,肯定是要呈现给用户的。只有让用户感受到短视频的价值,使其体验到愉悦、感动等感受,短视频才会被关注,直至成为爆款。因此,在进行短视频内容定位时,短视频创作者必须精准定位用户需求,并以用户需求为中心。

一般而言,短视频内容的创作领域有很多,如才艺、美妆、生活、人文、饮食、育儿、旅游等。要想准确定位短视频内容,短视频创作者要掌握以下几个技巧。

(一)专注于自己擅长的领域

很多短视频创作者在最初创作时找不到自己擅长的领域,以为任何领域都可以尝试,实际上这样非但不能吸引用户的注意,反而会降低平台对短视频作品的推荐量。短视频创作者可以想一想自己在哪些方面创作的内容得到了别人的称赞、用户对哪些领域特别感兴趣,然后专注于该领域进行创作。

（二）研究同类型创作者的数据

在选择创作领域后，短视频创作者可以对同领域的知名创作者进行调查，了解其粉丝画像，如性别、年龄、身份、兴趣等，将其内容类型、播放数据、用户互动数据等进行分类，再反推用户偏好。

（1）主页建设。包括顶部背景图、头像、简介、视频等。这些地方的建设，需要向顾客说明自己的身份、主营业务、经营理念等；好的主页很容易提高用户好感度。

（2）视频内容。账号是直接宣传自己的旅游产品、资源，还是用其他类视频给自己引流？如果是直接宣传，那么看其是直接宣传，还是间接宣传。如果是引流，那采取了哪类视频、什么风格为自己引流，是搞笑段子、真人短剧、还是其他类型，转化效果如何？

（3）引导客户。比如，在评论区、视频里用了哪些引导策略，这些策略的目的是为了涨粉、点赞、还是转化？这些引导策略是在什么时候、哪些视频里使用的，话术如何？这些都是要分析的点。

（4）直播与合集。看看竞品账号有没有直播，是怎么做的，直播间人数、互动、转化（情况）如何；合集功能可以将账号众多视频分门别类，方便用户观看，也能给视频带来更多流量。

（5）看看竞品账号哪些视频点赞最多，哪个视频评论区的客户购买意向最强。

（6）超级符号。超级符号利用视觉和声音去打造一个独特的有记忆的符号，让人们在第一时间能够快速记住这个账号。例如，每个视频的背景或是封面都一样，每次视频的开头和结尾都会说同样的一句话，诸如此类。

（三）抓住目标用户群体的需求痛点

短视频创作者要想获得成功，首先要锁定目标用户群体，提炼其主流需求，在短视频的内容选择上有针对性地迎合目标用户群体的口味，从而更快、更好地吸引他们的目光，提升短视频的"人气"和传播量。

短视频创作者要深入目标用户群体进行调查，明确目标用户群体的需求痛点之后，短视频创作者在设计短视频内容时就要提出相应的解决方案，解决其痛点，这样创作的短视频才能吸引目标用户群体，快速占领其心智。

知识拓展

短视频助力文旅产业发展

随着2023年国内消费市场的回暖和经济社会的全面复苏，消费场景的多元化发展为旅游行业注入了新的活力。在这一背景下，OTA行业的竞争格局正经历着显著的变革，内容化战略已成为行业竞争的新焦点。以抖音、快手、微信视频号和小红书为代表的新媒体内容平台，通过融合社交互动与内容创作，为用户带来了更加个性化和沉浸式的旅游体验，显著缩短了消费者从兴趣激发到决策购买的路径。从旅游消费行为过程看，游客的一次出行旅游经历"兴趣－决策－行动－分享"四个步骤，如图4-2所示。

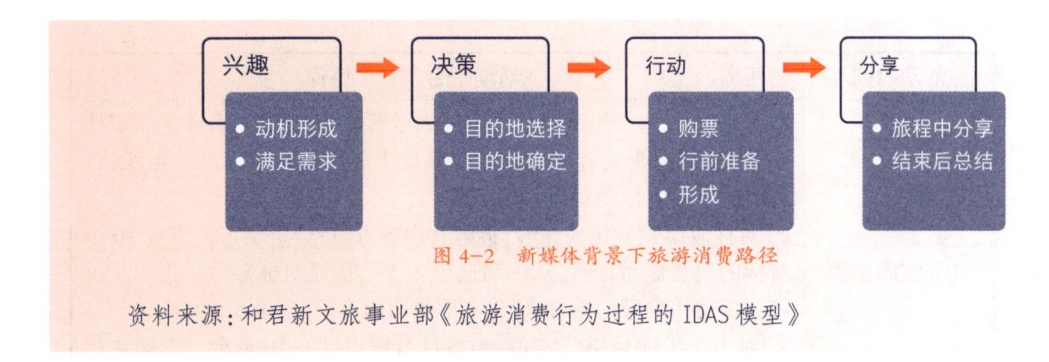

```
兴趣            决策            行动            分享
• 动机形成      • 目的地选择    • 购票          • 旅程中分享
• 满足需求      • 目的地确定    • 行前准备      • 结束后总结
                                • 形成
```

图 4-2　新媒体背景下旅游消费路径

资料来源：和君新文旅事业部《旅游消费行为过程的 IDAS 模型》

根据《2023 旅游产业内容营销洞察报告》数据显示，2023 年第一季度，通过这些短视频平台进行旅游预订的用户数量同比增长了 229.90%，这不仅证明了内容创作的巨大潜力，也展示了后链路转化的高效能力（图 4-3）。

在这种背景下，旅游行业正迎来前所未有的机遇与挑战。内容化策略不仅为 OTA 平台带来了新的增长点，也为旅游内容创作者和旅游目的地提供了更广阔的展示舞台。随着用户对个性化、互动性和实时体验的需求日益增长，短视频平台正逐渐成为旅游营销的新高地。品牌和目的地需要紧跟这一趋势，通过创意内容和精准营销策略，有效利用这些新媒体平台的流量红利，实现品牌价值的最大化。同时，这也要求旅游行业不断探索和创新，以适应数字化时代消费者行为的变化，确保在竞争激烈的市场中脱颖而出。

快手
"跟着快手去旅行"
累计播放量达
138.9 亿次

小红书
用户最常使用的出行
决策平台 63.7%
旅游笔记 2000万+

抖音
旅行感兴趣人群 2.7亿
酒旅类关键词搜索 8亿+
酒旅类订单同比增长 346%

2023旅游预定渠道用户同比增速
229.90%
内容平台　OTA平台　直销平台

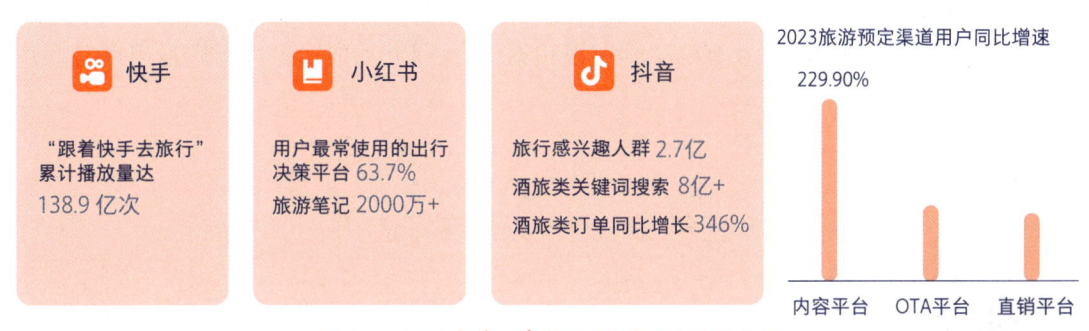

图 4-3　2023 年第一季度视频内容平台旅游数据

实训：成立
短视频运营
团队

【实践演练】

任务单：完善抖音账号信息

工作任务	成立短视频运营团队，联系周边组织（新媒体公司、旅游企业、校地合作单位等）；对标旅游领域优质账号，对本小组账号进行定位，完善账号信息
内容概述	每 5~6 人一组组建一个短视频运营团队，寻找合适的文旅企业作为团队今后工作的对象。对标旅游领域优质账号，拆解其内容，进行分析学习。对本小组账号进行定位，开通账号并完善信息，保证账号信息与定位相统一

续表

实践方案	活动时间	约两周	活动平台	抖音
	任务实施步骤	1. 每5~6人为一组组建一个短视频运营团队，在校企合作的新媒体企业、旅游企业或者校地合作等单位中寻找适合本团队的组织，作为团队今后工作的对象。 2. 对标旅游领域优质账号，拆解其内容，进行分析学习。查找10个对标的抖音旅游账号，从中筛选出3~5个优质对标账号。进一步拆解分析这些账号的内容，优先考虑热门内容，并记录在表格中。 3. 对本小组账号进行定位，塑造具有辨识度的IP形象。开通账号并设置账号名称、头像、简介、主页背景图等账号信息，保证与定位相统一			
	活动要求	将对标抖音旅游账号拆解信息记录完整		
实践评价	学生自评、互评与教师评价相结合，根据抖音账号信息完善情况打分			

【思考题】

1. 旅游短视频中如何有效地使用引导策略（如评论区互动、视频内引导等）来增加用户关注、点赞和转化。

2. 分析一个点赞超过10万的旅游短视频案例，探讨其如何通过内容满足用户需求并引发共鸣。

任务二　短视频内容打造

【引导案例】

美食短视频与电影片段的完美结合

Papitube出品了一个短视频"《喜欢你》里的女主角就是用这道料理征服了男主角！"短视频的开头和片尾用的都是电影《喜欢你》的片段，由"女巫汤意面端到男主角面前"引入视频主题，最后以"男主角吃完最后一口女巫汤意面"为结束，首尾呼应，同时也使一个美食短视频有了完整的剧情。

这个短视频将女巫汤意面的制作过程与电影《喜欢你》完美结合，背景音乐用的是《喜欢你》电影里的背景音乐，镜头节奏和音乐的完美结合，使得整个短视频的内容丝毫没有突兀的感觉。30秒到51秒的时候，背景音乐节奏加快，短视频也以快节奏的镜头来展示"女巫汤意面"所需要的食材，51秒至1分35秒的时候，背景音乐相对缓慢，短视频也用了稍慢的镜头转换来展现女巫汤意面汤料的制作过程。将自己拍摄的视频素材与背景音乐的节奏完美结合,是使这期短视频与电影《喜欢你》浑然一体的重要原因。

短视频发布的时候正是《喜欢你》电影热映的时候,搭上《喜欢你》的热点是一个明智的选择,在大家正好关注一个热点的时候,制作一期关于这个热点的视频,用户的观看量必然是不会少的。因此,当下什么内容比较热,我们可以去考虑这个方向的选题,该短视频可以拍摄女巫汤意面的做法,电影评论的栏目也可以制作一期《喜欢你》的电影点评。

【知识准备】

一、确定短视频选题

短视频选题要以用户偏好为基础,在保证主题鲜明的前提下,为用户提供有价值的信息,这样才能获得更多用户的喜爱。短视频选题策划主要包括寻找选题的维度、选题策划的基本原则、挖掘热门选题的方法、切入选题的方法等。

(一)寻找选题的维度

很多人在拍摄短视频时总是找不到选题思路,其实只要找到选题的维度,并根据维度拓展思路即可。选题的五个维度分别为人物、工具和设备、精神食粮、具体方法和环境。

1. 人物

人物主要涉及以下信息:属性、职业、身份、年龄、需求、兴趣等。短视频创作者可以把人物按照年龄或身份进行划分,如果目标用户是青少年学生,那么短视频的内容就要引起青少年的共鸣,短视频的主角也应该是学生。以旅行人群的旅行需求举例,如表4-5所示,可以有不同的身份定位、内容形式和交付产品,我们只需要根据自己的资源能力找到最适合自己的就行。

表4-5 基于人群需求的商业定位方法

细分人群	细分需求	交付产品	账号身份定位	内容形式
大学生	亲子游	周末度假套餐	导游	攻略视频
老年人	康养旅游	门票代订	司机	风景视频
女白领	海岛游	旅行产品	定制师	视频+出境
儿童	周末美宿	定制游	产品经理	口播视频
青少年	户外游	机票预订	旅行社老板	直播
宝妈	露营	租车预订	领队	视频+图文

2. 工具和设备

确定好人物维度后,就要根据人物角色选择合适的工具和设备。例如,喜欢运动健身的人一般会用到跑步鞋、瑜伽垫等;爱好旅游的人一般会用到登山杖、太阳帽、山系穿搭等。

3. 精神食粮

精神食粮主要包括书籍、电影、音乐、讲座、展馆、培训课程等。短视频创作者要分析目标用户喜欢什么书籍、电影、培训,这样才能了解其需求,从而制作出符合其需求的短视频。

4. 具体方法

具体方法包括瘦身方法、教育方法、美食方法等。例如,短视频中的主角是一位美食爱好者,可以拍摄美食的制作方法。

5. 环境

由于短视频的剧情不同,环境也会发生相应的变化。拍摄地点是最常见的环境,如学校、商场、公园、办公室、餐厅等。

当把选题的五个维度都梳理完以后,便可以制作选题树了。选题树的层级越多,拍摄的思路就越丰富。以"喜欢旅游的女性"为例,短视频创作者可以根据下面的选题中策划出各种各样的选题,如图4-4所示。

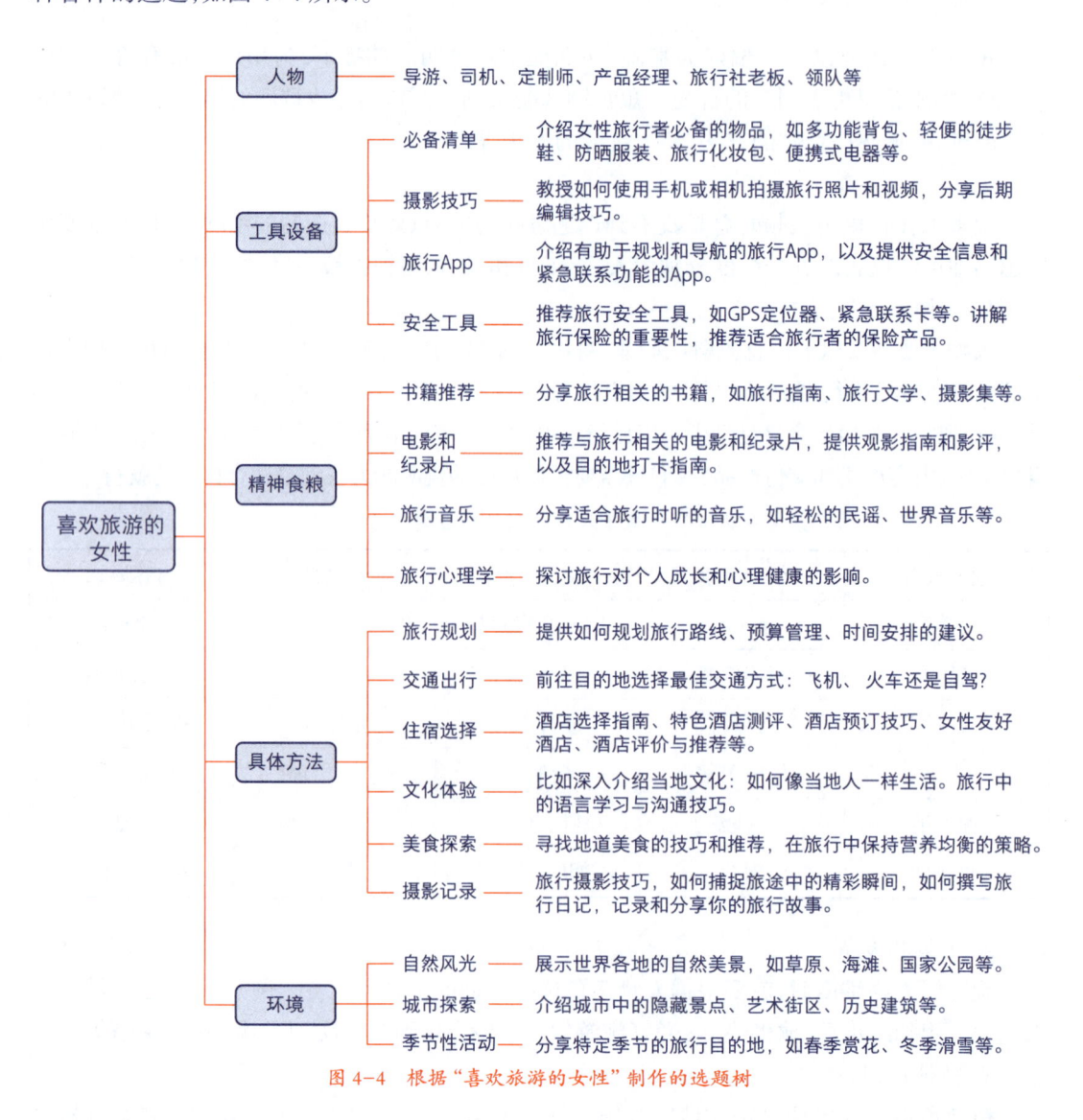

```
喜欢旅游的女性
├── 人物 ── 导游、司机、定制师、产品经理、旅行社老板、领队等
├── 工具设备
│   ├── 必备清单 ── 介绍女性旅行者必备的物品,如多功能背包、轻便的徒步鞋、防晒服装、旅行化妆包、便携式电器等。
│   ├── 摄影技巧 ── 教授如何使用手机或相机拍摄旅行照片和视频,分享后期编辑技巧。
│   ├── 旅行App ── 介绍有助于规划和导航的旅行App,以及提供安全信息和紧急联系功能的App。
│   └── 安全工具 ── 推荐旅行安全工具,如GPS定位器、紧急联系卡等。讲解旅行保险的重要性,推荐适合旅行者的保险产品。
├── 精神食粮
│   ├── 书籍推荐 ── 分享旅行相关的书籍,如旅行指南、旅行文学、摄影集等。
│   ├── 电影和纪录片 ── 推荐与旅行相关的电影和纪录片,提供观影指南和影评,以及目的地打卡指南。
│   ├── 旅行音乐 ── 分享适合旅行时听的音乐,如轻松的民谣、世界音乐等。
│   └── 旅行心理学 ── 探讨旅行对个人成长和心理健康的影响。
├── 具体方法
│   ├── 旅行规划 ── 提供如何规划旅行路线、预算管理、时间安排的建议。
│   ├── 交通出行 ── 前往目的地选择最佳交通方式:飞机、火车还是自驾?
│   ├── 住宿选择 ── 酒店选择指南、特色酒店测评、酒店预订技巧、女性友好酒店、酒店评价与推荐等。
│   ├── 文化体验 ── 比如深入介绍当地文化:如何像当地人一样生活。旅行中的语言学习与沟通技巧。
│   ├── 美食探索 ── 寻找地道美食的技巧和推荐,在旅行中保持营养均衡的策略。
│   └── 摄影记录 ── 旅行摄影技巧,如何捕捉旅途中的精彩瞬间,如何撰写旅行日记,记录和分享你的旅行故事。
└── 环境
    ├── 自然风光 ── 展示世界各地的自然美景,如草原、海滩、国家公园等。
    ├── 城市探索 ── 介绍城市中的隐藏景点、艺术街区、历史建筑等。
    └── 季节性活动 ── 分享特定季节的旅行目的地,如春季赏花、冬季滑雪等。
```

图4-4 根据"喜欢旅游的女性"制作的选题树

(二)选题策划的基本原则

不管短视频的选题是什么,其内容都要遵循一定的原则,并以此为宗旨,落实到短视频的创作中。短视频选题策划的基本原则有:站在用户的角度、内容要有创意、内容要有价值、结合行业或网络热点、远离敏感词汇等。

(三)积累短视频内容选题库

要持续输出优质内容,短视频创作者就必须拥有丰富的储备素材,这就需要建立选题库。根据短视频定位可以规划好选题范围,并对定位所涵盖、拓展的内容进行分类,逐一列出分类后形成的选题库框架。建立选题库的渠道有:日常生活积累、上网冲浪多平台查找、分析竞争对手选题、经典影视作品二次创作、自主拍摄尝试等。

(四)切入选题的方法

确定选题以后,短视频创作者可能会发现该选题与很多竞争账号中的内容相似。对于相似的选题,短视频创作者要选择不一样的切入点,以避免内容同质化,这样才能有机会制造热门话题,超越竞争对手。

短视频创作者在切入选题时,要注意以下几点。

1. 有效整合资源

短视频创作者创作短视频少不了资源方面的支持,如人力、物力、财力等物质要素。有效地整合这些物质要素,可以为短视频的创作提供极大的便利,否则就会举步维艰。

2. 以兴趣为支撑

兴趣是最好的老师。如果短视频创作者对某一领域有着浓厚的兴趣和饱满的热情,那么就可以支撑其在某个方向深耕,持续产出优质内容,深化内容的垂直性。不过,兴趣和专业不同,如果只有兴趣,但没有专业能力,也无法保证短视频创作者能持续创作出优质的短视频。因此,短视频创作者要先对比同行的头部账号,分析其短视频内容的深度和价值属性,判断凭借自己的兴趣是否能够稳定而持续地产出优质短视频,以及自己是否可以在选择的领域深耕下去。

3. 及时调整选题

短视频创作者在刚开始做短视频时,可能会有一段试错的路要走。一般来说,短视频创作者要先持续发布作品10天以上,并密切关注数据变化,以此来做预估和调整,然后判断是按照既定的选题做下去,还是调整选题方向或者内容形式。

在试错的过程中,短视频创作者要衡量短视频制作成本与短视频播放量、粉丝数的对比情况,从而把握账号内容的走向和市场情况,最后做出是否调整选题的决定。

微课:旅游新媒体短视频策划——内容设定与标签打造

二、确定短视频形式

要想创作出优质的短视频作品,短视频创作者就要深入了解短视频。不同风格的短视频,其展现形式是不同的。短视频的展现形式决定了用户会通过什么方式记住短视频的内容及账号。一般来说,比较热门的短视频展现形式主要有图文展示形式、知识分享形式、解说形式、情景短剧形式与 Vlog 形式等。

三、策划短视频内容

(一) 明确短视频的内容规范

资料：网络短视频平台管理规范

随着互联网技术的迅猛发展,短视频迅速崛起,各类平台层出不穷,充分满足了人们休闲娱乐的需求。在这些平台给人们的休闲娱乐带来利好影响的同时,我国相关部门也强化了对短视频平台的规范监管,确保短视频平台在进行短视频传播的过程中,能够充分契合社会要求,在法律允许的范畴内进行短视频内容的制作与传播。

(二) 构思内容创意

在确定选题后,短视频创作者还要精心打造高质量的短视频内容,满足用户的观看需求,这样才有可能让短视频成为爆款。打造高质量短视频内容,构思优质内容创意的方法如下。

1. 保证内容垂直化

如今短视频行业已经由"野蛮生长"走向"精耕细作",用户更愿意观看专业化和垂直化的优质内容。这就要求短视频创作者专注于某一垂直领域持续深耕,输出独特的内容,为用户提供有价值的信息,提高自身账号的辨识度,持续吸引该领域的目标用户。

专业化的内容更具生命力和吸引力。由于精力和时间有限,短视频创作者只有深耕于某一垂直领域,才能有源源不断的素材。用更少的精力创作出更专业、更有价值的内容,进而增强用户的黏性,构建更为稳固的用户群体模式,最终形成 IP。

2. 坚持内容原创

短视频平台鼓励原创,并会给原创内容分配更多的流量,因此原创内容才有未来,短视频创作者应着力提高短视频内容的原创度。

短视频创作者要做好知识储备和积累,融会贯通,对各种事件发表自己的独特见解,拍摄素材时尽量与同类短视频呈现出差异。

3. 为用户提供价值

人们一般只关注对自身有价值的内容,所以短视频创作者在构思短视频时要为用户提供价值。短视频内容的价值主要体现在以下四个方面。

(1) 提供知识。提供的知识要实用、专业、易懂,让用户一看就懂,便于实践。

(2) 提供娱乐。提供的内容要有娱乐性,可以使用户心情放松,缓解心理压力。

(3) 提供解决方案。能够针对用户在生活中遇到的问题提出合理的解决方案,改善其生活品质。

(4) 激发情感共鸣。在短视频中融入情感,使内容富含深意,激发用户产生共鸣,引发其思考。

4. 讲述精彩故事

短视频创作者要善于讲故事,以故事阐述观点。精彩的故事可以给用户带来生动形象的体验,潜移默化地占领用户心智,从而提升短视频的竞争力。短视频创作者要想使短视频中的故事更精彩,可以采用以下创意策略。

(1) 强化角色个性。要想在有限的时间内打动人心,就要强化角色个性,让主要角色和次要角色形成鲜明的个性冲突,增强剧情的对比效果和代入感,让用户对故事产生深刻的印象。

(2) 设置矛盾冲突。在故事中设置矛盾冲突会增加戏剧性,使故事更有吸引力,并突出人物性格,塑造丰满的人物形象。短视频创作者可以通过人物性格来制造矛盾,也可以通过成功与失败、得到与失去的对比来设置冲突,还可以通过善与恶的对立来设置冲突。

(3) 设置转折点。巧妙地设置转折点可以使短视频的剧情跌宕起伏。转折点的设置要有新意,不能按常理出牌,既要出乎意料,又要在情理之中,符合人物角色的特征。

(4) 设置悬念。在短视频中设置悬念可以让用户迫不及待地关注后面的剧情。设置悬念的方法有四种:一是使用倒叙手法,让用户带着疑问和好奇心看下去;二是设置疑问,引导用户进行深层次的思考;三是制造误会和猜疑,使用户对误会产生的原因和真相有所好奇;四是制造巧合,使用户对人物之间的巧合和接下来会发生的事情产生好奇,从而继续观看。

四、创作短视频脚本

虽然短视频的时长较短,但优质的短视频中每一个镜头都是经过精心设计的。短视频的拍摄离不开脚本,短视频脚本是短视频的灵魂,是短视频的拍摄大纲和要点规划,用于指导整个短视频的拍摄方向和后期剪辑,具有统领全局的作用,可以提高短视频的拍摄效率与拍摄质量。

与影视剧和长视频不同,短视频在镜头表达上存在很多局限性,如时长、观看设备、用户心理期待等,所以必须精雕细琢短视频脚本中的每一个细节,包括景别、场景布置、演员服装、化妆、道具准备、演员台词设计、演员表情、音乐和剪辑效果的呈现等,并且要安排好剧情的节奏,保证在5秒之内就能抓住用户的眼球。

(一) 撰写短视频脚本的思路

要想写出优秀的短视频脚本,短视频创作者要把握以下思路。

1. 做好前期准备

前期准备包括很多方面,大致如下。

(1) 搭建框架。包括拍摄主题、故事线索、人物关系、场景选择等。

(2) 主题定位。故事背后有何深意?想反映什么主题?运用哪种内容形式?

(3) 人物设置。需要多少人物出镜?这些人物的任务分别是什么?

(4) 场景设置。寻找拍摄地点,室内还是室外?

(5) 故事线索。剧情如何发展?

(6) 影调运用。根据所要表现的情绪配合相应的影调。

(7) 背景音乐。选择符合主题氛围的背景音乐。

2. 确定具体的写作结构

在撰写短视频脚本时,短视频创作者一般要先拟定一个整体结构,以"总-分-总"结构居多,这样可以让短视频有头有尾。开始的"总"是指表明主题,在短视频开头的3~5秒内就要表明主题,如果超过5秒,用户还不知道短视频的主题,很有可能会选择离开,影响短视频的完播率;"分"是指详细叙事,用剧情来传达短视频的主题;最后的"总"是总结收尾,重申主题,以引发用户的思考和回味。

3. 人物设定

人物的台词要简单明了,能够体现人物性格并推动情节发展,若台词过长,用户听着也会觉得吃力。除了人物的台词以外,相应的动作和表情也会帮助用户体会人物的状态和心理。

4. 场景设定

场景设定可以起到渲染故事情节和主题的作用,场景要与剧情相吻合,且不能使用过多的场景。

5. 台词口语化

短视频脚本中的每一句台词都要做到口语化,在撰写脚本时就要想象是在与用户对话,把拗口的书面化文字都改成通俗易懂的口语。

6. 明确拍摄方式

短视频脚本中与拍摄方式有关的要素有镜头的运用、景别的设置、镜头的时长、机位的选择、影调的运用和道具的选择。

(二)撰写不同类型的短视频脚本

短视频脚本大致可以分为三类:拍摄提纲、文学脚本和分镜头脚本。具体的脚本类型可以依照短视频的拍摄内容而定。

1. 拍摄提纲

拍摄提纲是指短视频拍摄的要点,只对拍摄内容起到提示作用,适用于一些不易掌握和预测的内容。由于拍摄提纲的限制较小,视频拍摄师可以发挥的空间比较大,但对后期剪辑的指导效果不大。

拍摄提纲一般包括五个部分,分别是选题阐述、视角阐述、体裁阐述、风格阐述和节奏阐述。

(1)选题阐述是为了明确选题意义、主题立意和创作的主要方向,让视频拍摄师明白短视频创作的初衷。

(2)视角阐述是为了说明表现事物的角度,独特的视角能让人耳目一新,体现视角的首要问题就是作品的切入点。

(3)体裁阐述是为了说明拍摄的短视频类型,不同的体裁有不同的创作要求、创作手法、表现技巧和选材标准。

(4)风格阐述是为了说明画面风格是轻快还是沉重,色调、影调、构图、用光如何安排等。

(5)节奏阐述是为了说明内部节奏与外部节奏如何把握等。

2. 文学脚本

文学脚本是在提纲脚本上增加细化的内容,使脚本内容更加丰富多彩。文学脚本与分镜头脚本相比,在形式上相对简单,偏重于交代内容,适用于非剧情类的短视频,如知识讲解类短视频、测评类短视频等。

撰写文学脚本主要是规定人物所处的场景、台词、动作姿势和状态等。例如,知识讲解类短视频的表现形式以口播为主,场景和演员相对单一,因此其脚本就不需要把景别和拍摄手法描述得很细致,只要明确每一期的主题、标明所用场景之后,写出台词即可。因此,这类脚本对短视频创作者的语言逻辑能力和文笔的要求会比较高。

3. 分镜头脚本

分镜头脚本将文字转换成了可以用镜头直接表现的画面。分镜头脚本通常包括画面内容、景别、运镜方式、画面时长、机位、人物、台词、音效等(表4-6)。

(1) 标题:视频内容的中心,也是帮助我们明确好故事主题,重点是什么主题是什么。

(2) 视频画面:构思的时候对每一个想拍摄的画面都要尽可能详细地描述下来,最好脑海里有画面感。

(3) 视频文案:画外音需要录音的内容,以及除了画外音字幕以外的画面注释。

(4) 景别:常见的景别有远景、全景、中景、近景、特写五种景别交替使用。

(5) 角度:多变化角度拍摄让画面内容更丰富,不要一镜到底。

(6) 时长:把握好视频单镜头时长在3~10秒内,视频总时长在2分钟左右。

表4-6 短视频分镜拍摄脚本通用模板

镜号	画面内容	景别	分镜画面	运镜方式	声音	拍摄场景	画面时长	背景音乐
1	风景	远景	同一场景另一景别补充画面	推进	每个画面是否有人物出境说话,说话内容,或后期配音及内容	略	5秒	建议提前找到合适的背景乐方便拍摄视频素材,也可以拍完后再找
2	人物互动	中景		横移		略	3秒	
3	人物动作	近景		固定机位		略	7秒	
4	城市街景	特写		环绕		略	4秒	
5	交通工具	中景		后拉		略	5秒	
6	骑车	近景		抬升		略	…	
7	空镜	远景		跟拍		略	…	

分镜头脚本能体现出短视频中的画面,也能精确地体现出对拍摄镜头的要求,适合微电影类短视频的创作,这种类型的短视频一般故事性比较强。由于对视频更新周期没有严格限制,短视频创作者有大量的时间和精力去策划,因此可以使用分镜头脚本,它既能满足严格的拍摄要求,又能提高拍摄画面的质量。

分镜头脚本要充分体现短视频所要表达的主题,同时还要通俗易懂,因为它在拍摄和后期剪辑过程中都会起到关键性的作用。一个完整的短视频分镜头脚本包含的细节如表4-7所示。

拍摄旅行Vlog,可以拍摄旅途中的交通、看见的风景、遇见的人、奇特的经历、美食、旅途中的见闻等,这些拍摄的场景都要提前构思好,包括用怎样的角度取景、运镜方式、运镜转场的设计等。拍摄视频最好是先有想法,再把想法逐一落实到拍摄脚本,最终拍摄视频素材和剪辑。

表4-7 短视频分镜头脚本细节

脚本细节	具体内容
信息	有用的资讯,有价值的知识,有用的技巧。
观点	观点评论,人生哲理,科学真知,生活感悟。
共鸣	价值共鸣,观念共鸣,经历共鸣,审美共鸣,身份共鸣。
冲突	角色身份冲突,常识认知冲突,剧情反转冲突,价值观念冲突。
欲望	收藏欲,分享欲,饮食欲,爱情欲。
好奇	为什么,是什么,怎么做,在哪里。
幻想	爱情幻想,生活憧憬,别人家的,移情效应。
感官	听觉刺激,视觉刺激。

比如交通工具,汽车、火车、飞机乘坐的内外景素材可以作为旅行镜头的过渡和开端。具体场景,可以通过拍摄酒店、景区、目的地的全景来交代环境和具体场景,拍下去过的每一个地方的全景来交代所在的大环境。通过当地的美食人文来体现当地特色,增加视频的真实感。吃饭的时候也记得可以留些素材,会让旅行 Vlog 更加生动。对新手来说,要逐渐培养在拍摄前构思脚本的习惯,才能更快地提升视频拍摄的能力。

知识拓展

抖音旅游内容的细分赛道成为旅游企业营销推广的关键起点

以往,旅游用户大多是在搜索网站、电商网站上进行搜索。而今,抖音用户在视频类媒介中也建立起了这样的用户行为。随着抖音平台中旅游内容的不断增长,也吸引了如景点、酒店住宿、航空公司、OTA、旅行社等在内的不同细分赛道的旅游企业相继入驻。抖音通过短视频、直播等形式为旅游内容的传播提供了更为高效便捷的方式,抖音旅游内容的细分赛道成为旅游企业营销推广的关键。

1. 从抖音用户视角来认知抖音旅游的不同类型

旅游企业往往以自身视角来进行营销宣传,而在做抖音营销时,需要转换到用户的视角。抖音营销的核心是视频的内容营销,并且由于抖音内容的智能推荐机制,内容的分类就尤为重要,这是旅游企业做抖音营销的起点。当前抖音平台旅游细分内容主要包括旅行推荐、旅行文化、旅行风景、酒店和民宿、旅行攻略、旅行日常、旅行机构营销、户外生活、旅行其他等。旅游内容丰富的抖音平台满足了用户在旅行推荐、旅行攻略、获取户外生活旅行内容等的参考,成为众多人出行前的内容种草平台。

2. 按照不同类型的最佳方式，打造视频营销内容

旅游企业在进行抖音营销时，制作的视频要特征显著，便于抖音平台在对视频进行分类标记时，清晰、明确地做出判断，并基于此进行用户推荐。如果旅游企业的短视频内容庞杂，不易进行划分，就会造成抖音平台难以用正确地标签归类进行推荐，使得旅游企业费心打造的短视频，得不到良好的展示。同时，抖音旅游的每种细分类型都有相对固定的内容范围和展现形式。旅游企业可以参考细分类型的定义，以及模仿这个细分类型中的优秀账号，使得自己的短视频内容达到优质水平。

3. 善用不同的内容类型，多维度进行宣传推广

基于抖音旅游内容的多样化，旅游企业在抖音平台上的营销策略最好是采取多账号运营，每个账号聚焦于一个细分领域。如果只有一个账号，可能会导致在该账号里发布属于不同类型的视频内容，这不仅会造成抖音用户的困扰，也可能导致账号的成长遇到阻碍。为了更好地进行营销宣传，旅游企业还应与其他旅游企业和旅行达人进行合作，利用不同类型的视频内容和形式，进行更多维度的宣传。

【实践演练】

任务单：旅游短视频选题策划和脚本写作

工作任务	完成旅游短视频的选题策划和分镜头脚本写作			
内容概述	各小组选择合适的选题内容及表现形式，完成旅游的短视频选题的策划方案。根据已经完成的项目策划方案，完成旅游短视频分镜头脚本的写作			
实践方案	活动时间	约两周	活动地点	自选
	任务实施步骤	1. 各小组完成选题策划会，会议中主要有头脑风暴、整理创意关键词等环节，根据创意关键词选择合适的选题内容及表现形式，完成旅游的短视频选题的策划方案 2. 根据已经完成的项目策划方案，完成旅游短视频分镜头脚本的写作		
	活动要求	完成选题策划方案和分镜头脚本写作（模版请扫描下方二维码）		
实践评价	学生自评、互评与教师评价相结合，根据选题策划方案和分镜头脚本写作的完成情况进行打分			

资料：短视频选题策划方案模板和分镜拍摄脚本通用模板

【思考题】

1. 要想写出优秀的短视频脚本，短视频创作者需要做好哪些拍摄前的准备？
2. 短视频拍摄选题的维度有哪些？选取一个点赞数为 10 万次以上的旅游短视频分析其选题思路。

任务三　短视频拍摄剪辑

【引导案例】

唐山文旅宣传片背后的城市形象塑造

近年来，"一则视频带火一座城市"的宣传模式受到各大城市文旅行业的青睐，例如为庆祝大运会的到来，成都发布《成都倒计时 3 000 年》的预热宣传片；为宣传当地旅游特色，福建推出《来福建 好舒服》的旅游广告……从各个城市的文旅宣传片中，我们看到了不同城市的文化魅力和历史底蕴。

唐山文旅集团在微信视频号、小红书等社交平台发布唐山文旅宣传片，并配以文案称："唐山：对不起，我们来晚了，但来唐山还不晚！"赢得了众多网友的好评，将唐山的城市形象重新引入大众的视野。

从工业古城到文化旅游之都，唐山以其独特的美食文化百年历史积淀中焕发出全新的活力，这成为唐山这座城市记忆的重要载体。因此，在此次的唐山文旅宣传片中，镜头聚焦于一座"能吃的博物馆"——唐山宴。唐山宴结合了唐山的特色美食、文化旅游、艺术风情等城市元素，被认为是吸引游客的著名胜地，它先后获得过"中国最具影响力特色文化美食旅游目的地""夜游河北十大人气目的地"等称号。

在这段唐山文旅宣传片中，创作者巧用"能吃的博物馆"这一创意元素，设计了一段游客"品尝文物"的故事情节。宣传片巧妙地展示了游客在唐山博物馆"品尝"陶碗的一幕，正当观众对这一画面表示惊讶时，通过道具的巧妙运用和画外音的及时转折，将观众的注意力从对传统文化的好奇转移到了对唐山美食文化的探索。

这段影片的设计将博物馆的文化底蕴与唐山宴的美食风情巧妙地融合在一起，结合镜头语言的丰富表达，让"美食"与"博物馆"这两个看似不相关的元素在视频中碰撞出了绚烂的火花。

【知识准备】

一、短视频拍摄

短视频的拍摄是一项实操性大于理论性的工作，短视频创作者不仅要选择合适的拍摄工具，还要熟练运用各种拍摄技巧，合理设计画面景别、光线位置、运镜方式和画面。

（一）短视频拍摄工具

"工欲善其事，必先利其器。"短视频的拍摄需要用到各种拍摄工具，要想拍好短视频，挑选合适的拍摄工具是关键。拍摄工具的选择也是一门学问，不同的短视频团队会根据其规模和预算做出相应的选择。

1. 拍摄设备

想要获得清晰而稳定的高质量画面，选择合适的拍摄器材非常重要。常用的拍摄设备包括相机、稳定器、麦克风等。

相机种类丰富，大致可分为便携相机和专业相机两类。其中，便携相机主要包括手机、口袋云台相机、卡片机等，具有轻便、快捷的优势；专业相机则主要包括单反、运动相机、无人机、全景相机等，能够获取更高质量、更多角度的画面。运动相机、无人机等也是目前拍摄旅行类视频中常见的器材。在旅行中会碰到各式各样的风景，面对连绵的山脉和无边的海洋，手持相机能拍摄的角度非常有限，而这时如果能运用无人机拍摄就可以展现出风景的壮观。

稳定器的作用就是帮助拍摄者拍摄出平衡稳定的画面。如果视频画面过于抖动，人们在观看时很容易产生头晕的感觉，从而引起不适，影响视频质量。拍摄单一场景时，可以使用三脚架将相机固定在某一位置；用手持相机进行拍摄时，可以使用稳定器以配合相机或选择自带云台的相机。麦克风的作用则是帮助收音，以保证视频的声音质量。如果发现收音效果一般，也可以通过配音或者添加音效等方式来弥补。

2. 准备要素

除了拍摄器材外，是否准备好合适的拍摄背景、灯光、素材、演员与道具等，也会对视频呈现效果产生很大的影响。

创作者要尽量选择简单同时又符合视频风格的拍摄背景。如果背景元素过多，很容易分散人的注意力，让人搞不清画面的重点在哪里；而如果背景过于简单，又会给人留下不注重细节的印象。例如科技类视频，通常选择的背景就会比较酷炫些，给人一种科技感，以符合其视频定位。

灯光对拍摄画面的影响也非常大，同样的场景使用不一样的灯光，效果会完全不一样。进行室外拍摄时，如果阳光比较强，要注意背光、曝光等问题；如果光线不足，要注意及时补光。进行室内拍摄时，一般都需要补光，并且可以通过角度、颜色、亮度等的变换来营造出不一样的氛围、表达不一样的情感。

演员及其服装和妆容，要根据视频内容和风格进行准备，这样才会让演员的出现显得很自然。道具主要是指那些原本在场景中不存在，需要额外准备的器具。这一部分需要在撰写脚本时考虑到，在拍摄前着手进行准备。

素材主要包括视频中需要用到的音乐、音效和穿插画面等。提前准备好音乐可以让整个团队了解拍摄的画面想要传达什么样的情感、需要什么样的节奏等，这样也会给后期剪辑省去很多麻烦。

(二) 短视频现场拍摄

1. 画面呈现

从屏幕显示类型划分，常见的新媒体视频类型有两种，即横屏视频和竖屏视频。短视频的横屏和竖屏选择主要取决于拍摄内容和发布平台。

横屏拍摄取景范围广、画面内容丰富，能够展现出场景里的各种元素，如人物、物体和风景。由于接近人眼观看习惯，有助于营造高级感和表达有深度的内容，适合于时间较长、内容较为丰富的视频，如家居生活、学习记录、探店等。

竖屏拍摄主体突出，有利于观众专注于核心内容，增强沉浸感和代入感，适合于在短时间内传递信息量较小的内容，如剧情、宠物、吃播、舞蹈等。竖屏拍摄还可以屏蔽干扰环境，提高观众参与度，适合于时间短、内容精简的短视频，尤其是那些需要强调个人表演或特定情景的类别。如果场景中有较多的人物或物体，竖屏可能无法全部容纳，这会导致画面显得拥挤。

不论是横屏拍摄还是竖屏视频，在一般情况下，都要注意将展示对象放在画面中央，最好不要放在画面角落，因为在画面角落既不利于提高人们观看时的体验感，也不利于后期剪辑调整。如果需要通过后期插入一些画面或者放大某一部分的话，在拍摄时一定要在画面中预留位置。

2. 景别选择

景别是指被摄主体在画面中所呈现出的范围大小。景别的大小是由被摄主体与摄像机的拍摄距离决定的，拍摄距离越远，景别越大；拍摄距离越近，景别越小。

根据景距与视角的不同，景别一般分为以下几类。

(1) 极远景。极遥远的镜头景观，人物小如蚂蚁。

(2) 远景。深远的镜头景观，人物在画面中只占很小的部分。远景具有广阔的视野，常用来展示事件发生的环境、规模和气氛，例如，表现开阔的自然风景、群众场面等，重在渲染气氛，抒发情感。

(3) 大全景。包含整个被摄主体及周遭大环境的画面。通常用来拍摄视频作品的环境介绍。

(4) 全景。摄取人物全身或较小场景全貌的视频画面。画面中的人物不允许"顶天立地"，要留有一定的空间。全景通常用来表现人物全身形象或某一具体场景的全貌。

(5) 中景。俗称"七分像"，指摄取人物膝盖以上部分的镜头，或者用来拍摄与此相当的场景的镜头，是表演性场面的常用景别。

(6) 近景。指摄取人物胸部以上的视频画面，有时也用于表现景物的某一局部，近景通常也用于表现人物表情。

(7) 特写。指在很近的距离内摄取对象，通常以人体肩部以上的头像为取景参照，突出强调人体的某个局部，或相应的物体细节、景物细节等。

(8) 大特写。又称"细部特写",指突出头像的局部,或身体、物体的某一细节部分,如眉毛、眼睛等。

在视频的拍摄过程中,中景、近景、特写最为常用,极远景、远景、全景次之。

3. 色调运用

色调不仅能够带给观众强烈的视觉冲击,还能够传递情绪,正确地运用色调能够增加视频的故事感。

(1) 冷色调可以营造清冷感。色调偏冷的画面主要有蓝色、青色、灰色,也可以有少量的红色或黄色,主要用来表现清冷的效果,常用于悬疑类视频中。这类视频拍摄时,以冷色光源为主,突出画面中的蓝青色调,当然可以有亮色、中间色的明暗侧重,但整体要给人以冷静、清凉的感受。

(2) 暖色调可以突出温馨、祥和的气氛。暖色调的画面中主要有黄色、橙色、红色等,也可以有少量的蓝色或黑色,整体给人以温暖、温馨、温情的感觉。拍摄这类视频时,以暖色光为主,通过制造偏红、偏黄的光效,营造出温馨、祥和的气氛。也可以让有指向性的光线照亮环境的特定部分,使被摄主体与环境形成明显的对比,增强视觉效果。

(3) 黑白色调可以传递怀旧的情感。去掉色彩的黑白视频画面能让人更注意画面中的光影,通常采用侧光、逆光拍摄可以形成黑白色调的剪影效果。

(4) 浅色调可以营造清新脱俗的意境。在拍摄浅色调画面时,要注意曝光程度,拍摄时可以适当降低色温和曝光,或者降低饱和度。

4. 光线应用

在短视频拍摄中恰当地运用光线可以增强画面的效果,营造出令人印象深刻的视觉体验。在短视频拍摄时,光线的选择和运用需要根据场景和主题的需求来选择光源,使用反光板、闪光灯、滤镜等工具来调整光线的效果和强度。

光线位置,即光位,是指光源相对于被摄主体的位置,也就是光线的方向与角度。同一被摄主体在不同的光位下会产生不同的明暗造型效果。光位主要分为顺光、逆光、侧光、顶光与脚光等。

除了专业设备之外,还可以充分利用自然光进行拍摄。比如在晴天日光充足的情况下,光线明亮、色彩鲜艳,是最容易拍摄的环境,同时也是弹性最大的拍摄天气。通常上午 8 点到 11 点,下午 2 点到 5 点,照明强度比较稳定,能较好表现地面景物的轮廓、立体形态和质感,还能极好地表现画面的明暗和反差。

5. 运镜技巧

镜头是短视频的基本组成单位,镜头语言是通过运动镜头的方式来表现的。

运动镜头是相对于固定镜头而言的,指通过机位、焦距和镜头光轴的运动变化,在不中断拍摄的情况下形成视点、场景空间、画面构图、拍摄对象的变化,不经过后期剪辑,在镜头内部形成多构图、多元素的组合,其目的是为了增强画面动感、扩大镜头视野,影响短视频的速度和节奏,赋予画面独特的感情色彩。常见的运镜方式有推镜头、拉镜头、摇镜头、移镜头和升降镜头等。

二、短视频剪辑

(一)旅游短视频剪辑工具

短视频的后期剪辑处理要用到后期剪辑工具,利用它们可以对拍摄的短视频进行剪辑,添加转场、字幕与特效等,凸显短视频的专业性和艺术性。下面将介绍几种常用的短视频后期剪辑工具。

1. 剪映

剪映是抖音推出的一款短视频剪辑工具,它具有强大的视频剪辑功能,支持视频变速与倒放,用户利用它可以在短视频中添加音频、识别字幕、添加贴纸、应用滤镜、使用美颜等,而且它提供了非常丰富的曲库和贴纸资源。即使是短视频制作的初学者,也能利用这款工具制作出自己心仪的短视频作品。

2. Adobe Premiere Pro

Adobe Premiere Pro 作为一款流行的 PC 端非线性视频编辑处理工具,在影视后期、广告制作、电视节目制作等领域有着广泛的应用,同样也是短视频后期剪辑领域中非常重要的工具。它拥有强大的视频剪辑功能,易学且高效,可以发挥用户的创造能力和创作自由度。

3. 爱剪辑

爱剪辑是一款简单实用、功能强大的短视频剪辑工具,用户利用它可自由地拼接和剪辑短视频,其创新的人性化界面是根据用户的使用习惯、功能需求与审美特点进行设计的。爱剪辑拥有为短视频添加字幕、调色、添加相框等齐全的剪辑功能,且具有诸多创新功能和影院级特效。

(二)旅游短视频剪辑思路

在旅游短视频的拍摄过程中存在很多不确定因素,途中看到的很多事物可能并不在拍摄计划中,拍摄者不仅要根据既定的拍摄路线和目标进行拍摄,还要根据旅行过程中看到的场景即兴发挥,这种拍摄的不确定性为后期剪辑提供了更多的可能性。在开放的环境下,旅游短视频的剪辑也有规律可循,主要有以下四种剪辑手法。

1. 排比剪辑法

排比剪辑法一般用于对多组不同场景、相同角度或相同行为的镜头进行组接,并将其按照一定的顺序排列在时间线上。

2. 相似物剪辑法

相似物剪辑法是指以不同场景、不同物体、相似形状、相似颜色进行素材组接,如飞机和鸟、建筑模型和摩天大楼等。这种剪辑手法会让视频画面产生跳跃的动感,从一个场景调到另一个场景,在视觉上形成酷炫的转场效果。

3. 混剪法

混剪法是指将拍摄到的风景和人物素材混合剪辑在一起。为了混而不乱,在挑选素材时要将风景和人物穿插排列,呈现出特别的分镜头效果,这样即使没有特定的情节,看起来也不会单调。

为了更好地使用混剪法，拍摄者在拍摄一场画面时，要从多个角度拍摄大量素材，并使用运动镜头，以获得画面张力。

4. 做减法

很多新手在剪辑旅游短视频时遇到最多的问题可能就是素材太多，不知道如何下手。因此，在剪辑时要遵循做减法的原则，也就是在现有视频的基础上尽量删除那些没有什么意义的素材，与此同时还要保证整体的故事性。

（三）旅游短视频剪辑实操

剪辑基本流程为：粗剪→精剪→制作转场效果→编辑音频→视频调色与添加字幕。

1. 粗剪

在剪辑时先对素材中要使用的部分进行修剪，然后按顺序将视频素材添加到时间轴面板中。在镜头衔接时应使镜头之间的运动方向保持一致，这就需要对一些视频素材进行倒放、镜向等处理。

2. 精剪

在剪辑时以音乐节奏为剪辑依据，对短视频进行变速调整，并在视频开始位置进行加速处理，以实现变速转场。

3. 制作转场效果

包括水墨转场、定格抠像转场效果、遮罩转场效果、画面分割转场效果等，使旅游短视频镜头之间的转场富有创意。

4. 编辑音频

对旅游短视频中的声音进行处理，包括调整背景音乐的音量、制作音乐的淡入和淡出效果、在视频的合适位置融入音效等。

5. 视频调色与添加字幕

旅游短视频剪辑工作完成后，最后为短视频进行风格化的调色，并在片尾添加字幕。调色和滤镜可以让视频看起来更加专业和美观。通过调整色彩平衡、对比度、亮度等参数，可以确保视频的色彩准确且富有层次感。同时，使用滤镜可以为视频增添特定的氛围和风格。常见的滤镜效果包括黑白滤镜、复古滤镜、高饱和度滤镜等。最后进行字幕的添加。

知识拓展

AI 文生视频"无中生有"

2024 年 2 月，OpenAI 首个文生视频大模型 Sora 一夜间再次掀起 AI 狂潮。人工智能的发展速度远快于我们所见过的几乎全部科技——从文生文到文生图，再到文生视频，生成式 AI 仅仅用了一年左右的时间就完成了从概念到实际应用的转变。文生视频的出现将如何改变我们的生活？

OpenAI 宣称，Sora 可以理解物体在物理世界中是如何存在的，它能准确地解释道具并生成引人注目的角色来表达充满活力的情感。例如，它可以根据文字描述"在东京街头，一名穿着时髦的女士穿梭在充满温暖霓虹灯光和动感城市标志的街道上"生成一段包含多镜头的高清晰视频,包括从大街景切入对女士脸部表情的特写,以及潮湿的街道地面反射霓虹灯的光影效果,这些视频的真实度令人为之惊叹。

北京邮电大学人机交互与认知工程实验室主任刘伟在接受《环球时报》记者采访时表示,Sora在短期内可能会对短视频制作、影视行业及视觉交互界面应用产生较为显著的影响;从长期来看,这项技术会为自动驾驶、数字仿真、场景模拟等领域带来改变。他表示,"我们不应神化Sora的作用,这项技术还很难取代传统的影视行业制作流程,人类用'心'拍出影视的作品,还很难仅用'芯'来完成。"

在Sora将AI生成视频能力提升到近乎逼真的程度时,大家也要认识到"眼见为实"可能已成过去。AI生成的假视频存在泛滥的风险,可能被用于诈骗犯罪。如今AI技术在应用层面出现的一些乱象也凸显出这项技术是一把"双刃剑"。

【实践演练】

任务单:制作旅游短视频

实践主题	制作旅游短视频		
实践目标	根据任务二中完成的脚本,拍摄一个旅游短视频,拍摄时候注意小组分工,发挥小组成员的优势。拍摄完毕后,短视频团队使用剪辑工具剪辑短视频素材,做出转场设计,选择合适的背景音乐、配音和字幕		
实践方案	活动时间	约一周	活动地点	自选
	活动方式	分组、展示、交流、讨论	
	活动要求	1. 视频应保持稳定,避免画面模糊或过度美颜导致的虚假效果 2. 视频中的背景音乐音量不应过大以至于影响人声,同时字幕大小应适中,便于观众阅读 3. 封面应清晰,标题颜色不宜过多,且需与视频内容相匹配,避免误导观众 4. 视频必须是原创作品,避免抄袭或二次创作 5. 视频内容应当具有吸引力,能够引发观众共鸣,提供有价值的信息或情感体验,从而增加观众的观看意愿和分享的可能性。优质的短视频不仅能让观众感到愉悦,还能鼓励观众参与评论、点赞等互动的行为,进一步提升视频的影响力和传播力	
实践评价	学生自评、互评与教师评价相结合,根据短视频完整度和可操作性进行打分		

>>>>>>>>>> 模块四　短视频运营

【思考题】

打开任意一个新媒体视频分享平台,查看热门榜单,选择一条与旅游相关的热门视频,观看视频内容、评论和弹幕等。利用所学知识,思考以下问题:

1. 这条视频属于什么类别和风格?
2. 拍摄过程中使用了什么样的设备?
3. 该视频使用了什么样的剪辑手法?
4. 它为什么能成为热门视频?

任务四　短视频推广运营

【引导案例】

短视频:万亿旅游市场的"种草机"

重庆轻轨 2 号线李子坝站铁路轨道下方,两三百人做着一样的动作——仰起头,举起手机,等着拍下轻轨穿楼而过的几秒。自 2018 年在抖音走红后,李子坝站就成了重庆网红旅游景点。有数据显示,每天约有 1 万人来此打卡,重庆市政府甚至专门在轻轨站外建了一个观景台。

短视频旅游风口涌现后,马蜂窝、穷游、携程、飞猪等在线旅行社(OTA)也开始加强对短视频内容扶持,增加或重视短视频内容分享。"用户需求发生了转变,越来越多的人开始用视频来记录旅行,这也是我们马蜂窝求变的原因。"马蜂窝短视频负责人赵倩如此说。而马蜂窝求变的正是对短视频内容投入的加重。

从 2023 年下半年开始,旅行达人们突然多了一门功课——他们不得不重新学习如何用短视频来讲旅行故事。于是,达人们把内容分享平台扩展到了抖音、小红书、微博等。尽管商业上很难像 OTA 平台一样直接转化,但他们一样承担"种草"功能,拥有巨大的流量。对任何 KOL 来说,流量都是商业转化中最好的武器与最强的底气。而当抖音、小红书用短视频加入原本属于 OTA 平台的战争后,旅游市场会有什么新的故事?

【知识准备】

一、短视频发布

很多人认为,剪辑好视频,做好的封面和文案,链接至相应话题,就可以坐等视频播放量暴增,但其实要想让视频成为爆款,在视频发布流程里也是有很多细微的讲究,主要分为以

139

资料：部分平台短视频发布渠道与算法机制

下几个方面。

1. 选择发布平台

选择发布短视频的平台，确保选择最适合自己的平台。目前，流行的平台包括抖音、快手、微信视频号等。在选择平台时，需要考虑目标受众，并确保自己的视频内容符合所选定平台的要求和规则。

2. 选择发布媒介

常见的发布媒介有手机发布和电脑发布两种。如果是少量的账号内容发布，那么用手机还是电脑对流量没有什么影响，但是如果是大量的矩阵账号内容发布，就需要尽可能地做到"一机一卡一号"，指的是使用一台手机、一张电话卡注册并登录一个短视频平台账号。这个原则强调了短视频平台账号与设备（手机）和电话卡的唯一对应关系，旨在避免账号被系统识别为批量操作或营销行为，从而影响账号的正常使用和流量分配。

3. 设置视频封面

账号封面最好统一，一是因为美观；二是方便用户理解视频内容是什么，吸引用户点开视频，增加用户在主页的停留；三是布局视频平台搜索，因为封面上的标题可以被系统抓取，让系统知道视频内容，从而推送给目标用户。短视频封面要能展示短视频中的亮点和精华，帮助用户直接了解短视频的内容。创作者在设置短视频封面时，要建立属于自己的风格，或者专门为短视频设计一个封面，打上个人标签，形成个人特色。此外，创作者还可以设置一个固定的模板，突出核心词，在字体的颜色、大小、表情上下功夫，让每个账号或每个系列视频的封面都形成统一的风格。

4. 选择话题

话题的选择关系着内容能不能被相关领域的目标用户看见，这可以说是至关重要。例如抖音的每一个话题都代表一个群体流量池，作品发布中添加话题是为了让系统识别视频内容，然后推荐合适的话题流量池。但这并不意味着，添加的话题越多获得的系统流量就越大。因为抖音的流量分布是合集分配，作品添加十个话题，系统会把作品分配到这十个话题都感兴趣的群体。因此，添加话题不必太注重数量，选择3~4个话题进行添加即可。大众性行业可以从行业词、垂直词、品牌词三个方向下手，小众性行业用户人群少，可以选择直接堆砌垂直的行业词。

5. 账号互动

视频在发布过程中可以选择@自己账号的小号，形成账号矩阵布局，为小号做引流。也可以选择@官方账号，让官方知道我们的作品在参与活动，从而获得额外的流量支持。

6. 多渠道引流

短视频可以通过公共平台引流推广，包括微博、今日头条等，这些平台拥有巨大的开放式流量，为自己的私域流量池引流。同时也可以通过自己拥有的、可重复的视频账号或其他社交账号引流。账号引流方式主要有简介引流、添加@好友、站内分享、私信引流、粉丝群引流、矩阵引流等。社交平台引流，如在微信可以通过朋友圈、微信群、公众号引流。

7. 定期发布

定期发布的视频可以增加观众关注度和忠诚度，并使短视频更易于被推荐和分享。建议为观众提供一些有趣、有价值的内容,这样用户就会更愿意分享视频和关注账户。

二、短视频付费推广

1. 使用"上热门"工具

"上热门"是抖音、快手等平台推出的短视频"加热"工具。抖音的"上热门"工具为DOU+,快手的"上热门"工具为"快手粉条"。短视频创作者购买并使用"上热门"工具后可以将短视频推荐给更多对该类内容感兴趣的用户,提升其视频的播放量和互动量。

要达到预期的效果,短视频创作者要确保短视频的质量(内容原创、合规合法、创意新颖),同时要选择合适的投放时间,一般在短视频发布初期,当完播率、点赞量、评论量、转发量等数据在短时间内提高得很快时,短视频创作者就应及时使用"上热门"工具,助推其成为爆款短视频。

短视频创作者在使用"上热门"工具时要遵循"小额多次"的原则,随时查看短视频的数据表现,根据短视频的数据变化及时调整和优化投放方案,以强化引流效果,降低试错成本。

2. KOL 推广

KOL 自带光环效应,人们通常认为他们的推荐更权威、更专业,所以也就更愿意点赞和转发其发布的短视频。在做短视频引流推广时,要找的 KOL 是那些可以发挥其社交媒体影响力的独特优势且具有较强的用户黏性和号召力的账号。借助 KOL 推广短视频的方法如下。

(1) 通过公众人物付费推广。公众人物的社会影响力较大,他们的一举一动都会引来人们的围观,所以借助其推广短视频是一个不错的方法。但需要注意的是,所找的公众人物在气质上要与自己的短视频主题或内容具有相似性。另外,不要与有污点的公众人物合作。

(2) 通过行业权威人士或达人推广。如果短视频创作者自身资金实力有限,也可以寻找行业的权威人士或达人来帮忙推广,如企业家、自媒体达人、行业达人、资深记者、大型微信群或 QQ 群的群主等。他们虽然不像公众人物那样拥有巨大的流量和众多的关注者,但在其自身的"圈子"里也很有影响力。

3. 话题挑战赛

话题挑战赛是当前全民互动时代的一种典型的营销模式。话题挑战赛不仅能使短视频获得大量的曝光,还能让用户参与短视频互动,从而提升用户的活跃度,增强用户黏性。品牌方依托于话题挑战赛的形式,利用话题内容裂变模式、配合短视频平台提供的商业流量和创作资源,以用户喜欢的方式来实现营销目的。

话题挑战赛的发起通常是找第三方,话题涉及投放方案规则、短视频制作、落地页制作、目标群体分析等,把品牌最具优势的亮点在短短一分钟的短视频中展现,同时引导用户进行转化。投放以后,用户在刷短视频时,话题挑战赛短视频会自然穿插在信息流之中。

品牌方还可以利用达人本身具有的流量优势,让达人跟拍话题,一般需要品牌方给出拍摄短视频的模板方案,达人负责配合,在发布短视频时带上指定话题,进行模仿跟拍即可。随着话题热度的提升,发起话题的原视频也会吸引很多用户的关注。发起话题挑战赛需要支付的费用较高,所以比较适合有实力的品牌方。

4. SEO 引流

搜索引擎优化（Search Engine Optimization，SEO）是一种利用搜索引擎规则提高网站在有关搜索引擎内自然排名的技术。短视频平台的 SEO 是针对短视频搜索的优化技术，指的是通过提升目标短视频的视频质量和相关性，使目标短视频符合短视频平台搜索的排名规则，从而提高目标短视频在短视频平台的搜索排名的技术优化行为。企业或品牌方可以利用 SEO 优化来进行引流。

短视频 SEO 优化的关键在于短视频关键词的选择，短视频创作者要根据内容确定合适的关键词，所选择的关键词必须与短视频账号及短视频内容高度相关。短视频创作者还要时时关注社会新闻和网络热点，抢占有利时机预测出关键词，并将其运用到短视频中。

三、短视频用户运营

要想把短视频打造成爆款，除了要做好短视频内容以外，还需要用户的关注和支持。一般来说，观看的用户越多，获得的支持也就越大，被转发、分享的概率也就越高。因此，短视频创作者要做好用户运营，与用户建立紧密的联系，并尽可能地在多平台上吸引更多的用户。

（一）保持更新频率

短视频创作者要规划好短视频的更新频率，相对稳定的更新频率有助于短视频账号权重的提升。让用户养成稳定的观看习惯，这样短视频创作者可以与用户保持稳定的交流频率。

1. 每天在固定时间更新作品

如果时间、精力和创作能力允许，短视频创作者一般要保持"日更"，即每天在固定时间更新作品。

2. 间隔固定时间更新作品

如果短视频创作者无法保证每天更新短视频，可以每隔一天或每隔两三天更新一次，间隔的时间要有规律，让用户产生期待感。由于更新频率降低，短视频创作者要提升短视频的内容质量，把作品打磨到最优。

（二）与用户积极互动

内容是提高用户关注度的基础条件，但并非是增强用户黏性的唯一要素。当短视频账号依靠优秀的内容吸引到用户以后，短视频创作者要与用户进行实时互动，使其感受到自己的诚意，对该短视频账号产生信赖，从而增强用户黏性。

要想增强短视频的互动性，短视频创作者可以采用以下方法来操作。

1. 引导用户参与互动

短视频创作者要在短视频中对用户进行引导，吸引其更积极地参与互动。引导用户参与互动主要有以下三种方法。

（1）穿插引导。在短视频中适当地加入一句互动性的话语，以刺激用户的互动欲望。例如，若要发布一条关于怀旧音乐的短视频，可以在短视频末尾加入这样一句话："90 年代华语乐坛的 30 首经典歌曲，你都能通关吗？"

(2) 征集创意。短视频创作者可以在短视频中向用户征集某个主题的创意拍摄方法,这样做可以激发用户的参与感和互动的积极性。

(3) 设置穿帮镜头。影视剧的穿帮镜头属于行业内的低级错误,但短视频与之不同,在短视频中适当地设置一些穿帮镜头反而可能会成为亮点,因为穿帮镜头为用户设置了"吐槽点",从而引发用户热烈讨论。

2. 评论互动

每当短视频获得用户的评论时,短视频创作者要做好互动,及时回复,给用户留下良好的印象,进而推动用户对短视频进行转发支持,以吸引更多的用户。评论互动的方法如下。

(1) 第一时间回复评论。短视频创作者要尽可能地在第一时间回复用户的评论,回复得越快,就代表其对用户的重视程度越高,用户对短视频创作者的好感度也就越高。

(2) 顺应用户期望。有时用户的评论可能比较尖锐,短视频创作者切不可与之争辩甚至谩骂,而应当顺应他们的期望,让他们看到自己按照其期望不断改进的决心。这样做可以让用户产生更加强烈的期待感,他们会更愿意参与互动。

(3) 借助评论引发互动。短视频创作者一旦发现高质量、幽默、有代表性的评论,可以将其作为精选评论置顶,从而引导更大范围的互动。

(4) 跟进评论。对一些互动频率和质量比较高的用户,短视频创作者可以将其作为重点培养的用户,更多地关注他们,进行跟进评论,甚至私信沟通。

(三) 发起活动

吸引用户以后,短视频创作者不能让用户只扮演"看客"的角色,而要积极地发起活动,与用户互动,激发用户的参与热情,进而提高他们的活跃度。短视频创作者可以发起挑战类活动或者创意征集类活动。

(四) 增强用户黏性

短视频用户运营是短视频行业中非常重要的一个环节。短视频用户运营的主要目标是提高用户活跃度和留存率,降低用户流失率,从而增强用户黏性。前面讲到的保持更新频率、与用户积极互动和发起活动等,都可以起到增强用户黏性的作用。

除此之外,要想实现增强用户黏性的目的,还可以借助以下方法。

1. 保证短视频内容质量

短视频作品的质量是短视频运营的核心,短视频创作者要向用户展示自己的专业度。如果内容质量不好,就不会得到用户的关注、回复和私信,短视频的"涨粉"效果、引流效果和变现效果就会非常差。

2. 营造归属感

短视频创作者可以有意识地在内容中添加一些可以提升用户归属感的元素。所谓归属感,指的是个体与所属群体之间的一种内在联系,是某一个体对特殊群体及其从属关系的划定、认同和维系。在短视频运营中,短视频创作者要强化与用户之间的情感链接,让用户找到"家"的感觉,在情感上产生强烈的归属感。如营造情怀,情怀的表现主要有将个人偶像化、怀旧、再现青春的美好等;表现人文关怀,如制作与用户生活贴近的短视频主题,帮助用户解决其内心的困惑等。

3. 建立社群

短视频创作者可以通过建立社群将吸引和维持用户,通过后续的各种活动来获取用心的反馈,增加用户的参与度,增强用户黏性。短视频创作者可以建立微信群或者依托特定短视频平台建立粉丝群,社群要建立仪式感、参与感和归属感。短视频创作者要明确自己建立社群的初心是什么,社群会给自己和用户带来什么价值,以此来明确社群定位。同时短视频创作者要定时分享有价值的资讯,让群成员可以看到自己感兴趣的内容,慢慢养成来群内浏览信息的习惯。

资料:短视频变现

知识拓展

旅游景区抖音运营思路

如今的景区都有官方抖音账号,各种运营的风格可谓是五花八门。当前5A级景区的官方抖音号有这几种运营思路。

1. 一镜到底——最适合大众的玩法

最简单的拍摄方式往往能够呈现出最佳的传播效果。抖音的用户绝大部分是无视频剪辑经验的普通人,随手一拍就能上热门符合抖音的运营逻辑。用相对业余的手机作拍摄设备,大道至简,效率最高。

(1) 画面拍摄。尽可能地寻找能够产生美感的构图,不拘泥于常规的拍摄角度,可以大胆地以第一视角拍摄,使手机像作者的眼睛一样——下台阶就低头拍脚,停下来就缓慢抬头、环顾四周,表达过山车的惊险刺激就可以用设备将手机固定到身上。

(2) 背景音乐。一是优先选择热门音乐,依托抖音的算法,使用次数更多的音乐更容易获得更高的流量推荐;二是选择与画面表达内容相匹配的音乐,不局限于歌词内容,使用该音乐上热门的概率更大;三是尽可能找到景区的专属音乐。专属音乐即让人听到这个音乐就能联想到景区,相当于在抖音平台拥有了自己的符号,如"远赴人间惊鸿宴,一睹人间盛世颜"几乎能与老君山画等号。

2. 简单剪辑——半专业入门

抖音上的短视频作品多在15秒以内,有时候由于拍摄场景的限制,不能够一镜到底,或者说一镜到底不能够表达出自己想要表达的内容,需要两个或者更多的镜头,此时就需要进行简单的剪辑。剪辑不是为了炫技,而是为了以分镜头表达内容。

3. 内容营销——匹配游记攻略

与景区营销完美匹配的是游记攻略。游记攻略在抖音平台的表现方式就是将游玩过程中的每个节点分别用镜头记录,搭配语音讲解。这个风格对拍摄画面的美感要求较低,对整体的节奏感要求略高。单条视频不再算是短视频,会有3~5分钟,算得上长视频了。

4. 文字传情——适合美感不突出的景区

对于画面不够唯美的景区,想要获得更多的流量,就需要在音乐和文案上下手了。那些能够引起共鸣的背景音乐和文案,能巧妙地利用规则,给景区带来关注度。

5. 新闻媒体——社会新闻是流量王者

从传播学的角度看抖音,五花八门的社会新闻容易获得更高的关注度。对于景区的部分新闻或者营销活动,只要有新闻价值,都可以通过新闻的方式去发布,系统会将发布的内容按照新闻的标准释放流量,特点是视频中会出现黄底黑字、红底黑字的标题。

6. 景区代言——景区品牌和个人品牌深度融合

这是一种锦上添花的宣传效果,可以多才多艺、亲和力强、长相比较有特点的员工,让他们为景区代言。比较有代表性的比如杭州宋城的明星员工"宋城小白",宋城专门给她注册了各种商标,还有专属手办;比如山西王莽岭的圆圆,极具亲和力的笑容、极富文化内涵的解说,给景区品牌增加了人气;比如河南宝泉的ACE女团,青春洋溢的舞蹈视频给景区品牌增加了年轻的活力。

【实践演练】

资料:短视频数据分析

任务单:旅游短视频编辑发布

实践主题	旅游短视频编辑发布		
实践目标	能够按照传播需求以及不同平台的特点对短视频进行编辑发布		
实践方案	活动时间	约一周	活动平台	抖音、快手、视频号
	活动要求	1. 将剪辑好的短视频上传至抖音或其他平台,并根据规则拟定合适的标题 2. 在抖音或其他平台根据规则选取、设置视频封面或上传单独设计的视频封面 3. 根据规则完成视频内容介绍文案,包括关键词、引导、互动等,最后适时发布短视频		
实践评价	根据短视频平台数据指标,阅读量、点赞数、收藏数等,完成对本次活动的自评、互评、教师评价。		

【思考题】

1. 如何通过短视频建立和维护忠实粉丝群体,以便实现长期的粉丝经济?
2. 在旅游短视频的引流与变现过程中,哪些数据指标是关键,如何利用这些数据进行内容优化?
3. 在旅游短视频中,如何有效地整合电商平台,将观众的观看行为转化为购买行为?

模块小结

本模块主要围绕短视频运营进行深入探讨,旨在提升学习者在旅游短视频领域的行业认知、审美能力、人文素养及社会责任感。通过学习,学习者能够熟悉短视频平台及其工具,掌握短视频内容策划和制作方法,并理解平台推广与变现的基本逻辑。

模块首先介绍了短视频的概念、特征和产业链,强调了短视频在旅游行业中的重要性和多方面功能。接着,通过分析抖音、快手等主流短视频平台,帮助学习者了解不同平台的特点和用户特征,为后续的内容创作和运营提供指导。

模块还详细阐述了短视频运营的流程和人员配置,包括前期准备、内容策划、拍摄剪辑、编辑发布及变现与粉丝转化等环节。同时,强调了团队组建和分工的重要性,以及规避风险的策略。

在实践演练部分,模块通过任务单的形式,引导学习者成立短视频运营团队,进行岗位设置和分工,以及与组织的合作洽谈。此外,还提供了短视频账号定位、内容打造、拍摄剪辑和推广营销的具体指导和实操建议,帮助学习者将理论知识应用于实践中,提升短视频运营的实际操作能力。

通过本模块的学习,学习者将能够更加系统和专业地进行旅游短视频的创作和运营,为旅游行业的发展贡献力量。

模块练习

一、判断题

1. 短视频的内容策划应考虑平台算法和用户偏好。(　　)
2. 旅游短视频的拍摄和剪辑不需要专业的技术和设备。(　　)
3. 短视频平台上的用户互动对视频的传播效果没有影响。(　　)
4. 短视频账号的定位与内容风格应保持一致性。(　　)
5. 数据分析对于短视频运营来说是可有可无的环节。(　　)

二、单选题

1. 短视频的特征不包括以下哪一项?(　　)
   A. 短小精悍　　　　B. 门槛较低　　　　C. 开门见山　　　　D. 长视频内容
2. 在短视频产业链中,UGC代表的是什么?(　　)
   A. 用户生成内容　　　　　　　　B. 专业生成内容
   C. 商业生成内容　　　　　　　　D. 广告生成内容
3. 短视频平台的算法推荐机制主要根据什么来精准推荐内容?(　　)
   A. 用户的观看习惯和互动行为　　B. 视频的时长

C. 视频的点赞数 　　　　　　　　D. 视频的发布时间

4. 下列哪个不是短视频内容生产端的类型？（　　）

A. UGC　　　B. PGC　　　C. PUGC　　　D. MCN

5. 短视频团队中负责视频的拍摄工作的角色是什么？（　　）

A. 编导　　　B. 摄影师　　　C. 剪辑师　　　D. 运营人员

6. 短视频内容分发端主要包括哪些类型？（　　）

A. 内嵌短视频的综合平台　　　　B. 垂直短视频平台

C. 传统视频平台　　　　　　　　D. 所有以上

7. 抖音短视频平台的主要用户特征是什么？（　　）

A. 年龄主要集中在 15 至 35 岁之间　　B. 喜欢追求潮流和个性化内容

C. 主要分布在一二线城市　　　　D. 以上所有

8. 短视频运营流程中，负责视频发布、推广、数据分析和用户互动管理的角色是什么？（　　）

A. 编导　　　B. 摄影师　　　C. 运营人员　　　D. 内容策划

9. 短视频账号的哪种命名方式更容易被记住？（　　）

A. 使用抽象概念　　　　　　　　B. 使用数字命名

C. 使用谐音命名　　　　　　　　D. 使用复杂词汇

10. 短视频内容打造时，应首先考虑的是什么？（　　）

A. 创意　　　B. 用户需求　　　C. 技术难度　　　D. 制作成本

三、多选题

1. 短视频运营流程包括哪些环节？（　　）

A. 前期准备　　　B. 内容策划　　　C. 拍摄剪辑

D. 变现与粉丝转化　　　E. 数据分析

2. 短视频平台的主流类型有哪些？（　　）

A. 抖音　　　B. 快手　　　C. 微信视频号

D. 爱奇艺　　　E. 腾讯视频

3. 短视频内容生产的类型包括哪些？（　　）

A. UGC　　　B. PGC　　　C. PUGC

D. MCN　　　E. TVC

4. 短视频团队的关键角色包括哪些？（　　）

A. 编导　　　B. 摄影师　　　C. 剪辑师

D. 运营人员　　　E. 市场分析师

5. 短视频推广营销的方法包括哪些？（　　）

A. 使用"上热门"工具　　　B. KOL 推广　　　C. 话题挑战赛

D. SEO 引流　　　E. 用户付费变现

四、论述题

1. 论述短视频在旅游行业中的作用及其对旅游营销策略的影响。

2. 探讨短视频平台内容变现的途径及其挑战。

模块五　网络直播运营

◆【学习目标】

◆ 素养目标
1. 提高沟通能力和团队协作能力。
2. 遵守互联网营销师职业规范,爱岗敬业。
3. 树立正确的网络价值观,共建文明健康的网络环境。
4. 热爱祖国,借助新媒体积极宣传国货品牌和祖国的大好河山。

◆ 知识目标
1. 熟悉直播团队人员配置及岗位职责。
2. 掌握主播人设的设定及目标客户群体定位的方法。
3. 掌握直播账号准备的方法。
4. 掌握直播脚本撰写的方法和讲解互动技巧。
5. 掌握直播复盘的方法。

◆ 能力目标
1. 能完成直播团队组建并合理分工。
2. 能完成主播人设设定和直播账号准备。
3. 能完成直播脚本撰写。
4. 能完成直播产品讲解并和观众互动。
5. 能完成直播后的复盘工作。

◆【重难点】

◆ **重点**:直播脚本撰写与产品讲解。
◆ **难点**:直播数据采集与分析。

◆【模块引导】

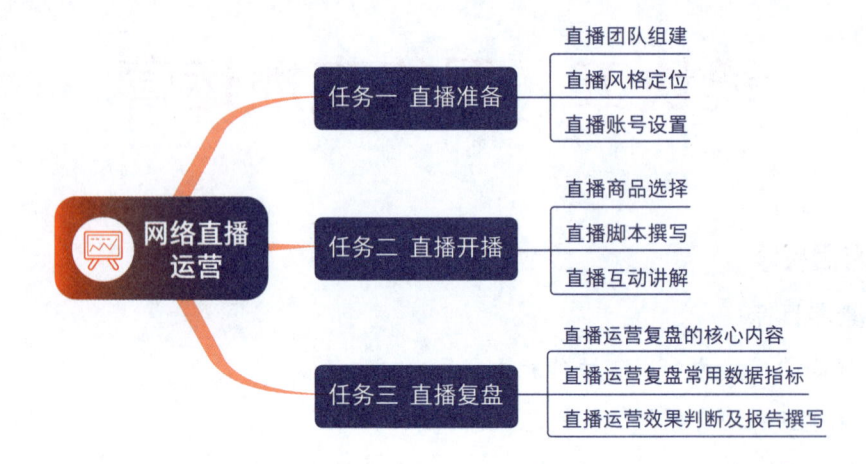

```
                              ┌── 直播团队组建
                 ┌─ 任务一 直播准备 ─┼── 直播风格定位
                 │                └── 直播账号设置
                 │
                 │                ┌── 直播商品选择
  网络直播运营 ──┼─ 任务二 直播开播 ─┼── 直播脚本撰写
                 │                └── 直播互动讲解
                 │
                 │                ┌── 直播运营复盘的核心内容
                 └─ 任务三 直播复盘 ─┼── 直播运营复盘常用数据指标
                                  └── 直播运营效果判断及报告撰写
```

任务一　直　播　准　备

【引导案例】

直播间是文旅新秀场

近年来,文旅结合直播的形式,变得越发火热。文旅直播可以满足人们足不出户看遍天下的小小愿望,又能转化成吸引人旅游消费的有力武器。

中国传媒大学中国网络视频研究中心发布的《跨媒介旅行:直播+文旅发展研究报告》中指出,直播具有生产个体化、传播过程化、营销短链化、应用界面化的突出特性和优势。尤其是直播平台的本地生活服务功能发挥了资源的桥接作用,实现了平台、景区运营者、餐饮、休闲娱乐服务商、酒店的高效连接,形成直接高效的价值共创链条,正在重构旅游生产与消费形态。

毋庸置疑,走进直播间的文旅产业焕发出了勃勃生机,也成功拉近与消费者之间的距离。而这,也让其中蕴含的商机,得到不少商业巨头的开垦和挖掘。

据不完全统计,抖音全资持股,成立了一家旅行社;而新东方则依托东方甄选强大的流量,高调进军文旅业,豪掷 10 个亿成立新东方文旅公司,并由俞敏洪亲自"挂帅";而在更早前,小红书已然布局成立文旅公司。而实际上,无论是抖音还是快手,都早已入局"旅游+直播",为布局线下打下基础。

抖音做旅游生意的最大"杀手锏"是其手握 7 亿日活流量。据官方数据,2022 年抖音平台合作酒旅商家增长 5.5 倍、酒旅订单用户增长 9 倍。此外,据《2023 抖音旅游行业白皮书》显示,截至 2023 年 3 月底,抖音上景点、酒店住宿、航空公司、OTA(在线旅游)、旅行社等各类旅游企业账号数量的平均增速超过了 20%,其中酒店住宿、商旅票务的账号数量的增速高达 61.5%、46.0%。

而新东方的优势便是前期的文旅基因,以及东方甄选这个强大的流量池。前者是早在十几年前,新东方旗下的游学品牌"新东方国际游学"为其沉淀丰富的境外资源,覆盖北美、欧洲、大洋洲、亚洲等 18 个国家和地区和近百条主题线路。与此同时,强大的文史领域教师资源也是高价值文旅传播者的宝贵财富;后者则是在流量的加持下,通过"东方甄选看世界"直播间开始对文旅产品进行带货推介,已经推出陕西、甘肃、河北等地,不仅为消费者提供了丰富多彩的旅游攻略,对于各地的特色产品和美食,也给予了优质传播。

当然,小红书在年轻社交群体中的种草属性、快手跟抖音抗衡的日活情况等,也都是各自平台得天独厚的优势。这些优势背后,形成群雄割据的热闹场景,不仅推动着文旅行业的快速发展,也让"文旅+直播"的形式,得到高质迭代,进而推动行业进入新纪元。

【知识准备】

一、直播团队组建

一场高质量的直播不是靠主播一人完成的。无论是个人还是商家，要想真正做好直播带货，组建直播团队是非常必要的。根据直播工作岗位设置、工作内容、工作流程等要素，个人或商家可以组建不同层级的直播运营团队。

1. 精简版团队

精简版团队构成如图 5-1 所示。

（1）主播。熟悉商品脚本、熟悉活动脚本、运用话术、控制直播节奏、做好复盘等。

（2）运营。直播产品运营、直播活动策划、直播内容策划等。

2. 标准版团队

标准版团队构成如图 5-2 所示。

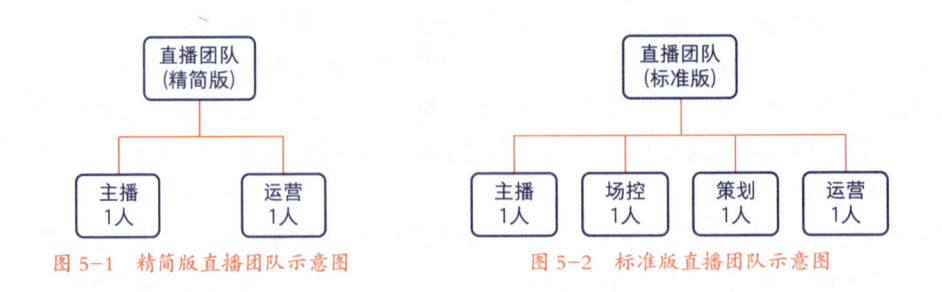

图 5-1　精简版直播团队示意图　　　图 5-2　标准版直播团队示意图

（1）主播。熟悉商品脚本、熟悉活动脚本、运用话术、控制直播节奏、做好复盘等。

（2）场控。直播设备调试、直播软件调试、保障直播视觉效果、发券表演等配合、后台回复等配合、数据即时登记反馈。

（3）策划。直播活动策划（商品权益活动、直播间权重活动、粉丝分层活动、排位赛机制活动、流量资源策划），直播内容策划（商品脚本、活动脚本、销售话术脚本、关注话术脚本、控评话术脚本、封面场景策划、下单设计角标等、妆容服饰道具等）。

（4）运营。营销任务分解、货品组成、品类规划、结构规划、陈列规划、直播间数据运营。

3. 豪华版团队

豪华版团队构成如图 5-3 所示。

（1）主播。开播前熟悉直播流程、商品信息及直播脚本内容，介绍、展示商品，与用户互动，活跃直播间气氛，介绍直播间福利，直播结束后做好复盘等。

（2）副播。协助主播介绍商品，介绍直播间福利，担任临时主播等。

（3）助理。准备直播商品、使用道具等，协助配合主播工作，做主播的模特、互动对象，完成画外音互动等。

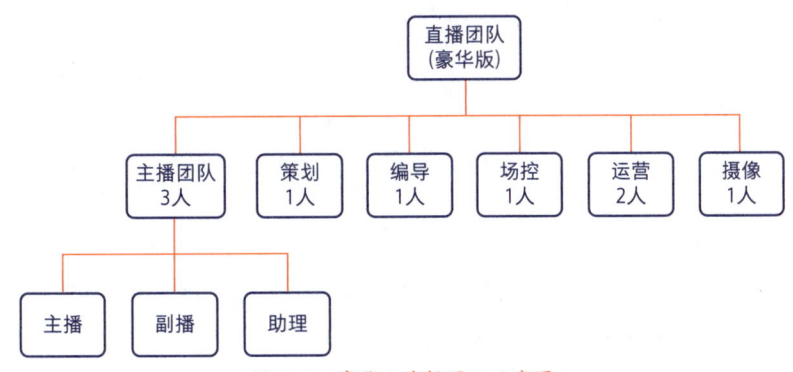

图 5-3　豪华版直播团队示意图

（4）策划。规划直播内容、确定直播主题、准备直播商品，做好直播前的预热宣传，规划好开播时间段，做好直播间外部导流和内部用户留存等。

（5）编导。编写商品脚本、活动脚本、销售话术脚本、关注话术脚本、控评话术脚本，做好封面场景策划、下单角标设计、妆容和服饰、道具等。

（6）场控。做好直播设备如摄像头、灯光等相关软硬件的调试；负责直播中控台的后台操作，包括直播推送、商品上架、检测直播实时数据等；接收并传达指令等。

（7）运营。营销任务分解、货品组成、品类规划、结构规划、陈列规划、直播间数据运营、活动宣传推广、粉丝管理等。

（8）摄像。负责视频拍摄、剪辑（直播花絮、主播短视频及商品的相关信息），辅助直播工作。

二、直播风格定位

（一）内容领域定位

账号运营要清晰内容领域定位，平台禁止的领域不能触碰，比如金融产品、医疗、保健品等。可以选择的领域涉及面也非常广泛，比如：美食、美妆、搞笑、娱乐、宠物、艺术、运动、健康、情感、舞蹈、旅游、服饰、母婴、房产、汽车、科技、教育、家电家装等。

1. 自身分析

直播团队在确定直播领域时，要综合考虑自身的优势条件、可利用的资源及能否持续输出。

我们可以选择自己喜欢的、擅长的、熟悉的领域来做，如果你是一个美食专家，对美食类的内容很熟悉，那么你就可以选择旅游美食领域的内容输出。建议选择一个领域进行垂直深耕。如果你今天做旅游美食，明天做旅游景区，就很容易导致领域定位混乱。

2. 市场分析

在选择内容领域之前，进行市场研究是明智之举。了解该领域的友商粉丝数、市场容量、竞争强度及当前的趋势和热点话题，这有助于你找到一个有发展潜力的领域，同时也可以帮助你确定如何在其中脱颖而出。

（二）主播人设打造

所谓主播人设，就是指主播提前设定并演绎的个人形象，包括姓名、年龄、外貌特征、性格特征、兴趣爱好、自身背书和从业经历等方面的设定。

1. 挖掘闪光点

人设一定要真实，切忌一味追求完美的人设而脱离实际。要以主播自身特点为出发点，放大闪光点，展现出真实特征，以吸引和感染用户。在打造主播人设时，选取一两个闪光点即可，这样更有利于用户记忆和识别。

2. 寻找辨识度

当直播市场渐入饱和状态时，差异化就是制胜的法宝。因此，要明确主播的人设定位，找到专属标签，突出与众不同之处，给用户一个独特的、有力的选择主播的理由。

3. 形成风格化的话术

直播过程中，把握合适的语气、语调，清晰、准确地传达产品信息，是主播让用户对产品产生信任的前提。形成颇具个人特色的直播话术有利于为直播营销赢得更多成功的机会。主播可以设计一些口头禅来强化人物个性，如人设定位带有地域色彩，可适当添加方言元素，完善人设形象。

4. 强化信任

要想让更多的用户记住自己，首先要获得用户的信任，引发他们的共鸣。信任来源于专业，之前学过的专业或从事的职业都是很好的背书。共鸣来源于经历、爱好、情感和观点，把这些话题适当地穿插到直播中，更能体现主播的人格魅力，同时也让人设更加立体、饱满。

三、直播账号设置

不同平台有不同的定位和特色，选择发布短视频时，首先需要确保选择了最适合自己的平台。这里以抖音平台为例，介绍软件注册及直播相关操作。

（一）账号准备

下载并安装抖音 App，确保已经注册并登录账号。接下来我们要做的是完善个人资料，包括昵称、头像、个人简介等。抖音昵称、头像、主页头图、个性签名是展示自己个性和特点的重要元素，设计得好可以吸引更多的关注和粉丝。

1. 名字和头像

名字和头像是用户能看到的最直接的展示，名字应该简洁明了，易于记忆和搜索，最好与自己的账号定位相关；头像选择高清、有特点的照片或者品牌标识。

2. 主页背景图

背景图片需要和头像的颜色相呼应，整体要统一风格。背景图要美观有辨识度，要传达专业度。

背景图会被自动压缩，只有下拉时才能看到下面的部分内容，所以，最好把想要表达的信息留在背景图中央的位置，尺寸如下——固定的尺寸：1 125 像素×633 像素、上半部尺寸：1 125 像素×395 像素、中间部分尺寸：633 像素×633 像素。

3. 账号简介

抖音简介尽量用一句话准确概括账号定位，为观众提供确切的价值。可以加上视频更新时间或者直播时间。

需要注意的是,简介内不要放联系方式等敏感词汇,抖音对引流到其他平台的行为管理十分严格。

(二)橱窗和认证

1. 商品橱窗开通

抖音申请开通橱窗的条件是:粉丝量≥1 000名,发布视频≥10个,实名认证。

常规申请流程:个人主页,右上角"☰"→"创作者服务中心"→"商品橱窗"。

新注册的抖音号还可以通过注册一个抖音小店零粉丝开通商品橱窗(图5-4)。

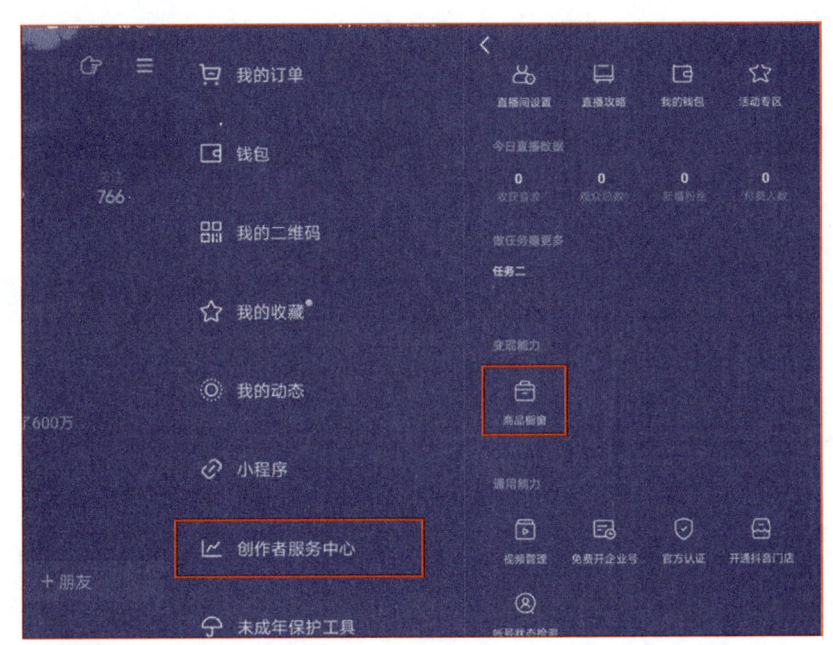

图 5-4 抖音商品橱窗

2. 抖音小店入驻

入驻资质准备见图5-5。

抖音小店入驻类型见图5-6。

个人身份入驻不需要营业执照,凭借个人身份证就可以开店。但是个人身份店铺在上架商品时售卖类目会受到限制。

开通了抖音小店后,主账号就自动获得了橱窗带货权限。一个抖音小店可以授权管理5个抖音账号,只要在抖音账号管理中,新增绑定账号即可(图5-7)。哪怕是零粉丝的账号,只要完成授权绑定,也就有了橱窗功能。

必备资质
● 三证合一的营业执照
● 法人/经营者的身份证件
● 银行账户信息
● 店铺logo

可选资质
➢ 品牌资质
➢ 行业资质

图 5-5 入驻抖音小店所需资质

3. 蓝V认证

蓝V认证是针对企业的,需要用营业执照去认证,用蓝V发布营销性质的内容会更容易过审,并且平台对于蓝V账号的包容度会更强。对于买家来说,进行了蓝V认证,昵称下方显示了公司的全名,可以增加买家的信任度。蓝V适合线下门店、工厂或以公司的形式展现的账号,而普通账号适合平台达人。

图5-6 抖音小店入驻主体类型

图5-7 抖音渠道账号管理

认证步骤:

登录要认证的抖音号,在抖音后台进入个人中心→创作者服务中心→通用能力模块→官方认证(图5-8、图5-9)。

图 5-8　抖音官方认证界面　　　　　图 5-9　抖音企业认证界面

进行企业认证的注意事项：开始认证——填写信息、上传相关资质。

注意：

（1）同一企业主体注册抖音号数量上限为两个。

（2）电脑端申请入口 http://renzheng.douyin.com（不建议电脑端入口，操作步骤多，可直接用 App 申请）。

（3）目前认证费用为 600 元（有活动的时候免费），有效期是一年。

（三）软件操作

1. 操作步骤

（1）手机端。

① 进入抖音首页，点击右下角的"+"按钮；

② 从底部菜单中选择"直播"选项；

③ 如果需要，可以设置直播标题和封面图；

④ 点击右上角的"设置"按钮，进入直播设置页面，选择直播类型、开启连麦功能等；

⑤ 根据需要设置直播参数，如直播时长、是否允许评论等，并点击"确定"按钮保存设置；

⑥ 最后，点击屏幕下方的"开始直播"按钮，系统将进行直播准备。

（2）电脑端。

① 打开抖音直播伴侣，点击"+"号，选择直播素材来源，选择"摄像头"；

② 先用开播抖音号，扫码登录；

③ 然后调整画面，一般选择竖屏，点击左上角"横屏""竖屏"选项；

④ 点击画面中间，添加"+"或者左边"添加素材"，选择内容，根据自己的情况进行选择；

⑤ 把画面调整可以了，就点击右下角"开始直播"；如果是使用电脑开播，抖音号至少需要有 1 000 粉丝。

157

2. 直播标题

直播标题会出现在直播推荐画面的左下角,好的标题会提高点击率、提高进入直播间人数。

直播标题分为:内容型(海岛度假产品上线、露营必备好物推荐)、营销型(9.9元秒杀中、五星级酒店自助餐券抽奖中)、诱导型(3 000人正在观看中、你的好友正在参与)。

3. 直播封面

直播封面展现在直播广场、同城分享页,好的封面可以提高曝光和点击率,增加观众进入直播间的概率。

封面的图片选择:一般要和直播间内容相关联、匹配度高,否则会误导用户进入,影响直播数据。

封面图片不能违规:不能穿着暴露,不能使用虚假宣传的文字。

4. 直播话题

直播话题也是直播间的一个分类标签,话题标签设置得好,就能更精准地推送到目标人群。

一般直播话题的结构内容:类目词+活动、修饰词+类目词,例如亲子酒店五折促销、轻奢酒店等。

知识拓展

互联网营销师,是指在数字化信息平台上,运用网络的交互性与传播的公信力,对企业产品进行多平台营销推广的人员。大家在网络直播间中见到的"主播"其实就是互联网营销师。那么互联网营销师就是负责直播带货吗?其实不然,互联网营销师的工作内容涉及很多方面,包括视频创推员、直播销售员、选品员、平台管理员四大工种。

早在2020年,人力资源和社会保障部就已经联合国家市场监管总局、国家统计局发布了九个新职业,其中包括互联网营销师。近年来,直播电商迎来井喷式发展,相关的专业技术培训正式开始。目前这一职业颇具发展前景。

随着互联网营销行业的发展,诸多问题也逐渐凸显,行业准入门槛较低,行为规范管理较弱,大量从业者缺乏规范培训和法律意识,直播间"翻车"事件频出。2021年10月,人力资源和社会保障部、中央网络安全和信息化委员会办公室、国家广播电视总局共同制定了互联网营销师国家职业技能标准。只有当行业全面趋于规范管理,其前景才会越来越好。

【实践演练】

任务单：组建直播团队

实践主题	组建直播团队，按需设岗，合理分工；设置直播账号，体现风格定位		
内容概述	每5~8人组建一个直播团队，按照需要合理设置岗位，明确分工；按照人设和风格定位，完成直播账号设置，吸引目标客户群体		
实践方案	活动时间	约两周	活动平台	抖音
	任务实施步骤	1. 各小组根据人数，确定直播团队的岗位配置 2. 各小组根据每位成员自身特点，合理分工 3. 各小组设计直播账号信息，展现特色		
	活动要求	在抖音平台注册账号，并完善账号信息		
实践评价	学生自评、互评与教师评价相结合		

【思考题】

1. 在组建团队过程中，请思考哪些岗位是必不可少的？
2. 在一个直播团队中，是主播更重要、还是幕后的团队更重要呢？
3. 账号的主信息页中，哪些细节决定了能否吸引到目标客户群体？

资料：互联网营销师国家职业技能标准（2021年版）

任务二 直播开播

【引导案例】

头部主播带货商品频频翻车

头部主播处于流量金字塔的顶端，推荐商品瞬间清仓是常态。消费者对他们充分信赖，也希望他们能够承担更大的责任。然而，头部主播带货商品翻车的情况却屡见不鲜。

2024年中央广播电视总台3·15晚会点名了安徽阜阳市3家预制菜企业，指出其用未经严格处理的槽头肉（在日常生活中也被称为"淋巴肉"）制作梅菜扣肉预制菜。随后，知名打假人王海发文称，某头部主播的直播间都销售过这款产品。王海表示，近年来他将近百份头部主播的产品送去专业机构检测，没有发现问题的寥寥。他还出示了一份证据材料，表明某头部主播自营品牌在发现售卖的一款产品为假货后，以清库存的名义继续销售。

那么，头部主播带货商品出现问题，主播和MCN机构能否以"供应商的问题"而置身事外？

"供货商对问题商品负有产品质量责任，如果明知商品存在问题仍为了盈利让其在市面流通甚至扩大流通，那更该受到产品质量法的严厉讨伐。主播和选品团队承载着消费者对其选品的信任，在与供货商洽谈，以及商品试用阶段，没能发现问题，其作为经营者，对消费者应该恪守诚实信用原则，受到相关法律的规制。MCN机构也对主播和选品团队具有法律规定的监管责任。"华东政法大学经济法学院副院长任超说。头部主播作为一众主播中的佼佼者，其合作的供应商以及面对的供应链都是较为大型的，他们也有能力选择雇佣更完善的选品和质量审核团队，但仍然出现各种翻车事件，说明头部主播对自身及其团队的约束还远远不够，背后的团队应当承担消费者最为关注的商品选择和质量审核的责任。

【知识准备】

一、直播商品选择

（一）目标用户分析

目标用户分析是直播选品的首要工作，需要分析产品及用户属性，根据分析结果定位目标用户，构建用户画像。

1. 定位目标用户

运营人员要先明确什么样的群体才是目标用户，这个过程即定位目标用户。只有做好目标客户的定位，才能有针对性地选品，让服务目标化。

（1）产品属性。产品的功能、适用人群、属性、针对问题、需要程度等。

（2）用户属性。用户的年龄、性别、职业等特征。

2. 用户画像

（1）用户画像的定义。用户画像是更进一步的用户定位，通过用户画像，运营人员可以更直观地了解到自家用户的特点，能够进行更有针对性的精细化运营。用户画像的核心工作就是给用户打标签，标签通常是人为规定的高度精练的特征标识，如年龄、性别、地域、兴趣等。这些标签集合就能抽象出一个用户的信息全貌。

（2）用户画像的构建流程。

① 客户识别。

客户可以大致分为围观者、行家买手、买家、爱好者、同行卖家。在这几类人群中，识别出真正的买家，如表5-1所示。

表5–1 用户类别与用户特征

用户类别	用户特征
围观者	看热闹,凑人数
行家买手	淘好货
买家	有目的购买
爱好者	感兴趣、喜欢研究、想来学习的
同行卖家	其他品牌的卖家来打探情况

② 用户数据采集。

制作用户画像,首先需要获得尽量详尽的用户数据,这样构建出来的画像才能更加贴近真实用户群体,反映他们实际的喜好和行为。

a. 数据类型。

对直播不同产品的主播来说,不同数据的重要性也有差别,要重点关注对主播自身定位相关性高的数据。

b. 采集渠道。

确定需要采集的内容后,可以通过以下几种途径获得用户数据。

平台数据:企业 CRM 系统;电子商务、直播平台提供的数据统计表或工具(淘宝生意参谋、抖音后台、视频号助手等)。

第三方数据采集工具:百度指数、360 趋势等。

其他:行业数据、网络爬虫抓取数据、问卷调查、社交媒体数据等。

③ 用户数据处理。

a. 数据分类。

我们把用户标签分为以下三类。

第一类是基本属性:这一类标签比较稳定,一旦建立,很长一段时间之内基本不用更新,标签体系也比较固定,例如性别、年龄、职业、学历等。

第二类是兴趣属性:这类标签随时间变化很快,标签有很强的时效性,标签体系也不固定,例如长期兴趣、短期兴趣等。

第三类是地理属性:这一类标签的时效性跨度很大,如 GPS 轨迹标签需要做到实时更新,而常住地标签一般可以几个月不用更新,其挖掘的方法和前面两类也大有不同,例如省份、GPS、商圈等。

b. 客户需求预判。

可以从以下几个方面考虑客户需求。

功效:护肤品功效,比如美白、祛痘、补水等。

真伪:比如认证、鉴定、实验等。

担保:比如由哪个平台提供担保。

价格：比如市场价、优惠价。

包装：是否精美、结实。

包邮：快递速度、取货便利程度等。

④ 画像构建。

常见的客户画像图有人口属性画像、兴趣属性画像、地理属性画像、需求画像等类型。

(3) 用户画像的应用。

① 指导选品。

根据目标用户的性别、喜好、消费能力等信息，考虑直播货品的选择。

② 指导运营。

根据用户的喜好、活跃时间、平台等信息，判断运营内容、渠道。

③ 精准投放。

结合用户的喜好、消费能力、地域、活跃平台等信息，定向投放广告。

(二) 数据化选品

1. 选品方法与原则

(1) 选品原则。

① 避开敏感、危险品。

② 不涉及侵权。

③ 非假冒、盗版商品。

④ 非"三无"产品。

(2) 选品方法。

① 合理的利润空间。

通常情况下，利润为成本的30%~60%。

② 产品处于上升期。

处于产品成长期，销量呈上升趋势。

③ 避开品牌垄断。

销售量排名第一的品牌，产品占据市场份额过高。

2. 成本核算

产品定价不能一概而论，既要对产品进行不同价位的划分，又不能脱离市场。直播成本核算是一项复杂而重要的工作，涉及多个方面的成本，需要综合考虑各种因素。企业在进行直播时，应根据实际情况合理核算成本，确保利润的最大化，为企业的长期发展提供有力的支撑。同时，企业还应密切关注市场需求和竞争环境的变化，及时调整成本核算方案，以适应市场的变化和发展趋势。

(1) 直播人员成本。

直播需要专业的主持人和销售员进行直播，因此需要支付相应的人员成本。这部分成本可以通过直播人员的底薪和提成来进行核算。底薪是固定的，提成可以根据销售额、订单量或者其他指标来确定。

（2）平台费用。

直播需要依托于直播平台进行，对于平台的服务费用需要计算在成本中。平台费用包括平台的入驻费用、直播费用、技术支持费用等。这些费用可根据平台的规定进行核算。

（3）准备物料成本。

直播所需的物料成本包括商品成本、直播设备成本、礼品赠品成本等。商品成本是直播的核心成本，需要包括商品的采购成本、仓储成本及运输成本。直播设备成本包括摄像设备、音响设备等，需要考虑设备的购买成本及维护成本。礼品赠品成本是促销和营销的一种手段，需要根据实际情况进行核算。

（4）推广费用。

直播需要进行推广宣传，以吸引更多的观众和潜在消费者。推广费用包括线下宣传费用、线上广告费用等。这些费用需要根据具体的推广渠道和方式进行核算。

（5）运营费用。

直播需要相关的运营人员进行运营、维护和管理。运营人员的工资、办公费用等需要计算在运营费用中。

（6）售后服务成本。

直播的售后服务是非常重要的，需要计算在成本中。售后服务成本包括客服人员费用、退款成本等，需要考虑客户满意度和售后补偿等因素。

3. 定价策略

定价的目标是促进销售，获取利润。价格是刺激消费的核心因素，所以在价格上做文章，才能刺激用户多下单、多消费。

（1）心理策略。

运用一些心理策略可以吸引用户停留在直播间。

① 尾数定价法。

迎合求廉心理，给消费者造成价格偏低的感觉，尾数一般为 8 或 9。

② 声望定价法。

迎合消费者高价显示心理，顺应消费者愿意花高价购买商品以实现身份、地位、自我价值的目的。

③ 对比定价法。

以孤立效应为基础，在同一商标或竞争产品旁边的特殊产品确定一个适中价格，使其更具吸引力。

④ 错位定价法。

根据实际情况制定一个比较有竞争力的价格，或者取中间值进行定价。

（2）组合定价。

组合定价是指将相互关联、相互补充的产品采取不同定价策略，对一些可以单独购买也可以成套购买的商品，实行成套优惠价。套组的组合客单价相对较高，对比实体店或电商平台同款的价格，组合装虽然多，但是平均下来单价更便宜，用户也会感觉超值，因此多频组合能够有效提高直播间的整体转化率。

① 系列产品组合定价。

对同档次、款式、规格、花色的产品进行组合定价。

② 附加品差别组合定价。

根据客户选择的附加产品属性,制定多种定价方式。

③ 成套产品组合定价。

将多种产品搭配组合成一套的定价方式。

4. 产品线规划

要想提高销量,需要多种产品搭配组合,如何规划产品结构是关键所在。通常可以把直播间的产品结构分成爆款、引流款、利润款、常规款等,不同类型的商品搭配不同的运营思路。

(1) 爆款。现阶段用户最喜欢、性价比最高,能够达到走量效果的商品。

(2) 引流款。通常是低单价、低于市场价的商品,能够达到吸引消费者停留的目的。

(3) 利润款。主要针对追求生活品质的粉丝,他们对价格敏感度低,只要打中他们的需求点,这些人就会下单,这类商品出货量不是很大,但利润可观。

(4) 常规款。常规款商品的价格为市场平均水平,能与爆款商品起到对比作用。

(5) 商品配置比例。通常情况下,配置比例可以按爆款 10%、引流款 40%、利润款 30%、常规款 20%。

实训:旅游直播商品选择

二、直播脚本撰写

(一) 明确直播主题

直播主题就是一场直播的重点,让观众明白能看到什么、获得什么,引起兴趣。常见的直播主题有传统节日、类目主题、品牌专场、公益主题等类型(表 5-2)。

表 5-2　常见的直播主题

直播主题	主题示范
传统节日	三八妇女节、端午节、情人节等
电商活动	618、双十一、母婴节等
类目主题	户外运动服饰、追剧零食种草等
品牌专场	开元森泊专场、方特旅游专场等
公益主题	精准帮扶贵州农户、乡村振兴专场等

（二）设定直播节奏

1. 直播节奏

破冰：打招呼、引导关注。

暖场：话题互动、爆款预告。

引爆：产品讲解、活动促销。

预告：产品预告、直播预告。

2. 直播时间安排

直播时间安排可参照表5-3。

表5-3 直播时间安排（以直播时长60分钟为例）

时间	环节	内容
18:00—18:10	破冰	欢迎观众，引导关注
18:10—18:15	暖场	话题互动
18:15—18:20		本次直播爆款产品预告
18:20—18:25		引流款产品讲解，秒杀活动
18:25—18:45	引爆	（产品讲解+活动促销）循环
18:45—18:50		爆款产品讲解，限时优惠活动
18:50—19:00	预告	下次直播时间、产品预告

（三）制定直播脚本

1. 开场白

直播刚开始，最重要的目标是提升直播间的人气。暖场时间可以控制在5~15分钟，这个阶段主播需要和观众打招呼，引导观众关注、点赞、转发，提高直播间热度；强调直播的主题和目标，让观众知道自己在看什么内容；反复强调整点抽奖，吸引观众蹲守直播间；讨论产品相关话题，引导观众发弹幕讨论；剧透爆款秒杀福利，吸引观众好奇心停留；预告本场直播产品，引导观众浏览产品清单等。

2. 单品脚本

设定单品脚本时需要将产品的卖点和优惠活动标注清楚，这样可以避免主播在介绍产品时手忙脚乱、混淆不清。

（1）产品信息。提炼产品卖点，需要告诉用户产品有什么功能，使用产品将满足用户什么需求，能给用户带来什么实际利益，哪个属性可以帮助他们解决问题。而不是仅仅描述产品特点。可以通过以下公式提炼产品卖点：卖点 = 产品特点 + 带来的体验 + 使用场景。

（2）品牌背书。介绍品牌理念、产地信息等，包括品牌创立和发展过程中有意义的新闻、重大事件、品牌创始人的故事等，重在强调品牌影响力，为直播间销售背书。

（3）服务保障。介绍物流发货速度、产品的退换货条件、到货买家的真实感受、当前已销售数量等，目的是打消观众对售后保障和产品真实性的怀疑态度。

（4）优惠活动。介绍优惠活动信息，重点强调产品的日常售价与直播间价格的对比优势，以及产品在直播期间的特殊促销政策等。

3. 结尾

直播快结束的时候，准备收尾工作，一般15分钟左右。这个阶段可以通过送小礼物回馈已经下单的观众。也可以为下一次直播做简单的预告，告诉观众下次直播的主题及亮点产品。另外，还有一个重要任务就是引导观众关注直播间，强调每天直播时间，引导观众准时进入直播间。最后，再次感谢观众的支持，向观众告别。

三、直播互动讲解

（一）产品讲解

1. 需求引导

联想该产品在生活中有哪些适用的场景，生动地描述出来，与观众产生共鸣。例如"来趟说走就走的旅行""世界这么大，我想去看看""周末跟朋友出去露营野炊"等。

2. 产品简介

由表及里，分步骤描述包装、规格、成分、色彩、触感、口感及使用产品时的感受等，可强调产品品牌或产品产地特色。例如"湖南特产口味虾真空包装，里面有一层食品级塑料板，拆包装时防止汤汁溅出。虾肉Q弹、肉质鲜嫩……"

3. 深挖优势

产品优势逐一罗列。重点突出1~2个最能打动人的产品优势进行深度讲述。例如"好吃不胖，脂肪含量不到0.2%；富含高蛋白，蛋白质占16%~20%，富含镁锌碘硒等人体需要的重要微量元素。"

4. 用户评价

复述其他购买用户对本产品的好评，可以通过打印截图或者电子设备打开截图的方式来展示真实用户评价的，更加真实可信，更有说服力。

5. 对比价格

不断强调折扣力度，让观众感受到直播间的实惠。可以对比店铺的日常价格、对比超市式线下的价格、对比往期最大折扣（如"双11"的力度）。通过打印截图展示、计算器计算价格等方式来直观呈现。

（二）促单话术

在主播讲解完产品后，观众总会有各种顾虑，迟迟不肯下单。这时主播应向观众强调产品的功效及直播间的价格优势；告诉观众产品数量有限，错过就买不到了；用倒计时的方式催促观众下单（表5-4）。根据这三点，可以总结出以下促单话术公式：

促单话术 = 打消顾虑 + 营造稀缺感 + 营造抢购氛围

表 5-4　促单话术的分类

话术	类型
我自己也在买,已经回购好几次了,真的特别好吃!我们团队其他同事也都很喜欢,今天也打算在直播间抢几份。	担保型话术
官方旗舰店是 × 元一份,在我的直播间,买二送一,活动只有这一次,买到就是赚到!	超值型话术
不用想,直接拍,往后只会越来越贵。	"威胁"型话术
今天的优惠数量有限,只有 1 000 个,拍完就没有了,不会再加库存咯。	限量型话术

(三) 互动玩法

直播带货是一个吸引陌生观众购买的过程,而互动环节是吸引观众、提升参与度和提高直播质量的关键。让观众持续在直播间停留,这样才有机会进行后续的成交转化。

1. 点赞促活

点赞每满 10 万送出 100 个现金红包,以此提高直播间活跃度。

2. 弹幕互动

下单、关注直播间,同时评论指定关键词,主播截屏抽取几名用户送小礼物,可以提高直播间活跃度。

3. 特价秒杀

上架 100 个超低价秒杀商品,以此增加用户的停留时长。

4. 整点福利

整点发放现金红包、大额优惠券或抽奖,以此增加用户停留时长。

5. 限时限量

限时上架商品,或者限量促销,以此提高用户的付款意愿。

6. 抽取免单

用户下单时备注直播间,抽取几名用户免单,以此提高用户的付款意愿。

(四) 产品答疑

即便主播能将直播产品的各个方面都介绍到位,观众依然会存在各式各样的疑问。在直播中,观众通常会通过弹幕、评论等方式提出问题;直播团队应时刻关注留言,观众的留言往往能够直接反映出他们对产品的关注点、疑惑和需求等。

在直播过程中,观众咨询的问题大多是重复的,并且同样的问题会出现在不同的直播时段。因此,为了确保直播的顺利进行,需要提前准备好一些标准化的回复,以便快速应对。若某些问题对产品销售有较大影响,主播又无法解答,可以邀请团队人员补充解答;不能立刻解决的,直接忽略问题,做好控评或选择跳过该商品的讲解;问题严重的,先安抚观众情绪,下播后再作声明回复,做好补救。

还可以设置一个专门的互动答疑环节,为观众提供更加充分和详细的解答。这一环节可以邀请产品设计师、研发人员、专业销售人员等来共同直播,提供更专业和权威的解答。这样不仅能解答观众的疑问,还能加深观众对产品的信任和认可,提升购买的意愿。

实训:旅游直播话术设计

除了语言的解答之外,主播还可以通过示范演示来解答疑问。通过实际的操作和展示,让观众更加清晰地了解产品的使用方式、效果和效能。

知识拓展

文旅 AI 直播间引领新风尚

2023 年 8 月 31 日,由陵水黎族自治县人民政府指导、县文旅局与美团联合打造的陵水美团平台 AI 文旅直播间正式开播。

陵水与美团携手合作,联合本地优质景区、酒店,利用互联网平台的科技创新能力,推出美团平台 AI 文旅官方直播间,这是"文旅+科技"融合发展的积极尝试。文旅 AI 直播间可实现 24 小时无间断直播,对每一个商品进行深度剖析,提炼卖点快速精准找到用户喜好,并用数字科技展示地方文旅风貌。直播主打精致轻奢度假方式,为消费者提供围绕"吃、住、行、游、购、娱"的实用、个性化玩法。目的地选择主打深度游,着重介绍适合年轻人的潜水、冲浪、滑翔伞等项目,亲子游主要推介疍家文化这一本地风俗。同时还有机会去参观电影《消失的她》取景地等。

活动期间,美团将在陵水投入价值约百万元的惠民大礼包,涵盖线上流量扶持、用户满减红包、折扣优惠套餐等多个方面,通过平台、酒店、景区资源整合的方式,大力引导线上线下联动消费。

【实践演练】

任务单:撰写直播脚本

实践主题	设定直播主题,选择直播商品,撰写直播脚本,练习直播话术		
内容概述	从确定主题、挑选商品到撰写脚本、练习话术,设计一场 60 分钟的直播,清楚每个环节应该做什么		
实践方案	活动时间	约三周	活动平台	直播实训软件
	任务实施步骤	1. 各组讨论确定本次直播主题 2. 各组根据主题选择合适的直播产品 3. 各组根据产品撰写直播脚本 4. 各组根据脚本,练习直播话术		
	活动要求	设计一场 60 分钟的直播		
实践评价	学生自评、互评与教师评价相结合		

【思考题】

1. 挑选直播商品时,应该考虑哪些方面的因素?
2. 一场直播有哪几个必需的环节?
3. 产品信息可以从哪几个方面进行介绍?

资料:直播脚本格式模板

任务三 直播复盘

【引导案例】

东方甄选四川行抖音直播间数据分析

从 2022 年 7 月起,东方甄选与全国各地合作打造外景直播专场,推荐地方特产,推广地方文旅品牌,弘扬地方特色文化,"农产品+地方文化"的创新直播模式,受到了广泛欢迎。2023 年 6 月 9 日至 10 日,应四川省委网信办邀请,在省商务厅、省文旅厅等多个部门的大力支持下,"东方甄选四川行"直播专场圆满收官。据第三方数据平台显示,此次直播活动总销售额突破 1.4 亿元,带货超过 200 款巴蜀好物,直播间最高同时在线人数超过 35 万。

东方甄选将四川专场直播现场选在都江堰岷江江畔。这里有历经两千多年的水利工程,川流不息,绿意盎然,风景秀美,让全国网友看见了四川人传承两千多年的智慧。开场伊始,直播间人数就快速升至 10 万人次以上。同时,东方甄选还邀请了四川非遗文化表演者,现场演绎沐川草龙、堆谐踢踏舞、峨眉武术、川剧变脸吐火等。借助直播间的传播力量,这些独具特色的巴蜀文化走进了更多网友的心中。

更火爆的是四川特色产品的热销。直播第一天,身着民族服饰的东方甄选主播,用诗意的语言向全国网友推荐各类四川好物,购物车里的这些本地产品迅速售罄,不得不紧急联系厂家补货。据第三方平台数据显示,东方甄选四川专场销售额最高的产品是郎酒、泸州老窖组合装,热卖超过 370 万元。销量最高的是榨菜,销量超过 7.5 万单。此外,黄柠檬、凉糕、酸枣糕、冷吃千层肚、牛油火锅底料、唯怡豆奶、红糖糍粑等产品也受到全国网友的热烈欢迎。共计 56 款巴蜀好物的销量突破 1 万单,20 款产品实现销售额突破 100 万元。

【知识准备】

一、直播运营复盘的核心内容

将"复盘"一词引入直播营销中,即在直播结束后分析直播数据、总结直播经验。虽然直播平台各有差异,但直播复盘的核心内容大致相同。一般情况下,直播复盘包括四项核心内容：回顾目标、描述过程、分析原因、总结经验。

（一）回顾目标

直播复盘的第一步是回顾直播的目标，将直播的实际结果与目标进行对比之后，直播团队可以明白一场直播的营销成绩如何、营销目标是否达到，可以评判一场直播是否获得成功。

回顾目标具体流程如下：展示直播运营目标，根据运营目标确定关键评估指标，提取传播、粉丝互动及直播转化数据，建立直播效果评估体系。

（二）描述过程

直播复盘的第二项核心内容是描述直播过程。描述过程是分析现实结果与所制定的目标之间差距的依据。在描述过程中需要遵循真实客观、全面完整、细节丰富的原则。

1. 总结主播状态

主播是直面消费者的第一人，主播直播时的状态、临场发挥情况等会对直播质量和效果产生直接的影响。总结主播状态时，首先要看主播是否在开播前是否做好了充足准备，是否充分了解商品的卖点信息，是否熟悉直播脚本与话术，以及妆容及穿着是否适宜。其次要分析直播过程中主播的精神状态是否饱满、注意力是否集中、是否与消费者积极互动等。

2. 分析团队配合情况

直播过程是直播团队所有成员配合协作的过程，因此，直播复盘时需要分析整个直播团队所有工作人员的工作是否执行到位（见表5-5）。

表5-5　直播团队配合情况

团队成员	复盘配合情况
副播	分析副播是否存在激情不足、与主播配合不佳、商品细节展示不清晰、问题回复或解决不及时等问题
助理	分析助理是否存在回复问题不及时、声音不够洪亮等问题
场控	分析场控是否存在商品上下架操作失误、优惠券发放不及时、库存数量修改错误、实时问题出现后没有进行记录等问题
策划	分析策划是否存在商品要点归纳不足、预估直播数据出现偏差、未对直播突发状况做出有效判断等问题

3. 获取直播数据

在抖音账号后台，通常会有直播数据统计，主播可以在直播过程中或直播结束后通过账号后台获取直播数据。

对于正在抖音直播的主播来说，主播可以点击直播界面左上角的"本场点赞"或右上角的"观看人数"来查看实时直播数据。

对已经结束直播的直播间来说，主播可以在抖音 App 中选择"我"→"抖音创作者服务中心"→"查看数据看板"→"数据全景"→"直播"，然后在"场次数据"界面中选择要查看的直播场次，即可进入该场直播的数据中心查看详情数据。

此外，还可通过第三方数据分析工具获取数据。

（三）分析原因

分析原因是直播复盘的核心步骤，直播团队发现直播活动中存在的问题后，就要对问题产生的原因进行分析。分析原因时，在通常情况下，直播团队可以从与预期不一致的地方入手，开启连续追问"为什么"的模式。经过多次追问后，往往能找到问题背后真正的原因，从而找出相应的解决办法。可从以下角度进行追问：

第一，分析成功因素时，多列举客观因素，精选真正的自身优势去推广。

第二，分析失败原因时，多从自身深挖原因，狠挑不足与短板。谨慎检视当初设定的目的、目标是否明显有误而导致失败，否则原因分析可能围绕着错误的目的、目标展开，事倍功半。

第三，总结经验（规律）时，要尽可能站得远一些来看，寻求更广泛的指导，不局限于就事论事。

资料：通过直播数据自查异常数据原因

（四）总结经验

对直播数据进行挖掘与分析，并与直播前的营销效果进行对比，只能体现出直播的客观效果，而流程设置、团队协作、话术设计、道具准备等主观层面的经验则无法通过数据获取，只能通过内部总结得出。因此，直播团队需要通过自我总结、团队讨论等方式对直播营销活动的整个过程进行经验总结，并将总结的经验进行归纳与整理（表5-6），便于将有效的经验应用于下一次直播营销活动中。

表5-6 总结项目与具体要求

总结项目	具体要求
经验	直播整体或直播过程中的某个环节达到预期甚至超预期，可以作为经验进行记录，便于下一次直播直接参照
教训	未达目标甚至影响最终效果的部分，需要总结为教训，后续直播尽量避免此类教训
问题	直播过程中遇到的困难或前期策划环节没有考虑到的问题，需要记录下来，后续直播活动的策划环节必须将这些问题或可能出现的困难考虑在内
方法	遇到问题或困难后的解决方法，也需要记录下来，方便后续查找

二、直播运营复盘常用数据指标

直播电商运营需要基于数据进行自检，有些数据是后台可以直接监测到的，有些数据则需要通过进一步的计算才能得出。通过数据分析可达到盘活粉丝存量及扩大粉丝增量的目的。数据运营人员在进行直播数据分析时，首先需要了解直播数据分析指标。

通常，直播数据分析的主要指标包括四类：用户画像指标、流量指标、互动指标和转化指标。

微课：观众画像，了解观众的消费力和消费意向

（一）用户画像指标

通过用户画像给有标签的用户提供针对性的服务，方便商品和服务的推

送。用户画像指标一般包括性别分布、年龄分布、地域分布、购买偏好和活跃时间分布等。掌握了这些数据后,不管是直播选品还是制定直播优化策略,直播团队都可以迅速找到切入点。

(二)流量指标

1. 在线人数

在线人数是直播间流量的核心指标,不同的直播平台有不同的流量指标,但通常值得关注的流量指标就是在线人数。

在线人数由粉丝和新客构成。粉丝UV(独立访客)占比,是粉丝浏览人数与总UV之比。这个数据代表的是正在观看直播粉丝的观看率,如果一场直播数据中,粉丝UV占比较高,说明本场直播的主题和已有粉丝的调性是匹配的,而且私域运营和前期预热做得很好。如果粉丝UV占比低于50%,则代表这场直播路人观看较多,但对已有粉丝的吸引力还有待提高,要考虑如何盘活粉丝存量,也就是做好已有粉丝的运营与维护。

微课:直播复盘数据分析

2. 粉丝团数据

粉丝团是粉丝和主播的一个专属组织,用户加入粉丝团后会受到主播更多的关注,主播可通过粉丝团更好地维护粉丝关系,与粉丝互动。

粉丝团:用户点击直播页面中左上角头像下方黄色的标志就可以加入粉丝团。加入粉丝团需要支付0.1元。加入粉丝团后用户昵称前方会带所在账号的粉丝团标签,可以通过累积亲密值提升等级。

粉丝转化率:也叫转粉率,是直播期间转化新粉的能力,体现的是直播间人、货、场对陌生用户的吸引力。转粉率=新增粉丝数/观众总数×100%。

粉丝团数据包括本场新增粉丝团、粉丝团增量峰值、峰值时间等指标。其中,本场新增粉丝团指本场直播粉丝团新增粉丝总数;粉丝团增量峰值指本场直播某时间点的最高新增粉丝人数;峰值时间指最高新增粉丝人数出现的时间。增量趋势图显示了粉丝团粉丝增量的走势。

3. 场观和峰值

场观、峰值,这两个数据可以直接反映当前直播间的流量规模程度。场观(单场观看量,指的是一场直播中实际参与观看并进入直播间的人数)适合按周计算,且场观在周期环比下降的情况下,直播推荐的占比也在降低;而峰值的计算需要区分开场峰值,即推荐峰值,其受当场互动指标、交易指标的影响。

总的来说,直播带货流量看板数据,主要内容如表5-7所示。

表5-7 直播带货流量看板数据

数据类型	数据内容
累计观看人次	累计进入该直播间的人次,俗称场观或PV,反映这场直播带货在哪个流量层级
累计观看人数	累计进入该直播间的人数,俗称UV。人次与人数的比值越大,一定程度说明直播间的黏性就越大,即便用户离开也还是会再次回到直播间

续表

数据类型	数据内容
最高在线人数	本场直播最高同时在线人数,可重点分析该时刻主播讲解的内容及做了哪些运营工作
平均在线人数	该场直播带货平均每分钟在线人数,与最高在线人数做对比,差距较大说明直播间流量承载力不稳定,或者流量不精准等
平均观看时长	本场平均每个用户的观看时长,观看时间越长代表直播间整体内容越有吸引力,用户黏性越高

(三) 互动指标

互动指的是用户在直播间的评论区发起评论、点赞、关注,发送弹幕热词,参与直播间设置的话题等。互动数量是直播间人气活跃程度的核心指标,越是活跃的直播间,意味着用户对直播内容的参与程度越高。从算法判断的角度看,互动数量是衡量直播间能否有效留住用户的重要维度之一,而其中最重要的指标为停留,因为停留是最基础的行为,进而带动点赞等其他行为的产生。

直播带货互动看板数据,主要包括以下内容。

互动率:非官方定义指标,可以取任意直播间互动行为指标与累计观看人数之比,反映用户参与度、直播间是否热闹,一般以直播间评论数与累计观看人数之比为参考值。

转化率:单场直播新增粉丝数与累计观看人数之比,反映直播间整体内容是否有价值,也反映粉丝增长的潜力。

(四) 转化指标

1. 成交单量

成交单量是考核直播电商转化的核心指标,代表直播内容和电商销售达成了统一。

(1) 成交单量与在线人数。直播间用户的精准程度可以用数值来衡量,即直播间用户的精准程度 = 成交单量 / 在线人数 × 100%。

数值越低,精准程度越低。用户如果不精准,那么直播间就难以达成电商的销售转化。通常来说,每场直播精准程度数值都低于 3%,则意味着数值偏低,即 1 000 人在线至少要达成 30 单成交。

(2) 成交单量与互动数量。直播间商品的内容策划质量同样可以用数值来衡量,即直播间商品的内容策划质量 = 成交单量 / 评论数据 × 100%。数值越低,代表内容策划质量越低。用户已经参与评论互动,但没有下单意愿,那么直播间就应当进行内容的调整。通常来说,每场直播的直播间商品的内容策划质量数值都低于 5%,意味着数值偏低,即 1 000 条评论至少要达成 50 单成交量。

2. 引导转化数据

引导转化数据包括商品点击转化率和商品购买转化率。

商品点击转化率 = 商品点击次数 / 累计观看人次 × 100%,商品点击次数指用户实际点击商品并进入商品详情页的次数;

商品购买转化率 = 商品销量 / 商品点击次数 × 100%。

3. 直播带货数据

直播带货数据包括本场销售额、销量、客单价、上架商品、带货转化率和 UV 价值。其中，带货转化率指直播间的整体转化率，其计算公式为：

带货转化率 = 商品点击转化率 × 商品购买转化率

UV 价值指用户人均价值，即平均每个进入直播间的用户产生的价值，其计算公式为：

UV 价值 = 本场销售额 / 独立访客（UV）

独立访客即访问直播间的一个用户，用户多次进入直播间只被统计一次，独立访客数等于累计观看人数。要提高直播间的 UV 价值，应提高直播间的带货转化率（包括商品点击转化率和商品购买转化率）和客单价。

三、直播运营效果判断及报告撰写

（一）直播效果判断

直播效果的判断并不存在唯一的判断标准，具体要根据直播前设定的目标进行判断。结合前文的数据指标和企业参与直播电商的目标，大体可从三个方面对效果进行判断：品牌曝光、粉丝增长和转化成交。

1. 品牌曝光

品牌在面向市场时，需要广告曝光来提高知名度。在互联网时代，信息的流动速度快，转而对品牌主、广告主规模化投放能力的要求越来越高。一是品牌需要做长期的大曝光，不断对目标消费者进行触达、再触达、建立连接（购买/情感）、唤醒记忆、焕新记忆来维持品牌基础声量；二是品牌需要做短期爆发的刷屏级投放，才能更容易在消费群体内产生更强的信息边际效应，塑造品牌的群体共识。

直播的过程是不断向用户传播内容的过程，因此直播可以成为企业或个人宣传产品和传播品牌的渠道。直播间的在线人数越多，代表内容的覆盖面越广，可以将企业的产品和品牌植入直播内容，实现品牌曝光的需求。该标准主要考查的是直播间的流量指标（在线人数），流量指标达标，该场直播就可以认为是成功的。

流量基础数据主要用来分析新粉转化的能力和评论互动率，这类数据主要包括观众总数、新增粉丝数、评论人数和付费人数。看转化新粉能力要看占比，直播转化新粉占比 = 新增粉丝数 / 观众总数 × 100%；看直播的互动情况要看评论互动率，评论互动率 = 评论人数 / 观众总数 × 100%。

2. 粉丝增长

粉丝增长直接影响直播间互动数量，只要互动数量足够多，且其中老用户互动量占比达到 20% 以上，那么该场直播就可以认为是成功的。单纯观看直播的用户和喜欢直播间主播的粉丝的最大区别在于粉丝对主播有情感信任。直播间的互动越活跃，代表主播与用户之间产生情感信任的概率越大。一个直播间做得怎样，粉丝增长是关键，转粉率也是衡量直播效果非常重要的指标。

如果一场直播流量很大，但粉丝增长情况不佳，多半是因为流量来源不精准造成的。直播流量入口主要有关注页、直播广场、视频推荐、同城四个渠道,其中直播广场和视频推荐属于系统推荐的渠道,如果引流视频内容标签不够精准,那所带来的直播观众也就不容易留存。另外通过直播间用户停留时长、互动率等数据也可以判断流量的精准度。

3. 转化成交

直播电商产品的销售转化,让直播的粉丝变成产品的客户,实现了从观看直播的用户、喜欢主播的粉丝到体验产品的客户的转变。在直播的过程中,用户和粉丝都是对直播内容进行消费,而产品达成销售并送到他们手上进行体验的时候,代表从内容消费转向产品消费。该标准主要考查的是直播间的转化指标即成交单量,成交单量高,代表直播间的内容真正帮助了产品的销售转化,该场直播就可以认为是成功的。

(二) 撰写复盘报告

1. 复盘报告的含义及作用

复盘报告是对直播复盘的总结和呈现。通过回顾直播目标、计算核心数据指标、分析原因,把复盘结论及建议完整地呈现出来,供决策者参考并对下一场直播效果进行指导。

微课:旅游新媒体数据分析流程

2. 复盘结论

复盘结论就是针对数据指标,以及存在的问题进行综合分析,相关人员进行商议后最终得出的结论。对直播数据好的方面继续复制放大,对存在的问题进行解决和规避。

3. 改进策略

针对复盘中可能出现的问题,提出如下相应的改进策略。

(1) 话术调整。注意引导技巧,检查是否在直播内容上出现了过度引导的情况。

(2) 体验调整。对发货和客服等跟用户息息相关的细节工作进行优化。

(3) 产品调整。重新分析直播间的用户数据,调整上架产品的选择或产品的外在(亮点、价格等)。

(4) 价格调整。思考是否在产品价格上没做好价格保护,或需要调整产品组合策略,进行差异化定价。为了突出直播带货产品的优势,一般可以选择挑选一系列不知名的产品进行对比,来刺激消费,促进成交。

(5) 转化策略调整。活动策划上要强化互动的元素,不要让用户在直播间成为看戏的观众。

知识拓展

旅游直播主播技能提升

在当今快速发展的旅游行业中,成为一名优秀的旅游主播不仅需要对旅游充满热情,还需要具备一系列专业技能和素质。以下是对旅游主播应具备的关键能力和特质的优化建议,旨在帮助主播们提升自身竞争力,更好地服务客户,同时实现个人品牌的增值。

1. 增强服务意识

做过旅游销售的人都非常有耐心,客户都是一单一单谈下来的,各种五花八门的问题都会遇到,所以做旅游主播一定要有服务意识,一定要有耐心。

2. 专业要求高

术业有专攻,做旅游主播一定要懂旅游,懂坐飞机的流程、客票规定,懂酒店的分类、服务特色,懂景点的卖点、历史文化背景,懂行程安排的合理性,还要懂旅行社操作的可行性。

3. 领域要细分

旅游业的细分法则有很多,有根据客源地分的,也有根据目的地分的,还有根据用户消费层级分的,不同的主播一定要细分出自己的领域,成为细分领域的KOL,千万不要求全。

4. 会玩还会卖

很多旅游主播都是玩咖,自己走过很多地方,也写过很多攻略。但投放市场的产品,要想成为爆款,就必须能发觉产品的卖点在哪里,精准推销给客户,所以主播必须懂营销策略,引导用户下单。

5. 综合能力强

旅游产品是一项复合产品,比如一个行程为什么A线路比B线路贵?为什么3月出发会比4月贵?为什么C航空有时比D航空便宜,有时又比D航空贵?而且旅游消费本身是一种精神消费,除产品本身外,还需要对目的地人文背景有所了解,所以旅游主播不仅要懂旅游规则,还要懂得人文规则。

6. 讲解和组织能力突出

户外旅游直播需要带粉丝一起游览各景点,或展现各种旅游户外活动,这样就要求主播有大量旅游从业经验,在讲解和组织能力上有自己的长处。

【实践演练】

任务单:直播数据复盘

实践主题	直播数据复盘			
内容概述	从确定主题、挑选商品到撰写脚本、练习话术,设计一场60分钟的直播,清楚每个环节应该做什么			
实践方案	活动时间	约一周	活动地点	自选
	任务实施步骤	1. 各组选取连续五天相同时段直播数据进行复盘,对直播数据按要求汇总,准确填写实训表格 2. 各组根据直播流量数据和电商数据,将每场直播的问题及复盘结论填入表中 3. 各组讨论,搭建复盘数据框架,完成相应的数据分析并提出有针对性的直播改进措施		
	活动要求	填写完成直播数据复盘表和问题记录与复盘结论表(请扫二维码获取直播数据复盘和问题记录复盘结论表格模板)		
实践评价	学生自评、互评与教师评价相结合			

【思考题】

1. 总结经验中，教训和问题如何区分？
2. 直播数据分析的主要指标包括哪四类？你认为哪个最重要？
3. 针对复盘中可能出现的问题，可以从哪几方面进行改进？

资料：直播数据复盘表格模板和问题记录复盘结论表格模板

模块小结

1. 直播准备

准备工作的第一步是组建一个直播团队，根据人数和每位成员的特长来设置岗位和细化分工，基础的岗位有主播、策划、运营、场控等等。在整个直播团队的共同努力下，直播选品、内容策划、脚本撰写、设备调试、讲解互动、后台操作、数据复盘等工作按节奏有序进行，最终才能呈现一场完美的直播。为了让直播账号更有吸引力，要结合主播自身特点来设立人设，通过妆容服饰、口头禅、人物故事等来强化印象。在开设账户时，也要注意名字头像、主页背景图、账号简介均要一致体现人设。

2. 直播开播

直播团队要根据目标客户群体的特征，来选择合适的直播商品，并使用各类策略进行合理的定价。建议按照爆款10%、引流款40%、利润款30%、常规款20%的比例来配置商品。接下来为选定的商品策划直播内容，明确直播主题、设定直播节奏、制定直播脚本。最终在直播现场，主播团队按照撰写的脚本进行产品讲解，并和观众互动，促进下单。直播在开场部分，要着力于提升直播间人气；在直播当中，要完成产品讲解和活动互动；在直播快结束时，要预告下一场直播。一场直播需要团队各个成员之间的通力合作。

3. 直播复盘

复盘即在直播结束后分析直播数据、总结直播经验。直播复盘包括四项核心内容：回顾目标、描述过程、分析原因、总结经验。直播电商运营需要基于数据进行自检，通过数据分析可达到盘活粉丝存量以及扩大粉丝增量的目的，数据运营人员在进行直播数据分析时，首先需要了解直播数据分析指标，主要指标包括用户画像指标、流量指标、互动指标和转化指标四类。直播效果的判断并不存在唯一的判断标准，具体要根据直播前设定的目标进行判断，大体可从三个方面对效果进行判断：品牌曝光、粉丝增长和转化成交。针对复盘中可能出现的问题，可以使用话术调整、体验调整、产品调整、价格调整、转化策略调整等改进策略。

模块练习

一、判断题

1. 直播团队中,主播是唯一重要的岗位。(　　)
2. 直播账号设置时,昵称、头像、主页背景图和个性签名对于展示个性和特点不重要。(　　)
3. 在直播商品选择中,应避开敏感、危险品,不涉及侵权,避免假冒、盗版商品。(　　)
4. 直播复盘的核心内容不包括回顾目标和总结经验。(　　)
5. 直播带货转化率是衡量直播间整体转化率的重要指标。(　　)

二、单选题

1. 直播团队的人员配置应该根据什么来确定?(　　)
   A. 团队人数
   B. 直播内容
   C. 直播工作岗位设置和工作流程
   D. 直播平台的要求
2. 在直播团队中,负责直播设备如摄像头、灯光等相关软硬件的调试的岗位是?(　　)
   A. 场控　　　　B. 策划　　　　C. 运营　　　　D. 技术
3. 关于直播账号准备,以下哪项说法是正确的?(　　)
   A. 直播账号准备只需考虑名字和头像
   B. 直播账号准备只需考虑背景图和简介
   C. 直播账号准备只需考虑橱窗和认证
   D. 直播账号准备需考虑名字、头像、背景图、简介、橱窗和认证等多个方面
4. 直播商品选择时,以下哪项不属于数据化选品的原则?(　　)
   A. 合理的利润空间　　　　　　B. 产品处于上升期
   C. 产品包装的美观性　　　　　D. 避开品牌垄断
5. 直播脚本撰写中,直播刚开始时提升直播间人气的是哪一部分?(　　)
   A. 开场白　　　　　　　　　　B. 单品脚本
   C. 结尾　　　　　　　　　　　D. 互动玩法
6. 直播讲解互动中,以下哪项不是促单话术的类型?(　　)
   A. 担保型话术　　　　　　　　B. 介绍型话术
   C. 超值型话术　　　　　　　　D. 限量型话术
7. 在直播复盘的核心内容中,哪项是分析现实结果与希望目标差距的依据?(　　)
   A. 回顾目标　　　　　　　　　B. 描述过程
   C. 分析原因　　　　　　　　　D. 总结经验
8. 直播数据分析的主要指标不包括以下哪类?(　　)
   A. 用户画像指标　　　　　　　B. 流量指标

C. 互动指标 D. 产品满意度指标

9. 判断直播效果时,以下哪项不是品牌曝光的判断标准?（　　）

A. 直播间的在线人数 B. 直播间的流量层级

C. 成交单量 D. 直播间的流量来源

10. 关于直播复盘报告,以下哪项说法是错误的?（　　）

A. 复盘报告是对直播复盘的总结和呈现,不需要供决策者参考

B. 复盘结论是针对数据指标进行综合分析后得出的结论

C. 改进策略是针对复盘中可能出现的问题提出的相应策略

D. 复盘报告中应包含复盘结论和改进策略

三、多选题

1. 直播团队中,以下哪些岗位是必不可少的?（　　）

A. 主播　　　　B. 场控　　　　C. 摄影　　　　D. 运营

2. 直播账号设置中,哪些元素是展示个性和特点的重要部分?（　　）

A. 昵称 B. 头像

C. 主页背景图 D. 个性签名

3. 直播商品选择的选品方法与原则中,以下哪些是正确的?（　　）

A. 合理的利润空间 B. 产品处于上升期

C. 避开品牌垄断 D. 非"三无"产品

4. 直播讲解互动中,以下哪些是促单话术的类型?（　　）

A. 担保型话术 B. 超值型话术

C. "威胁"型话术 D. 限量型话术

5. 直播复盘时,需要关注的数据指标包括哪些?（　　）

A. 用户画像指标 B. 流量指标

C. 互动指标 D. 转化指标

四、论述题

1. 论述直播团队组建的重要性及其在直播营销中的作用。

2. 论述直播复盘的方法及其对提升直播效果的意义。

模块六　微博营销

◆【学习目标】

◆ 素养目标

1. 培养对旅游行业的热爱。
2. 具有深厚的家国情怀。
3. 养成协同合作的能力。
4. 养成传播健康、正面的信息的习惯。

◆ 知识目标

1. 熟悉微博平台及其工具。
2. 掌握微博营销技巧及策划方法。
3. 理解微博营销的价值及效果评价。

◆ 能力目标

1. 能够完成账号搭建和内容运营。
2. 具备在微博上对数据进行分析的能力。
3. 会策划微博活动运营及推广实施。

◆【重难点】

◆ 重点：微博话题营销策划。

◆ 难点：微博数据运营。

◆【模块引导】

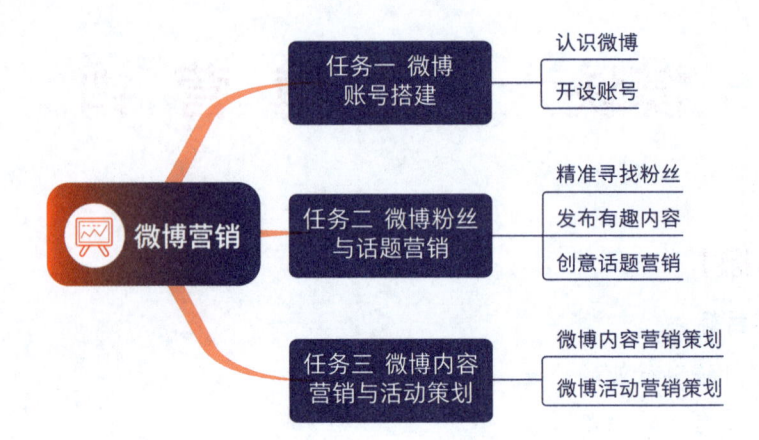

```
                           ┌── 认识微博
              ┌─ 任务一 微博账号搭建 ─┤
              │                    └── 开设账号
              │
              │                    ┌── 精准寻找粉丝
微博营销 ─────┼─ 任务二 微博粉丝 ───┤── 发布有趣内容
              │    与话题营销       └── 创意话题营销
              │
              │                    ┌── 微博内容营销策划
              └─ 任务三 微博内容 ───┤
                   营销与活动策划    └── 微博活动营销策划
```

任务一　微博账号搭建

【引导案例】

旅游行业微博营销趋势洞察

2023年出游热度出现爆发式增长，长线旅游选择升温。其中中秋国庆双节期间实现国内旅游收入7 534.3亿元，同比增长129.5%。与此同时2023年微博旅游内容持续高速增长，相关热搜数量同比增加40.4%，旅游热点话题数量同比增加28.5%，旅游出行相关博文数量同比增加32.8%。在五一期间，假期前后热搜数量1 078个。中秋国庆双节期间，旅游热点数量较去年同期增加255%。

从春日休闲露营的超清摄影和零食饮料，到夏日"特种兵"式旅游的护肤攻略，再到长途探险中，上山下海的必备穿搭。微博文旅的全年潮流趋势包含了玩法换新和好物清单的全面升级。在旅游偏好上，据《人民日报》发起的微博投票"选旅游目的地，你最看重什么？"显示，排名最靠前的是美景与美食，其中山河湖海等治愈系景色受到网友的喜爱，夜游目的地也备受欢迎。

根据克劳锐的微博用户调研，82.4%的用户出行前会在社交平台上做足攻略，以提升旅游体验感。主要信息来源包括但不限于城市旅游官方媒体、多领域KOL、本地大V等。在旅游趋势层面，消费者更喜爱务实旅游的出行攻略。其中微博旅游热点话题，海量攻略及讨论内容都加速用户出游的决策，多地文旅官方蓝V及文旅局长积极与用户在线互动。

在国庆节前后有10多个热搜聚焦在机票价格走势，在网友热情推荐的信息内容中酒店价格最受关注，门票优惠政策常驻热搜。由此可见，网友愈发关注性价比。

文旅推广花样百出，多位公众人物在微博上化身城市美景推荐官，讲述城市特色故事。各地旅游部门重视网友反馈，持续提升文旅体验。云南文旅局局长积极与网友互动推荐旅游路线，甘孜文化广电旅游局局长快速处理网友旅游投诉获得近3 000万的阅读关注，淄博热情招待想吃烧烤的游客，大获好评；杭州、成都、西安等地结合地方特色，差异化开展营销攻势也帮助城市树立起了旅游口碑。

整体而言，游客体验升级是旅游目的地的主要努力目标，制造话题热点是旅游目的地吸引客源的主要方式，新活动和新鲜演出是旅游目的地筹划旅客"多次奔赴"的主要手段。

【知识准备】

本节任务在编写时使用的微博App版本为14.1.2版，操作页面与最新版本可能存在细微差异，但不影响读者参考学习。

一、认识微博

微博是一个中国社交媒体平台,于2009年成立,由新浪公司开发。微博提供了平台,让用户可以发布和分享短文、照片、视频和链接,也可以跟随其他用户、关注感兴趣的话题。微博相比其他社交软件在实时性、内容形式、传播方式和用户互动等方面具有突出优势,吸引了广大用户的关注和参与。

微博在旅游层面上为旅行者提供了丰富的旅游信息、实时动态和专业的咨询,帮助他们更好地规划和享受旅行。同时,微博也为旅游机构和景点提供了一个促进宣传和推广的渠道,增加了旅游业的曝光度和影响力。

(一)微博的用户分布

微博的用户数量在过去几年中迅速增长,成为中国社交媒体市场的领导者之一。截至2023年,微博的注册用户超过10亿。微博的用户群体以"90后""00后"为主,两者总占比接近80%,呈现年轻化趋势。微博用户关注的内容也随年龄层的不同而呈现出差异:"70后""80后"更关注社会属性的热点,而"90后""00后"更关注娱乐属性的热点。此外,微博的用户群体十分广泛,涉及演员、文化领域的名人、企业高管、网红和普通大众等社会群体。微博也吸引了大量女性用户,女性用户的比重高于男性用户的比重。微博用户年龄集中在20~29岁,这个年龄阶段的用户占比高达69%,且该年龄阶段用户不仅年轻还具备有一定的消费能力。对于"95后"用户而言,大专及本科以上学历用户占比达64.2%,整体向高文化水平倾斜。此外,微博还成为媒体官微和政务官微的主力,吸引了大量关注权威信息发布的人群。

(二)微博的平台优势

微博和其他社交媒体相比具有互动性强的优势,用户可以通过微博进行即时分享、传播和互动,与他人紧密相连。此外,微博涵盖了大量用户群体,包括公众人物、企业高管、网红和普通大众等社会群体,形成了更为丰富的社交话题。微博操作简单,运营成本较低,信息发布快、传播迅速,具有较高的性价比和容错率。此外,微博支持多种发布形式,包括博文、视频、文章、问答、故事等,满足不同营销需求。用户可以成为企业或产品的粉丝,从而进行精准营销和及时双向沟通。这些优势使得微博成为一个具有高度互动性和传播性的社交媒体平台,并吸引了大量用户群体的关注和参与。

微博最显著的特征之一就是裂变式的传播方式,通过这种方式信息被迅速地扩散,产生爆发式的影响力。一条关注高的微博在发出后的很短时间内转发量就可以达到几十万,在极短的时间内被最多人阅读,许多品牌推广在微博上一经曝光就可以形成爆炸式的传播。

(三)微博的合作方式

微博平台提供多种业务合作方式为企业提供更多的选择和灵活性,使其能够根据自身需求和业务目标选择最适合的模式。这样的合作方式能够帮助企业更好地利用微博平台的资源和功能,实现品牌推广、营销活动、数据分析和广告投放等多种业务目标。同时,这些合作方式也为微博平台本身带来了更多的商业合作机会,促进了平台生态系统的发展和壮大。常见的合作方式有以下几种。

1. 运营托管

这种合作方式指的是为企业微博账号提供运营管理、活动营销等运营托管类服务的企业合作伙伴。这些合作伙伴会负责管理企业微博的内容发布、互动管理、活动策划和执行等工作，帮助企业更好地利用微博平台进行品牌推广和营销。

2. 应用开发

基于微博的轻应用框架与粉丝服务，为企业提供可定制的社会化网络服务的企业合作伙伴。这些合作伙伴会开发微博应用程序，为企业提供定制化的社交功能，帮助企业与用户进行更深层次的互动和联系。

3. 数据洞察

这种合作方式是基于微博数据进行分析或二次加工后，服务于企业及微博账号的企业合作伙伴。这些合作伙伴会通过对微博数据的分析和加工，为企业提供有关用户行为、趋势和市场洞察等方面的数据支持，帮助企业制定更有效的营销策略和决策。

4. 广告营销

这种合作方式是指拥有微博定向广告代理权，为企业提供基于微博的广告投放与优化服务的合作伙伴。这些合作伙伴会帮助企业在微博平台上进行广告投放，并通过定向广告优化服务，帮助企业提高广告投放效果和回报。

二、开设账号

（一）注册与验证

个人用户如果想注册新的微博账号，需要先下载一个微博App，打开后点击右上角的"注册"按钮，输入手机号、验证通过，再取一个昵称，阅读相关指南后就可以顺利登录了。在微博注册过程中，你需要提供手机号码或邮箱，设置密码，并填写个人信息。如果你有其他问题，也可以在官方网站上找到帮助信息。官方认证类型包括：政府、企业、媒体、网站、应用、机构、公益、校园组织等。

1. 个人用户注册的具体步骤如下。

（1）点击"注册"或"立即注册"按钮。

（2）输入手机号码、设置密码和验证码，点击"下一步"。

（3）填写个人信息，包括昵称、性别、出生日期等。

（4）阅读并同意用户协议和隐私政策，点击"注册"或"完成注册"。

（5）完成手机验证，根据提示输入验证码。

（6）注册成功后，可以设置个人资料、关注感兴趣的内容和用户，开始使用微博。

2. 企业微博注册与认证的基本操作包括以下几个步骤。

（1）注册微博账号。如果您还没有微博账号，需要先在新浪微博官网或移动端应用程序中注册一个账号。注册时选择"官方注册"，并填写相关资料。

（2）准备认证资料。① 营业执照。提供已通过最新年检的营业执照，并拍摄成清晰的彩色照片；② 认证公函。下载并填写《官方认证通用申请公函》，加盖公章后，上传清晰的公函扫描件或彩色拍照件；③ 补充材料。根据企业情况，可能需要提供商标注册证、软件著作权证、网站备案信息等。

（3）申请认证。登录已有的个人微博账号，找到"设置"中的"V认证"选项，选择"官方认证"进行申请。如果是新注册的官方账号，完成注册后，会直接进入认证申请页面。按照要求填写相关信息，并上传准备好的营业执照和认证公函等资料。选择付款，支付认证费用。

（4）等待审核。提交申请后，微博客服会进行审核。如果资料齐全，审核通过后，您的账号将获得官方认证标识（蓝V）。如果资料不全或有误，客服可能会联系您补充或更正信息。

（5）注意事项。所有非中文资料应提供原件及加盖翻译公司公章的彩色版翻译件。确保所有上传的文件清晰可辨，避免因模糊不清导致认证失败。认证过程中，保持手机畅通，以便客服联系。通过以上步骤，您可以完成企业微博账号的注册与认证。认证后的账号将获得更高的可信度，有助于企业形象的建立和品牌推广。

（二）账号标签定位

微博因其社交性质，在创立不久就成为网络营销的主力军，目前微博大V网红带来的营销效果非常突出，而经营一个微博号，首先就要对整个微博号做好包装和基本的形象定位信息设置。

1. 头像设置

微博的头像设置建议与其他平台的头像设置一致，微博、微信等社交媒体都是网络营销的主力军，做营销就是要汇聚粉丝，将两者的头像设置一致，方便将两者的粉丝互通。

2. 昵称设置

昵称的设置要根据运营主体来设置，要在昵称中突出你的运营主体内容，比如"娄可唯云南文旅""新疆何淼""娜旅日记""云朵家的旅行日记"等，这样粉丝在搜索某方面的需求的时候，能够通过这些核心关键词搜索到你，进而关注你。

3. 签名设置

这个签名设置就是对昵称的一个补充说明，昵称只能用关键词来表达，核心签名可以进一步地概述微博的核心优势。签名的具体内容可以根据个人喜好和风格进行自由创作，签名可以包括有关旅行、文化、风景等方面的文字，也可以加入一些有趣或富有诗意的句子或格言。签名的目的是展示对文旅的热爱和态度，同时也可以吸引更多对文旅感兴趣的关注者。

4. 背景图的设置

作为推广运营者，需要做一张专业的图片作为背景图。背景图可以展示个人或品牌的特色和个性，吸引更多关注者的注意。对于企业或品牌账号来说，背景图是宣传品牌形象和产品的重要方式之一。可以利用背景图进行活动宣传、产品推广或特别促销的信息发布。精美的背景图可以提升账号的整体美观度，吸引更多人关注和浏览。

5. 会员和加V认证

开会员和做加V认证都能够提高权限，做推广自然是权限越高越好，但是这两样都需要一定的花费，目前包括以下功能。

（1）置顶功能。可以将博文置顶增加曝光量。

（2）编辑功能。发布后还可以进行编辑，相当于"后悔药"。

（3）红名标识。在手机客户端的微博信息流、个人主页的关注列表和粉丝列表中，微博会员昵称为红色。

（4）专属昵称。拥有独一无二的心仪昵称。

（5）会员标识。在首页、个人主页昵称后面出现会员标识。

（6）等级加速。每天最高 6 个等级经验值加速，成长更快。

（7）卡片背景。使用专属的卡片背景，发布的微博带上个性装扮。

（8）专属模板。使用会员专属的个性模板，发布框及按钮都会有变化。

（9）特权。SVIP 会员相比于微博会员享有更多特权，包括尊贵身份、内容特权、稀缺装扮、动态头像、更多道具等四十多项高级特权。

（三）主页功能介绍

截至 2024 年，微博作为一个社交媒体平台，在主页上提供了多种功能以增强用户体验和互动性，以下是一些主要的功能介绍。

首先在菜单栏的顶端右侧我们可以看见一个齿轮样式的按钮，当我们点击之后会出现一个下拉框，里面包括"账号设置""V 认证""会员中心""账号安全""隐私设置""屏蔽设置""消息设置""使用偏好""意见反馈""帮助中心""返回原版微博"这 11 个功能。以下是常用到的功能讲解。

1. 关注和转发功能

用户可以关注其他微博用户，以便在个人主页上接收到这些用户的最新动态。同时，用户也可以转发他人的微博内容，分享给更多的关注者。

2. 评论功能

用户可以在任何微博下发表评论，与博主或其他用户进行互动讨论。微博还提供了评论精选功能，博主可以选择将哪些评论显示在他们的微博下。

3. 私信功能

用户可以通过私信与他人进行私密沟通，分享信息或讨论话题。

4. 个人主页展示公开评论

微博推出了新功能，允许用户在个人主页上展示他们在公共场合（如媒体账号、政务账号等）下的公开评论。这些评论会根据发布时间插入到个人主页的微博时间线中，并且用户无法主动开启或关闭这一功能。

5. 金橙 V 计划

微博为金橙 V 用户提供支持，包括现金红包和核心资源，以鼓励优质内容创作和用户互动。

6. 节日活动

微博在特定节日期间会举办各种活动，如"微博开新年"活动，通过线上活动和互动游戏，增强节日氛围，吸引用户参与。

7. 技术创新

微博不断引入新技术，如 XR+VP 虚实融合超高清制作系统，以及沉浸式舞台交互系统，提升节目制作质量和用户体验。

8. 多平台同步直播

微博支持多平台同步直播,包括电视、公共大屏和手机端,满足不同用户的观看需求。

9. 内容创作和互动

微博鼓励用户创作内容,并通过各种话题、挑战和活动,促进用户之间的互动和讨论。

10. 安全和社区管理

微博持续加强言论攻击和网络暴力的治理,提供"一键防护"和"一键举证"等功能,以营造更友善、健康的社区环境。

请注意,微博的功能可能会随着时间和平台政策的变化而更新,建议直接访问微博官方网站或应用获取最新的功能信息。

新浪微博作为一个强大的社交媒体平台,为旅游推广提供了多种功能和工具,帮助旅游企业和目的地进行有效的线上营销和品牌建设。以下是一些与旅游推广相关的新浪微博主页功能。

1. 文旅版品牌号

微博推出了文旅版品牌号,这使得旅游目的地和企业可以通过更系统、更丰富的方式在主页上展示旅游内容,如旅行视频、旅行话题、旅游攻略、热门玩法等模块。这些内容可以帮助用户了解目的地,激发旅行灵感。

2. 品牌挚友模块

通过这个模块,旅游目的地和企业可以与KOL等合作,将他们的优质内容沉淀在主页上,持续发挥宣传推广的价值。

3. 参与大型活动

微博每年都会举办如"带着微博去旅行"等品牌活动,旅游目的地和企业可以通过参与这些活动,利用平台的大流量和关注度,快速提升知名度。

4. 直播连麦玩法

微博的直播连麦功能允许文旅蓝V与各领域的KOL、专家进行直播互动,通过讨论话题观点,吸引更广泛的粉丝群体,增加目的地的曝光度。

5. 旅游内容生态

微博旅游内容生态丰富,包括热点资讯、"种草"攻略、议题讨论等,这些内容不仅为旅游出行提供灵感,也影响着用户的旅行决策。

6. 跨界合作

微博旅游与综艺、体育等热门垂直领域的结合,可以为旅游行业带来新的灵感和破圈机会。例如,通过影视剧和综艺节目"种草"拍摄取景地,吸引粉丝线下打卡。

7. 社交资产积累

旅游目的地和企业可以通过微博的活动策划和日常运营,积累社交资产,加强与粉丝的互动,提高品牌影响力和用户好感度。

8. 微博旅游之夜

这是新浪微博为旅游行业举办的活动,旨在回顾年度行业大事记,分享成功案例,同时也是旅游行业交流和合作的平台。

通过这些功能,新浪微博为旅游推广提供了一个多维度、互动性强的平台,帮助旅游目的地和企业更好地与目标受众沟通,提升品牌价值。

(四) 企业微博矩阵

旅游企业微博运营往往需要搭建账号矩阵,不同的账号名称承担着不一样的功能,在满足不同的内容偏好与互动需求的同时,也会面临不同的言论风险(如表6-1所示)。

表6-1 企业账号矩阵搭建

分类	介绍	优势	风险
官方微博	以企业名称注册,主要用于发布官方信息	有效实现品牌建立和传播	粉丝数量最多,内容须严格把关
企业领袖微博	以领导人名称注册,主要用于发布领导人观点	对外凸显企业领袖个人魅力	言论需要相当谨慎,可能会产生负面作用
产品官方微博	用于发布产品的最新动态	充当产品客服的作用,增加互动性	产品的细节把控及其他竞品的比较言论
官方客服微博	可用个人名义创建,用来解答和跟踪各类企业相关的问题	充当客服的作用,增加互动性	需要匹配较多人力维护
企业专家微博	以个人名义创建,发布对于行业动态的评论	打造为行业的"意见领袖"等	如果专业性不够,则会降低可信度

知识拓展

微博文旅蓝V加速社交资产积累

在流量时代的浪潮中,文旅目的地及企业通过活动策划及日常运营,逐步在微博积累社交资产,促进粉丝与品牌内容共建、通过深度互动不断加强粉丝黏性。这种蓝V长效运营的方式,使文旅品牌在微博实现从提高用户感知、到获得品牌影响力、再到提高用户好感度的社交营销链路。

在100个微博年度旅行地榜单中,就能看到这样几个目的地的身影,它们除了有着优秀的线下旅游资源之外,还格外注重线上社交媒体的运营。找准品牌定位、进行内容策划、及时跟进热点、广泛联动各方、参与微博平台活动——一套线上线下紧密配合的运营玩法,为它们带来了持续的传播声量。线上的热度也不断地带动着对旅游有兴趣的人群前往线下进行体验。乌镇旅游发微博道:"乌镇是一个会给你留灯的家"温暖了一众网友,更加强了这个每日在社交媒体上道早安、晚安的古镇,那具有人情味的枕水江南形象,使其顺利入选"越夜越美丽"分榜单。

广州长隆、云台山等旅游目的地,也依靠活跃的发博、具备亲和力的互动、贴合目标人群的活动策划,在微博上收获了越来越多粉丝的关注。在新浪旅游发布的微博月度影响力榜单中,这些旅游目的地也在多个月位列榜单之中。

此外,微博在 2021 年开始推出了文旅版品牌号,形成了以旅游目的地及企业为中心的更系统、更丰富的微博主页展示及沉淀形式,进一步助力文旅品牌的社交资产累积,也为旅游品牌的线上灵感"种草"及线下获客提供了更为完善的产品依托。

"旅游+场景"之下的社交聚变正在深深改变着人们的旅行方式,引领着新时代的旅行浪潮。社交媒体为旅游跨界赋能,为旅游传播推广带来了更广阔的想象空间,也为旅游兴趣人群带来了更多的旅游灵感。

100 个微博年度旅行地推荐榜单总共分为十大热门主题:无滤镜绝美自然、户外遨游探索、邂逅人文历史、寻访红色足迹、舌尖上的旅行、越夜越美丽、畅游奇妙乐园、亲子欢乐时光、自驾驶入秘境、最美乡村古镇。

【实践演练】

任务单:注册文旅类微博账号

实践主题	微博账号设计			
实践目标	1. 了解微博的基本功能和用途 2. 学会如何注册和设置个人微博账号 3. 掌握在微博上获取信息和进行社交互动			
实践方案	活动时间	约一周	活动平台	微博
	活动方式	线上、展示、交流、讨论		
	活动要求	1. 注册微博账号:包括选择用户名、设置密码等。完成账号安全设置,如加强密码等级和开启双重验证等 2. 主页设置美化:上传头像、设置账号简介和背景图;编辑个人资料,包括教育背景、兴趣爱好等 3. 熟悉主要功能:如发布微博、转发、评论、点赞。介绍如何关注其他用户和话题,以及如何搜索感兴趣的内容 4. 互动与社交:参与微博话题讨论,发表自己的观点。介绍如何通过微博私信与他人进行私密沟通 5. 关注头部账号:筛选和关注有价值的信息源,如新闻、文旅部门、头部旅游企业等官方账号 6. 设置隐私与安全:强调保护个人隐私的重要性,如不公开过多个人信息。介绍微博的隐私设置,如何管理谁可以看到自己的微博内容 7. 情况记录与反思:记录一周内的微博使用体验,思考微博对旅游目的地的影响,以及如何合理利用微博资源		
实践评价	学生自评、互评与教师评价相结合,在条件允许的情况下,应采用贯穿全课程的打分机制,后期学生继续对此账号进行运营与内容撰写			

【思考题】

1. 描述微博的基本概念和主要功能，讲述微博与其他社交媒体平台的区别。
2. 对比旅游热门目的地的微博账号，讨论他们的个人主页设计、标签运用以及个性化设置。分析设计如何塑造企业及部门品牌形象，吸引更多关注和互动。

任务二　微博粉丝与话题营销

【引导案例】

文旅微博营销破局社媒传播！

大环境对旅游业的影响仍在持续，线下文旅市场增速放缓，但线上催生的新业态、新消费不断增长，数字文旅产业正逆势上扬，数字科技、文化创意和智能服务等全面融入文化和旅游生产和消费各环节，文旅营销越来越频繁地与新媒体、新技术相融合。

跳水冠军全红婵在采访中说自己从没去过动物园和游乐园。国内文旅机构纷纷通过微博向她发出游玩邀请，短短3天内就有50多家地方文旅厅（局）、80多个景区、500多个橙V参与其中、热烈互动，相关话题阅读量共计3.1亿，讨论量3.9万，实现"体育+旅游"破圈联动讨论。

这起现象级旅游正能量事件，再次刷新行业对微博传播力与影响力的想象。文旅品牌应如何凭借微博这一舆论主阵地，形成由事件驱动的营销机会，将目的地营销与品牌营销更好地融合。又将如何借势微博的海量KOL资源，在旅游消费群体中收获更大的影响力与好感度？

【知识准备】

一、精准寻找粉丝

（一）通过标签寻找粉丝

首先，明确想要吸引的粉丝类型。了解他们的兴趣、爱好和行为习惯，这将帮助你确定合适的标签。在发布微博时，使用与你的目标粉丝相关的标签。例如，如果你的目标是旅游爱好者，可以使用"旅游""小众"等标签。关注竞品账号，看看他们使用的标签和话题，从中获取灵感，但同时保持你的独特性。

（二）通过话题寻找粉丝

关注和参与微博上的热门旅游话题，如"带着微博去旅行""旅游攻略"等。这些话题下通常会聚集大量对旅游感兴趣的用户。

在相关旅游话题下积极互动,如评论、转发和点赞其他用户的微博,这样可以提高你的曝光率,吸引更多对旅游感兴趣的粉丝。

使用微博的搜索功能,输入旅游相关的关键词,找到正在讨论这些话题的用户,然后进行关注或互动。

二、发布有趣内容

(一)创意标题形式

使用吸引人的标题来吸引用户的注意力。标题应该简洁、有趣且能够激发好奇心(表6-2)。

表6-2 旅游类微博账号标题举例

细分定位	创意名称	主要内容
旅行日记	环球旅行日记	记录世界各地的旅行故事
	背包客的足迹	分享背包旅行的点点滴滴
	地球另一端	探索未知的旅行目的地
特色旅行	极限探险家	分享极限运动和冒险旅行的经历
	美食地图	专注于美食旅行,探索各地美食
	文化漫步者	介绍世界各地的文化和艺术
旅行攻略	旅行小助手	提供实用的旅行建议和攻略
	省钱旅行家	分享经济实惠的旅行方式和省钱技巧
旅行摄影	镜头下的旅行	展示旅行中拍摄的美丽照片
	旅行摄影师	分享摄影技巧和旅行故事
旅行心情	在路上的心情	记录旅行中的感悟和心情
	旅行心情日记	分享旅行中的所见所感
旅行故事	旅行故事会	讲述旅行中的有趣故事
	旅行奇遇记	分享不寻常的旅行经历
	海岛度假	专注于海岛旅行的相关内容
	城市探险家	探索城市中的隐藏景点
旅行伙伴	旅行小伙伴	分享与朋友或家人的旅行经历
	旅行伴侣	寻找旅行伙伴,分享结伴旅行的乐趣
旅行创意	创意旅行	分享独特的旅行方式和创意
	旅行实验室	尝试新的旅行概念和活动
旅行音乐	旅行与音乐	结合旅行和音乐,分享旅行中的音乐体验

(二) 提高内容质量

使用高质量的图片和视频来吸引视觉注意力。人们往往对视觉内容更感兴趣,而且这些内容更容易被分享。

1. 清晰度

图片和视频应具有高分辨率,确保在不同设备上查看时清晰无模糊。视频应避免抖动和模糊,使用三脚架或稳定器可以提高稳定性。图片和视频应具有吸引力,内容应与微博主题相关,能够引起用户的兴趣。

2. 版权意识

使用的图片和视频应确保原创性,拥有合法的版权,避免侵权。如果使用第三方素材,应确保已获得授权或使用符合版权要求的素材。尽量上传无水印的原图,以保持图片和视频的专业性和美观性。如果必须使用水印,应确保水印不影响内容的主体部分,且位置和大小适中。

3. 显示尺寸

图片应适应微博的显示尺寸,通常为正方形或长方形,以适应微博的布局。视频格式应兼容微博平台,常见的格式有 MP4、MOV 等。对图片进行适当的后期处理,如调整亮度、对比度、饱和度等,以提升视觉效果。视频剪辑应流畅,避免冗长和无关内容,确保信息传递清晰。

4. 互动元素

在视频中加入字幕、解说或动画,增加内容的互动性和信息量。对于图片,可以使用标签、话题或描述来增加互动性。

5. 遵守平台规则

遵循微博的内容发布规则,不发布违规内容,如色情、暴力、虚假信息等。

6. 测试和优化

在发布前,可以在不同设备上预览图片和视频,确保在各种环境下的显示效果。根据用户反馈和数据分析,不断优化内容质量。

(三) 增强粉丝互动

提问、发起投票或挑战,鼓励粉丝参与互动,可以增加用户的参与度并促进内容的传播。

1. 评论

用户可以在任何微博下发表评论,对内容进行反馈、提问或分享观点。这是最直接的互动方式。

2. 转发

用户可以将感兴趣的微博内容分享到自己的微博主页,并附上自己的评论,这样可以让更多人看到并参与讨论。

3. 点赞

对于喜欢的微博内容,用户可以通过点赞来表达支持和喜爱,点赞数也是衡量微博受欢迎程度的一个指标。

4. 私信

用户可以通过私信功能与他人进行私密沟通,分享信息或讨论话题。

5. 提及

在微博中提及其他用户(使用@符号加上用户名),可以引起对方的注意,邀请对方参与讨论或回应。

6. 话题参与

用户可以参与特定的微博话题(使用#话题#标签),在话题下发表自己的观点或分享相关内容。

7. 投票

发布带有投票功能的微博,让用户参与投票,这是一种有效的互动方式,可以收集用户意见。

8. 微博故事

用户可以通过微博故事分享24小时后自动消失的内容,如日常动态、旅行照片等,粉丝可以在故事下留言互动。

9. 直播互动

微博直播功能允许用户实时观看并参与互动,如送礼物、评论、点赞等。

10. 微博问答

用户可以通过微博问答功能向博主提问,博主回答后,其他用户也可以参与讨论。

11. 微博活动

参与微博举办的各种线上活动,如话题挑战、有奖竞猜等,增加用户参与感。

12. 微博超话

在特定的超话社区中,用户可以围绕一个主题进行深入讨论和分享。

13. 用户生成内容

鼓励用户生成内容,如晒单、分享体验等,并在官方微博上进行展示,这可以增加用户的参与感。

通过这些互动方式,微博账号可以建立起一个活跃的社区,增强用户黏性,提升品牌或个人的影响力。

(四)明确内容偏好

1. 时事热点

结合当前的热点事件或流行文化,发布相关内容。这可以提高内容的时效性和相关性。

2. 故事讲述

人们喜欢故事。尝试通过故事来传达信息,无论是个人经历、品牌故事还是用户故事。

3. 教育性内容

提供有价值的信息或教育性内容,旅游类账号的教育类内容一般包括以下几方面。

(1)旅游攻略。提供详细的旅行指南,包括目的地介绍、交通信息、住宿推荐、美食指南等,帮助用户规划旅行。

(2)文化教育。分享目的地的历史背景、文化故事、艺术建筑等,增加用户对旅游地的了解和兴趣。

（3）环保意识。强调可持续旅游的重要性，提倡环保行为，如减少塑料使用、保护野生动植物等。

（4）安全提示。提供旅行安全建议，如防范诈骗、紧急情况应对、健康提示等，确保旅行者的安全。

（5）语言学习。为前往非母语国家旅行的用户，提供基础的当地语言教学，如常用词汇、日常对话等。

（6）摄影技巧。分享旅行摄影技巧，教授如何拍摄出高质量的旅行照片，提升用户的摄影水平。

（7）旅行礼仪。介绍不同国家和地区的礼仪习俗，帮助用户更好地融入当地文化，避免文化冲突。

（8）健康与健身。提供旅行中的健康建议，如预防高原反应、防晒措施、保持身体健康等。

（9）旅行心理学。分析旅行对个人心理健康的积极影响，如减压、自我发现等，鼓励人们通过旅行来提升生活质量。

（10）旅游法规。提供关于签证、入境要求、海关规定等法律信息，帮助用户了解并遵守目的地国家的法律法规。

（11）旅游经济。分析旅游对当地经济的影响，以及如何通过旅游促进经济发展和社区发展。

（12）旅游科技。介绍最新的旅游科技应用，如虚拟现实旅游、智能导游设备等，让用户了解旅游行业的发展趋势。

通过这些教育性内容，旅游微博账号不仅能够吸引和教育粉丝，还能够提升用户的旅行体验，促进文化交流和理解。

三、创意话题营销

热点营销也可以通俗理解为热搜，热搜包含的事件类别丰富。

热搜带来的优势包括：增加人气和流量、提高话题度、增加曝光概率。

很多人碎片化时间就会用来刷微博，看看今天热搜都有些什么新闻，如果某个演员上了热搜，就会引起很多人的关注，从而为这个演员增加了人气和流量。

同理，微博也是品牌提高知名度、经营口碑的社交场域。例如，鸿星尔克就多次因为捐赠冲上热搜。几乎每一次捐赠上了微博热搜后，鸿星尔克的粉丝、直播间流量及线上销售额均有不同程度的上涨。

还有一些全民话题，例如"七夕""春节"等，也十分火爆。此类全民互动的话题很适合品牌营销。

当然话题中人气高的评论以及品牌下的评价与反馈，都会影响其他用户对品牌形象的理解，因此企业品牌需要多给予关注。话题营销的基本步骤和注意事项如下。

（一）挖掘热点内容

关注微博热搜榜，挖掘当前热门话题，尤其是那些与品牌相关或可以巧妙结合的话题。每个社交平台上都有热点，微博的热点也是很多用户第一选择查看的地方。因为热点是具备较高人气和流量的,因此品牌能够借助热点进行营销,可以提高其宣传力度。热点事件包括各大节日、娱乐事件、体育新闻、公益事件等。有一点需要注意,借助热点也要符合自身品牌的定位,这样才能达到正向推广的效果。

搜索话题的方法如下。

1. 打开微博App或网页版:找到微博,并确保已经登录。
2. 进入个人主页:在微博首页,点击进入个人主页。
3. 点击"发现"标签:在个人主页,看到左侧的"发现"标签,点击进入。
4. 查找热门话题:在"发现"页面,你可以看到各种热门话题的列表,你可以通过滑动屏幕或使用搜索框快速找到你感兴趣的话题。

(二)构思话题创意

设计有趣、引人入胜的话题,确保话题能够引起目标受众的兴趣和讨论。"梗"存在于各大社交平台,也是年轻人之间社交互动的不二神器,品牌要想融入消费者的社交圈、要想在微博上占据热点,必须学会"造梗""接梗""玩梗"。

微博话题是开放了合作的渠道的,付费上热门费用较高。自主运营需要遵守一般的话题上榜的规则:先成为话题主持人,再不断地刷新话题的内容或者邀请很多人先来参与,等热度起来了,就会自然而然吸引更多的人关注。

比如,某盆栽品牌店,在3月12日植树节这个特殊的日子,发起一个"树宝宝"的话题,联合微博公益寻找2015—2020年植树节出生的宝宝,免费赠送小盆栽。就这样,该话题虽然完全不突出品牌,但却因为其公益性质及微博公益的帮助,荣登微博热门榜榜首。

提供高质量的内容,确保话题内容有价值、有深度,才能够吸引用户参与和分享。鼓励用户参与话题讨论,可以通过提问、发起挑战、举办有奖活动等方式可提高互动性。使用合适的话题标签(#话题#),有助于提高话题的可见度,让更多人参与讨论。

(三)与推广渠道合作

结合微博以外的其他社交媒体平台,如微信、抖音等,进行多渠道推广,扩大话题的影响力。与具有影响力的微博大V或行业意见领袖合作,利用他们的粉丝基础和影响力来推广话题。

微博上的热门话题一般发酵到一定程度会有新闻报道出现,新闻宣传和话题热度是相辅相成的,话题的切入点是否符合媒体宣扬的主流价值观则至关重要。

(四)分析监控数据

对粉丝参与度、讨论量、转发量等数据进行实时监控和分析,评估话题营销的效果,并根据数据反馈进行调整。

(五)注重话题时效

把握话题的时效性,确保在话题热度最高时进行推广,以获得最大的曝光效果。在话题营销中,要注意避免敏感话题,确保内容合规,避免引发负面舆论。话题营销不是一次性的活动,需要持续跟进和维护,以保持话题的活跃度和用户的参与热情。关注用户体验,确保参与话题的过程简单易操作,避免复杂的流程影响用户参与。

通过上述关键点,可以有效地利用微博话题营销,提升品牌在社交媒体上的影响力,同时也能够为品牌带来潜在的客户和销售机会。

知识拓展

浅析迪士尼粉丝经济互联网营销之道

上海迪士尼"疯狂动物城"主题园区开园,上海迪士尼微博@疯狂动物城旅游推广中心联动五大品牌官微通过微博粉丝头条"博文共创"样式官宣造势,有效提升了阅读量、互动数和粉丝数,最大化释放了品牌势能。

迪士尼在社交媒体上的营销策略非常成功,尤其是在微博上,他们运用了多种创新方法来吸引和维护粉丝。

2021年9月,一只名叫玲娜贝儿的粉色狐狸被上海迪士尼以达菲的"过路客"身份创造出来,短时间内火爆全网,截至2021年11月23日,在微博上搜索"玲娜贝儿"的阅读量高达4.5亿,讨论达306万,潮玩周边有4.4万人点击"想买"。玲娜贝儿的粉丝们经常排队7个小时买货,5个小时合照,原价99元的挂件也被炒到了500元;而官方200元的毛绒公仔被黄牛卖出了1 500元。通过微博,迪士尼创造了高达4.5亿的阅读量和306万的讨论量,成功吸引了大量粉丝关注。

图6-1展示了迪士尼传统的盈利模式链条,第一轮是来自院线,第二轮来自电影光盘、原声专辑等,第三轮来自体验式的收入,第四轮来自消费品,例如周边产品。

迪士尼的任何内容IP都可以满足上述模式,除了玲娜贝儿所在的达菲家族,直接来到了第三轮和第四轮,以授权和卖周边产品作为主要形式获取利益,省去了内容制作相关的所有成本和麻烦事,再赋予这个凭空冒出的角色一些人设和情感价值,已足以撬动亚洲专属的偶像经济现象的一隅。这种策略利用了全渠道、内容共创和故事营销,迅速占领了年轻一代的心。

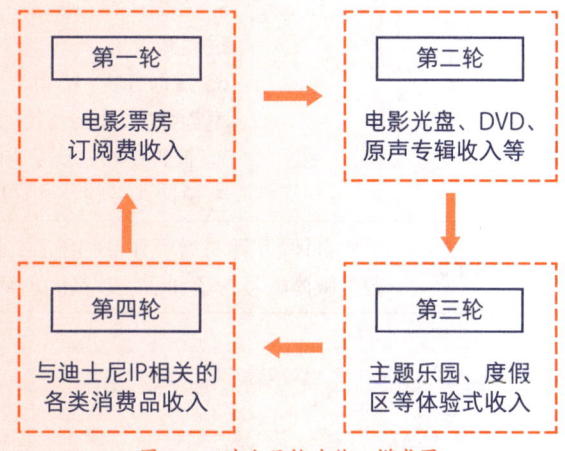

图6-1 迪士尼轮次收入模式图

不同于儿童玩具所需要的安全问题和教育意义,对于潮流玩具而言,能否成功在社交网络中得到大范围、多层次的传播,也是其能否成为"爆款"的关键因素之一。当下年轻人多是社交网络的重度使用者,在微博、抖音、小红书等社交媒体上的传播可以成为走红的重要推力。据微博数据显示,自9月29日正式发售以来,一个月时间里玲娜贝儿共计登上热搜32次。而在抖音,玲娜贝儿相关话题的播放量已达4.5亿次。

除了线上渠道的营销,线下的方式也在如火如荼地进行着,在游乐场里,由工作人员扮演的"儿儿"通过与观众互动的方式,俘获了一批又一批粉丝乃至看客的心,这种杂糅了用户体验的营销方式,同样营造了消费品和消费者之间的情感链接氛围。

【实践演练】

任务单：文旅类微博粉丝与话题营销

实践主题	打造爆款话题			
实践目标	1. 了解旅游类微博账号如何吸引和维护粉丝 2. 学习如何通过话题营销提升旅游目的地的知名度和吸引力			
实践方案	活动时间	约一周	活动平台	微博
	活动方式	线上、展示、交流、讨论		
	活动要求	1. 账号研究：选择几个知名的旅游类微博账号进行观察，记录账号的粉丝数量、互动情况和内容类型 2. 内容分析：分析这些账号发布的微博内容，包括图文、视频、直播等，了解哪些内容更受欢迎及粉丝互动情况 3. 话题参与：参与几个热门旅游话题，如 # 带着微博去旅行 #，观察话题下的讨论和互动，了解话题如何带动粉丝参与 4. 粉丝互动：在旅游类微博账号下留言，尝试与博主或其他粉丝互动，体验粉丝互动的过程 5. 案例研究：研究一个成功的旅游话题营销案例，分析其策略、执行过程和效果 6. 数据分析：使用微博的数据分析工具，收集并分析粉丝增长、互动率等数据，评估营销效果 7. 报告撰写：撰写一份报告，总结你的观察和学习成果，提出对旅游类微博账号粉丝和话题营销的建议		
实践评价	学生自评、互评与教师评价相结合，通过提交的报告和个人体验分享，评估学生对旅游类微博账号粉丝和话题营销的理解程度			

【思考题】

1. 分析旅游类微博账号发布的内容类型(如攻略、文化介绍、实时分享等)，并讨论这些内容如何吸引和维护粉丝。

2. 选择一个成功的旅游话题营销案例，探讨其成功的关键因素，并提出你认为可以改进的地方。

任务三　微博内容营销与活动策划

【引导案例】

作为一家老牌的门户网站,新浪网成立于1998年,2008年新浪网旅游频道上线,2009年新浪微博正式上线,2014年,微博旅游成立。

在其后深耕的多年间,微博先后推出了"带着微博去旅行""不止旅行"等IP项目,以及旅游热榜(旅游热搜榜、景点酒店榜、旅游红黑榜)等一系列基于微博平台大数据的行业榜单体系。

2023年,淄博市文旅局发布了《致广大游客朋友的一封信》,呼吁游客错峰出游,彼时,淄博烧烤一度走红网络,这种火爆最终也反映在了数据上。"五一"期间,淄博旅游业消费额环比4月增长73%,本地中小商户日均消费金额环比4月增长达到了近40%。下半年,杭州亚运会吸引了全世界的关注,"因体育赛事奔赴一座城"成为亚运"限定"。如果说一座城市的走红,依靠的是城市的文化底蕴与整体运营能力,而社交媒体平台则是在原有的基础上添砖加瓦,让更多的人看到这座城市独有的魅力,其中,新浪微博就扮演了重要的角色。新浪微博旅游主编说:"在短视频时代,微博区别于短视频平台的根本之处,在于微博具有媒体属性与社交属性。"

微博旅游实现了从局部到全面、从浅层到深层的转变,同时栏目不断丰富,营销技术不断突破,为广告主和用户提供更多元的价值。

围绕着搜索、热搜生态、热点策划、红黑榜、旅游IP、名人效应等方式,微博旅游实现了让热门城市可以持续保持热度,帮助潜力城市打出知名度,这些城市营销实践各有侧重,但同时微博旅游结合各自城市特点,探索出了更好的营销策略,最终实现出圈营销。在热门城市淄博的话题营销中,微博旅游助力营销:博主线上视频→线下打卡,完成社交媒体"引流"。

通过邀请普通博主发布视频,引来几十万点赞转发;线上热度开始转化为线下打卡,淄博烧烤连续多日霸榜热搜;烧烤店主自发参与,宣传自家烧烤,更多曝光引起用户兴趣和好奇。

在线下,淄博文旅局局长亲自登场,在烧烤专列上服务。最后文化和旅游部官方微博@文旅之声发起"全国烧烤大PK",各地文旅部门发起本地特色烧烤话题。

还有不少城市也把握住了微博话题营销的流量密码,焦作强势出圈系列相关话题总曝光量达3亿多,引发全民互动打造流量爆点。活动主话题"五月因爱来焦作"强势登榜微博全国热搜榜。分话题"来焦作是朋友""原来这里是焦作"登微博区域榜;焦作相关微博旅游视频飙升榜前两名,视频播放量达到841万次;打造微博账号矩阵,共建线上话题传播流量池。

通过五一小长假热点借势,微博强势资源曝光等多维度创意形式+推广曝光,全方位多维度立体展示焦作文化旅游城市形象,持续扩大焦作的知名度与美誉度。

"芳菲四月,洛阳有约",牡丹文化节是洛阳走向世界的多彩桥梁和世界了解洛阳的名片。洛阳文旅第四十届洛阳牡丹文化节以"花开洛阳青春登场"为主题,洛阳文旅以"洛阳全城剧本杀""元宇宙幻城之夜复原古都盛世""隋唐洛阳城绝美华服秀"为宣传主话题，强势登榜微博热搜榜，话题阅读曝光率达3亿多；省内外媒体联动，引发微博热议，全国垂直类大V种草发布，实现影响力全覆盖。

通过趣味话题打造，强势登榜热搜，多链路内容联动，跨垂热点全覆盖，助力洛阳城市形象强势传播。

微博旅游也在推出新的栏目，做新的尝试。为提升平台旅游内容生态氛围，提升旅游内容生产量、加强平台旅游内容消费及感知，新浪微博发起"微博旅行家计划"，发起"记录旅行"话题活动，引导各领域博主分享旅途见闻、美景美拍或记录所到之处难忘体验等。

【知识准备】

一、微博内容营销策划

概念：微博内容营销是指在微博这个社交媒体平台上，通过策划、创作、发布和管理内容，以吸引用户关注、提高用户参与度、增强用户黏性，最终实现品牌推广、产品销售或服务提供等商业目标的一种营销策略。

（一）内容营销要点

1. 塑造内容价值

首先要改变观念——企业微博是一个给予平台。

只有能对浏览者创造价值的微博，其自身才有价值，此时企业微博才可能达到期望的商业目的。企业做自己擅长的领域与专业，企业做专业的技术分享、提供专业持续的价值服务；为用户的学习和认知节省时间成本和渠道，培养与用户一起学习、共同进步的习惯。

高价值的旅游类微博账号通常具备以下特点：拥有大量忠实粉丝、内容质量高、更新频率稳定、能够提供实用的旅游信息和攻略、具有一定的影响力和公信力。以下是一些高价值的旅游类微博账号的例子。

新浪旅游：作为新浪官方的旅游账号，提供最新的旅游资讯、攻略、活动信息，以及旅游行业动态。

穷游网：穷游网的微博账号分享实用的旅行攻略、目的地推荐、旅行故事等，深受旅行爱好者的喜爱。

马蜂窝旅游：马蜂窝是中国知名的旅游社区，其微博账号提供丰富的旅游攻略、用户分享和旅行灵感。

去哪儿网：提供机票、酒店、旅游套餐等预订信息，以及旅游攻略和优惠活动。

携程旅行网：携程是中国领先的在线旅行服务公司，其微博账号提供旅游产品信息、用户评价和旅行攻略。

途牛旅游网：提供旅游产品预订服务，分享旅游攻略、目的地介绍和用户评价等。

旅行家杂志：《旅行家》杂志的官方微博，分享旅行故事、文化探索和摄影作品。

这些账号不仅为旅行者提供了丰富的信息资源,也通过高质量的内容创作增强了用户黏性,提升了品牌影响力。通过关注这些账号,用户可以获得旅行灵感、学习旅行技巧,同时也能够参与到各种旅游话题的讨论中。

2. 挖掘微博个性

微博的特点是"关系"和"互动",因此,虽然是企业微博,但也切忌仅仅作为一个官方发布消息的窗口那种冷冰冰的模式。要给人感觉像一个人:有感情、有思考、有回应、有自己的特点与个性。

3. 连续发布内容

微博就像一本随时更新的电子杂志,要注重定时、定量、定向发布内容,让大家养成观看习惯。大家登录微博后能够想看看你的微博有什么新动态,这无疑是成功的最高境界。虽然很难达到,但我们需要尽可能出现在网友面前,先成为大家想到旅行信息时首先想到的一个对象,然后逐渐成为他们思想中的一个习惯。

4. 增加互动频次

微博的魅力在于互动,互动性是使微博持续发展的关键。第一个应该注意的问题就是,企业宣传信息不能超过微博信息的 10%,最佳比例是 3%~5%。更多的信息应该融入粉丝感兴趣的内容之中。

"活动内容 + 奖品 + 关注(转发 / 评论)"的活动形式一直是微博互动的主要方式,但实质上奖品比你那些企业所想宣传的内容更吸引粉丝的眼球,但相较于赠送的奖品,企业方能在微博认真回复留言,用心感受粉丝的思想,才更能换取情感的认同。

5. 塑造系统布局

企业想要微博发挥更大的效果,就要将其纳入整体营销规划中来,这样微博才有机会发挥更多作用。任何一个营销活动,想要取得持续而巨大的成功,都不能脱离了系统性,如果只是单纯当作一个点子来运作,很难持续取得成功。

6. 准确定位账号

常用旅游类微博粉丝定位如表 6-3 所示。

表 6-3 旅游类微博粉丝定位

画像维度	粉丝定位	实践举例
兴趣爱好	对旅游、探险、文化、自然风光等有浓厚兴趣的用户群体	这些用户可能热爱旅行、喜欢探索新地方、对不同文化充满好奇
年龄层次	根据微博用户的年龄段进行定位	例如,年轻人可能更倾向于寻找刺激和冒险的旅行体验,而中老年人可能更偏好休闲和文化体验
消费能力	分析粉丝的经济状况和消费水平,定位不同消费层次的旅游产品	例如,高端旅游、经济型旅游或背包客旅行
旅行目的	根据粉丝的旅行目的进行定位	例如,度假、商务、教育交流、家庭旅行等,提供相应的内容和服务

续表

画像维度	粉丝定位	实践举例
地理位置	分析粉丝的地理位置,针对不同地区的用户推荐相应的旅游目的地和活动	例如,根据地理位置推荐周边自驾游,以及本地小众旅游线路
社交媒体行为	观察粉丝在社交媒体上的行为	例如,他们关注的话题、参与的活动、互动的内容等,以更好地了解他们的兴趣和需求
旅行经验	考虑粉丝的旅行经验,为新手旅行者提供入门指南,为经验丰富的旅行者提供深度游和探险旅行的信息	例如,喜欢徒步探险的群体,推荐需要富有经验和匹配身体素质的旅游攻略
文化背景	了解粉丝的文化背景,提供符合其文化喜好和价值观的旅游内容	例如,搜索古建筑、民俗等相关内容的游客推荐历史古城
季节性和时效性	根据季节和当前热点事件,调整内容策略,吸引粉丝关注特定季节的旅游活动或热门目的地	例如,冬天推荐热带海岛,夏天推荐避暑胜地
个性化需求	提供个性化的旅游建议	例如,根据粉丝的旅行历史和偏好推荐定制旅行计划

通过精准的粉丝定位,旅游微博账号可以更有效地吸引目标受众,提供有针对性的内容,增强粉丝的忠诚度和活跃度,从而提升旅游产品和服务的转化率。

(1) 传递价值。企业如果想通过微博提高品牌吸引力,需要运用更多的功能与事件,打造和提升自身价值。作为宣传与吸引游览者的手段,企业不可能每天都用打折、优惠等方式,最终有物质奖励和知识提升才是对客户更有价值的,所以,传递企业价值很重要,比如可以给目标顾客提供他们感兴趣的相关资讯、常识、专业知识等。

(2) 微博个性化。强关系、多互动的微博特点。这和品牌与商品的定位一样,从功能层面就要做到差异化,在感性层面也塑造个性。这样的微博具有独特性与个性化,有不可替代性与独特的魅力。

(3) 准确定位粉丝。对于企业微博来说,拥有大量粉丝很重要,但更需要拥有有价值的粉丝,那么就要围绕一些产品目标顾客关注的相关信息来进行发布,目的是吸引目标顾客的关注。同时,可以吸引感兴趣的消费者的眼球,完成吸引大量粉丝的目标。

(4) 强化互动和内容持续性。互动和内容的持续性是发展的关键,可以将更多的信息融入粉丝感兴趣的内容之中,引起共鸣。

(二) 内容营销策划

1. 周末高峰

用户对品牌活动的参与度在周末比平时高17%。但是,只有19%的品牌会在周末发布文章。

2. 图片有效

带图片链接的文章参与率是无图片链接文章的两倍。

3. 简洁为妙

字数少于100的文章,其参与度高出17%,对于带有链接的文章来说,120个字到130

个字最讨巧。

4. 年长人群
增速最快的用户群体是年龄在55岁到64岁的年长人群。

5. "#"标签
带有"#"话题标签的文章,其参与度比不带"#"话题标签的文章高出两倍。

6. 移动端用户
由用户生成的、提到了品牌的文章中,有66%来自移动端用户。

7. 早晚高峰
移动端用户在上下班路上登录微博的概率比平时高出很多！上班族的早晚高峰不容忽视。

8. 放大效应
喜欢转发文章从而对内容起到"放大"作用的用户们,发送私信的可能性比不爱转发推文的用户高出122%,发文章、收藏文章、查看照片、发照片和发视频的可能性也比不爱转发推文的用户高得多。此外,这些"放大者"中多达90%的人会在推文中提到电视节目。

9. "求转发"
如果在文章中提到希望被"转发",那么推文被转发的可能性会提高12倍至23倍。

二、微博活动营销策划

(一)活动营销策划要点

微博活动营销策划案通常包括活动目标、主题、时间、形式、内容、参与方式、奖项设置、操作流程和预期效果等要素。表6-4和表6-5提供了简化的微博活动营销策划案例。

表6-4 案例一:城市旅游活动营销策划

案例名称	#我城我秀#图片及家乡语录征集活动
活动目的	1. 提升公司品牌知名度 2. 增加高质量活跃粉丝 3. 吸引潜在客户,增加网络营销业务 4. 增加平台曝光度,为后期活动作铺垫
活动时间	20××年1月7日至20××年1月16日
活动形式	新浪微博有奖转发
活动内容	1月7日至1月16日发布原创微博——你对城市美景的原创语录、你和美景的合影,就有机会获得我们送出的价值××元的豪华大礼。另外,关注@××文旅,转发并评论微博,您还有机会获得价值××元的手机充值卡！限量20名(赶紧行动吧！)
参与方式	1. 关注@新浪官方微博 2. 转发并评论指定微博 3. 上传有美景的照片并@城市文旅、#我城我秀#
奖项设置	1. 手机充值卡100元,名额20名 2. 图片征集名人堂:礼品,名额2名

续表

案例名称	#我城我秀#图片及家乡语录征集活动
操作流程	1. 在官方微博主页发布活动信息并置顶 2. 网红转发,加大宣传力度 3. 活动结束,进行抽奖 4. 在官方微博和官网上公布获奖名单,并私信通知获奖者
预期效果	1. 粉丝数量增加 500 人及以上 2. 活动转发次数达到 500 次及以上
注意事项	1. 所有获奖者须在规定时间内提供个人信息 2. 逾期未提供信息者视为自动放弃,抽取机会将释放给其他用户

表6-5 案例二:旅游公司活动营销策划

案例名称	纪念××公司八十周年微博送好礼活动
活动目的	吸引微博用户,通过微博活动的关注、转发等方式达到宣传公司的效果,从而提高公司的知名度和影响力
活动时间	20××年4月17日至20××年4月22日
活动形式	关注新浪微博、转发有奖活动
活动内容	1. 公司员工转发微博 形式:号召公司内部全体员工开通新浪微博通过公司内部员工的微博互访、关注和转发形成一个固定的粉丝群。再通过员工微博的力量进行更多的转发和关注,增加公司的粉丝人数、关注人数、转发次数和浏览量。员工参加微博活动的同时,增加公司的人气 2. 通过活动吸引其他人 在公司成立八十周年之际,为答谢广大粉丝的长久支持和关注,特别推出"八十周年好礼送"活动以回馈大家,活动日期为20××年4月17日至20××年4月22日,您只需关注+转发此微博,就可以获得奖品(奖品详见公司公告)
预期效果	1. 粉丝数量增加××人及以上 2. 转发次数达到××次以及上 3. 提升公司知名度和影响力
中奖人数	10人
活动预算	××元

以上案例展示了如何通过有奖转发活动来吸引用户参与,同时提升品牌曝光度和粉丝互动。通过精心设计的活动内容和奖项设置,可以有效地激发用户的参与热情,实现活动目标。

(二)营销策划的基本步骤

微博活动营销策划的具体步骤通常包括以下几个关键环节。

1. 明确活动目标

确定活动的主要目的,如增加粉丝量、提高品牌知名度、推广产品、提升用户活跃度等。

2. 市场调研与分析

对目标受众进行调研,了解他们的兴趣、行为习惯和需求,分析竞争对手的活动策略,找出差异化的切入点。

3. 活动主题与创意

设计吸引人的活动主题,确保与品牌形象和市场定位相符。让策划活动的内容有创意,确保内容新颖、有趣,能够引起目标受众的兴趣。

4. 活动形式与规则

确定活动的具体形式,如转发抽奖、话题讨论、用户生成内容(UGC)等。设计活动规则,确保规则简单明了,易于用户理解和参与。

5. 内容制作与准备

制作活动所需的图文、视频等素材。准备活动相关的文案,包括活动介绍、参与指南、奖品说明等。

6. 活动推广

制定推广计划,包括内部推广(员工、合作伙伴)和外部推广(KOL、广告、合作伙伴等)。确定推广时间表,选择合适的时间点发布活动信息。

7. 活动执行

在微博平台上发布活动,确保活动信息准确无误。监控活动进展,及时对用户疑问和反馈作出回应。

8. 用户互动与激励

鼓励用户参与,如设置互动环节、提供额外激励(如额外抽奖机会)等,鼓励用户对优质内容进行转发,以提高活动的曝光度。

9. 数据分析与优化

实时监控活动数据,如参与人数、转发量、互动率等。根据数据反馈调整活动策略,优化活动效果。

10. 活动总结与评估

活动结束后,收集用户反馈,总结活动效果。分析活动成功与失败的原因,为未来活动提供经验教训。

11. 后续跟进

对获奖用户进行通知和奖品发放,对参与用户进行感谢,维护良好的用户关系。

通过这些步骤,可以确保微博活动营销策划的系统性和有效性,从而实现活动目标,提升品牌影响力。

知识拓展

以用户为核心,打造旅游玩家们的集体狂欢节

伴随着大众物质生活的充裕,以旅游为代表的精神方面的需求也随之日益凸显。外出旅游成为许多人日常生活中休闲娱乐的重要组成部分。在此背景下,如何通过移动互联网的属性赋能于旅游市场,更好的整合各方资源,打通线下旅游与线上平台之间的通路,来提升旅游用户的体验与黏性,促进旅游市场整体商业化的发展,成为各旅游平台不断探索的一个主要问题。在新浪微博"带着微博去旅行"的主题活动中,微博就如何打造一款兼具用户口碑与商业价值的线上旅游活动为行业做出了示范(图6-2)。

图6-2 "带着微博去旅行"活动页面

在"带着微博去旅行"活动中,用户与微博之间的微妙关系更是得到了集中呈现。首先,经过长期的积累和沉淀之后,微博上的旅游玩家们在微博上积累了大量关于旅游的相关信息。"带着微博去旅行"基于之前几届的持续造势,已经成为一个具有公众普遍认知的IP化符号,用户形成了主动参与的意识。其次,优质旅游信息的集中曝光,也唤醒了许多泛用户的旅游热情。众多名人的加入,通过旅游,与粉丝形成了新的互动点,使得话题"自带热度"。可以说"带着微博去旅游"活动,一经上线就迅速触发了微博旅游玩家们的兴奋点,并迅速发酵成为旅游玩家们在微博上的一场集体狂欢节。

有了良好的声誉基础,品牌与带旅的合作,也就能够借势而为,实现自身的良性传播。作为此次活动的主要合作伙伴,新福特翼虎以定制化的模式,成功融入本活动的各个环节。在各宣发海报的活动话题页,新福特翼虎贯穿始终。再加上定制化互动H5的助力、持续性话题下的趣味问题互动等,在"汽车"与"旅游"之间的强关联性绑定下,新福特翼虎与微博用户玩在了一起,实现了泛受众群体的深度辐射与置换,最终形成了数十亿的曝光量,并在用户心中建立起认知度与好感度。

对于旅游者来说,旅行不再是点对点的打卡记录,其中的体验变得越来越重要。在"带着微博去旅行"的微博活动中,为了让用户能够在参与活动的过程中获得良好的体验,微博也着力针对自身的创新优势进行了升级,结合当下最流行的短视频形式及"微博故事"等视频元素,以场景化的体验帮助用户呈现旅行过程中,更加鲜活生动的美妙经历。同时,官方开启的"最炫旅拍榜""最美旅图榜""旅行故事榜"等花式榜单,也为旅行增添了趣味。

同时，中国文博和八大博物馆，以及各路旅游相关机构也来参与此次活动，更是深度培养了用户的参与感与文化认同感。在多元场景下，多维度捕捉用户喜好，通过丰富的内容生态来催化用户参与热情，挖掘用户需求，进而创造情感共鸣，这种综合营销能力是微博所独具的。融入场景之后的美好感，既是对旅行稍纵即逝的体验感的留存，也是用户在全新的玩法中所获得的全新场景化体验，旅游自此不再是简单的"到达远方"，更是一个在行走中不断发现美好、展示美好，共享美好的路径。

【实践演练】

任务单：文旅类微博活动营销策划

实践主题	旅游官微涨粉计划			
实践目标	1. 了解微博活动营销的基本流程 2. 掌握提高品牌知名度、增加粉丝互动等有效方法			
实践方案	活动时间	约一周	活动平台	微博
	活动方式	线上、展示、交流、讨论		
	活动要求	1. 目标受众分析：描述目标受众的特征，包括年龄、性别、兴趣爱好、社交媒体使用习惯等 2. 活动主题与创意：设计活动的主题，确保主题吸引人且与目标受众相关。提出有创意的点子，设想如何通过微博平台实现活动目标 3. 内容规划：规划活动内容，包括图文、视频、直播等多种形式。设计内容日历，安排内容发布的时间表 4. 互动机制：设计互动环节，如话题讨论、有奖问答、用户投票等。确定如何激励用户参与，例如设置奖品或优惠 5. KOL合作：列出潜在的 KOL 或网红名单，以及合作方式和预期效果 6. 预算规划：根据活动规模和预期效果，制订合理的预算计划 7. 风险评估：评估可能的风险，如负面舆论、技术问题等，并准备应对策略 8. 执行计划：详细描述活动的执行步骤，包括内容制作、发布、监控和互动管理 9. 数据分析：设定活动效果评估指标，如阅读量、转发量、新增粉丝数等。使用微博提供的数据分析工具，监控活动效果 10. 资源清单：列出活动所需的所有资源，如设计素材、视频制作工具、KOL联系方式等 11. 团队分工：明确团队成员的角色和责任，确保每个人都清楚自己的任务		
实践评价	学生自评、互评与教师评价相结合，通过提交的策划案和个人体验分享，评估学生对旅游类微博内容和活动营销的理解程度			

【思考题】

1. 在进行活动营销的过程中,如何合理分配预算,确保活动效果最大化?如何应对预算超支的风险,确保活动顺利进行?

2. 如何设定合理的关键绩效指标(KPI),确保活动效果可衡量?如果未达成合理的目标,将如何处理活动效果未达预期的情况,进行调整和优化?

模块小结

旅游行业微博营销是一个系统工程,涉及内容创作、用户互动、数据分析、风险管理等多个方面。通过精心策划和持续优化,旅游企业可以利用微博,有效提升品牌影响力,吸引更多游客,推动旅游业的发展。

旅游行业微博营销的核心在于内容的创作与发布。高质量的内容是吸引和保持粉丝的关键。这包括精美的旅游图片、引人入胜的旅行故事、实用的旅游攻略,以及与旅游相关的文化、历史和自然知识。内容应具有时效性,紧跟旅游热点,如节日活动、季节性旅游推荐等。同时,内容应多样化,满足不同类型用户的需求,如家庭游、背包客、奢华旅行等。

与旅游领域的 KOL 和网红合作,可以有效地扩大旅游信息的传播范围。这些 KOL 拥有大量忠实粉丝,他们的推荐往往能直接影响用户的旅行决策。通过合作,旅游企业可以利用 KOL 的影响力,提升品牌知名度,吸引潜在客户。

微博作为一个社交平台,强调用户间的互动。旅游行业微博营销应鼓励用户参与讨论,如发起话题、举办问答、进行投票等。通过这些互动,可以增加用户的参与度,提升粉丝的忠诚度。同时,建立一个积极的社区环境,让用户感受到归属感,也是微博营销的重要目标。

旅游行业微博营销不是一次性的活动,而是一个持续的过程。在活动结束后,应继续跟进用户反馈,维护与用户的联系。通过定期发布新内容,举办后续活动,可以保持用户的活跃度,促进口碑传播。

随着社交媒体的不断发展,旅游行业微博营销也需要不断创新。尝试新的功能,如微博直播、微博故事等,可以为用户带来新鲜的体验。同时,结合 AR/VR 技术、大数据分析等前沿科技,可以提升旅游信息的呈现方式,吸引更多年轻用户。未来,期待微博营销的变化与发展能带给旅游行业的更多的可能性。

实训：微博
旅游账号创
建操作

实训：微博
旅游话题
营销

模块练习

一、判断题

1. 微博的特点是"关系"和"互动"，因此企业微博应该仅作为一个官方发布消息的窗口。（　　）

2. 微博内容营销是指在微博这个社交媒体平台上，通过策划、创作、发布和管理内容，以吸引用户关注、提高用户参与度、增强用户黏性，最终实现商业目标的一种营销策略。（　　）

3. 微博活动营销策划案通常包括活动目标、主题、时间、形式、内容、参与方式、奖项设置、操作流程和预期效果等要素。（　　）

4. 在微博活动营销策划中，活动目标的明确是不必要的，可以随意设定。（　　）

5. 微博活动营销策划中，数据分析与优化环节是在活动结束后进行的，不需要实时监控活动数据。（　　）

二、单选题

1. 微博用户数量在过去几年中迅速增长，成为中国社交媒体市场的领导者之一，微博的注册用户超过多少亿？（　　）

A. 10亿　　　　B. 5亿　　　　C. 8亿　　　　D. 2亿

2. 微博相比其他社交软件在实时性、内容形式、传播方式和用户互动等方面具有突出优势，吸引了广大用户的关注和参与，主要用于发布和分享什么内容？（　　）

A. 长篇文章　　　　　　　　B. 学术论文
C. 专业报告　　　　　　　　D. 短文、照片、视频和链接

3. 微博的合作方式中，哪种合作方式是基于微博数据进行分析或二次加工后，服务于企业及微博账号的企业合作伙伴？（　　）

A. 运营托管　　B. 应用开发　　C. 数据洞察　　D. 广告营销

4. 在微博账号注册与验证过程中，以下哪项是必须提供的资料？（　　）

A. 手机号码　　　　　　　　B. 身份证复印件
C. 个人简历　　　　　　　　D. 学历证明

5. 微博账号的会员和加V认证可以提高账号的哪些权限？（　　）

A. 发布微博的频率 B. 观看视频的清晰度
C. 私信的条数 D. 置顶功能和编辑功能
6. 在微博营销中,以下哪项不是微博内容营销的要点?(   )
A. 塑造内容价值 B. 挖掘微博个性
C. 随意发布广告 D. 连续发布内容
7. 微博活动营销策划的基本步骤中,哪一步是在活动开始前进行的?(   )
A. 明确活动目标 B. 活动执行
C. 用户互动与激励 D. 活动总结与评估
8. 微博活动营销策划案中,以下哪项不是活动形式的可能选项?(   )
A. 有奖转发 B. 用户生成内容
C. 电子邮件营销 D. 话题讨论
9. 在微博内容营销中,以下哪个不是提升内容质量的方法?(   )
A. 使用高质量的图片和视频 B. 避免侵犯版权
C. 显示尺寸适应微博布局 D. 频繁发布低质量内容
10. 微博活动营销策划中,以下哪项是活动推广的一部分?(   )
A. 活动结束 B. 制订推广计划 C. 活动总结 D. 数据分析

三、多选题

1. 微博平台提供多种业务合作方式,包括哪些?(   )
A. 运营托管 B. 应用开发 C. 数据洞察 D. 广告营销
2. 微博账号搭建中,账号标签定位包括哪些方面?(   )
A. 头像设置 B. 昵称设置 C. 签名设置 D. 背景图的设置
3. 微博内容营销中,提高内容质量的注意事项包括哪些?(   )
A. 图片和视频的清晰度 B. 版权意识
C. 显示尺寸适应性 D. 视频剪辑流畅性
4. 微博活动营销策划要点中,明确活动营销策划要点包括哪些?(   )
A. 明确活动目标 B. 市场调研与分析
C. 活动主题与创意 D. 活动形式与规则
5. 微博活动营销策划的基本步骤中,哪些步骤是在活动开始前进行的?(   )
A. 明确活动目标 B. 市场调研与分析
C. 活动主题与创意 D. 活动形式与规则

四、论述题

1. 论述微博内容营销的重要性及其在旅游营销中的应用。
2. 论述微博活动营销策划的关键步骤及其对提升旅游品牌影响力的作用。

模块七　生成式人工智能(AIGC)运营

◆【学习目标】

◆ 素养目标

1. 提升数字化素养。
2. 增强人工智能运用相关法律意识。
3. 提升市场意识。
4. 树立正确的旅游新媒体营销的价值观。

◆ 知识目标

1. 了解 AIGC 在文本、图像、音视频生成方面的功能。
2. 理解国内 AIGC 运营的法规、伦理和社会责任。
3. 掌握 AIGC 的基本概念、原理和应用领域。

◆ 能力目标

1. 能用 AIGC 工具生成可用性文本。
2. 会用 AIGC 工具进行智能绘图。
3. 会视频生成且进行相应编辑。
4. 能将 AIGC 技术与新媒体应用结合。

◆【重难点】

◆重点：

1. AIGC 相关技术的生成逻辑和具体使用。
2. AIGC 技术在旅游新媒体营销的实际应用。

◆难点：AIGC 的个性化创新；AIGC 相关的知识产权意识的建立。

◆【模块引导】

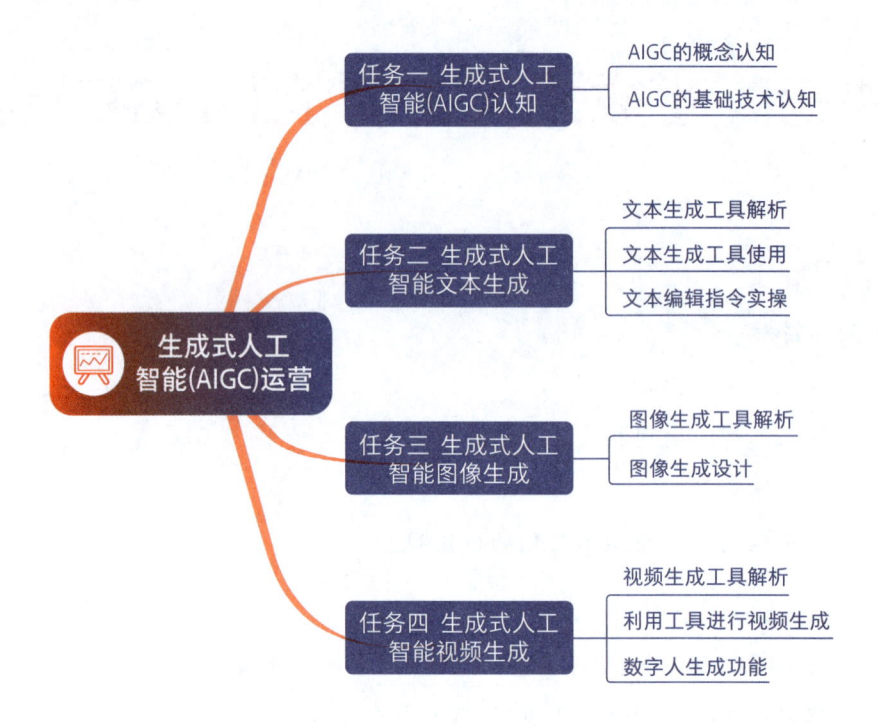

```
                                    ┌─ AIGC的概念认知
                    任务一 生成式人工 ┤
                    智能(AIGC)认知    └─ AIGC的基础技术认知

                                    ┌─ 文本生成工具解析
                    任务二 生成式人工 ├─ 文本生成工具使用
                    智能文本生成      └─ 文本编辑指令实操
生成式人工
智能(AIGC)运营
                                    ┌─ 图像生成工具解析
                    任务三 生成式人工 ┤
                    智能图像生成      └─ 图像生成设计

                                    ┌─ 视频生成工具解析
                    任务四 生成式人工 ├─ 利用工具进行视频生成
                    智能视频生成      └─ 数字人生成功能
```

任务一　生成式人工智能(AIGC)认知

【引导案例】

会画图的人工智能

2023年4月,麦当劳在微博展示了由 AI 制作的千年前的麦麦宝藏,巨无霸青铜器汉堡、传世宝玉薯条、青花瓷可乐、亮晶晶薯饼、白玛瑙黄金麦乐鸡、黄金麦辣鸡翅……这组由 AI 技术创作的"M 记新鲜出土的宝物"分别由青铜器、白玛瑙、青花瓷等不同材质制作而成。从造型来看,陈列在玻璃展示盒里的麦当劳"传家宝"在延续经典菜单的基础上,还多了不少文物的印迹。以 AI 为工具实现了古老文物和现代快餐的碰撞,让麦当劳的前世今生得以展现,麦麦博物馆里的每一件"古董"都让消费者眼前一亮,一时之间在网络上引起了热议。

更值得一提的是,其实这套"古董"是由麦当劳的粉丝利用生成式人工智能制作的,在麦当劳发现后即刻和该粉丝开启联动,这样的联动会进一步推动 UGC 的爆发和沉淀,带动更多粉丝加入该话题的讨论(如图 7-1 所示)。

图 7-1　由 AI 制作的"麦当劳新鲜出土的宝物"

【知识准备】

一、AIGC 的概念认知

生成式人工智能,即 AIGC(Artificial Intelligence Generated Content),是一种基于前沿技术(如生成对抗网络和大型预训练模型等)的内容生成方式。该技术通过对已有数据进行深入学习和精准识别,展现出适当的泛化能力,进而生成与原始数据相关的高质量内容。

AIGC 技术的精髓在于其利用先进的人工智能算法,创造出既具创意又保证质量的内容。经过严谨的模型训练和海量数据的深度学习,AIGC 能够根据用户提供的条件或指导,精准生成与之高度契合的内容。例如,用户仅需输入简单的关键词、描述或示例样本,AIGC 便能迅速生成与之匹配的文章、图像、音频等多种形式的内容,极大地丰富了内容创作的可能性和效率。最具代表性的 AIGC 在国外有 OpenAI 研发的 ChatGPT、谷歌的 Gemini 等;国内则有百度开发的"文心一言"(如图 7-2 所示)、阿里巴巴的"通义千问"、腾讯的"混元大模型"等。

图 7-2 百度的"文心一言"

随着技术的不断进步,AIGC 领域的应用场景也在迅速拓宽。无论是自动生成新闻、广告文案,还是辅助艺术创作、视频编辑,AIGC 都在为人们带来更加高效、便捷和富有创意的内容生成体验。总的来说,从早期萌芽到快速发展,AIGC 领域(如图 7-3 所示)经历了技术的不断突破和应用场景的逐步拓宽。GPT-4.0o 等模型的推出标志着这一领域的技术发展又迈上了一个新的台阶,为未来的智能应用提供了更加强大和灵活的支持。

二、AIGC 的基础技术认知

(一)文本生成技术

1. 文本生成概念

AIGC 文本生成技术,作为一种前沿的人工智能应用,其核心原理主要是基于深度学习算法。深度学习算法是一种模拟人脑神经网络工作方式的计算模型,它能够从大量数据中自动提取有用的特征,并通过逐层抽象的方式学习数据的内在规律和表示层次。在 AIGC 文本生成中,深度学习算法通过训练海量的文本数据,使得模型能够深入理解和掌握自然语言的语法结构、语义信息和上下文关系。

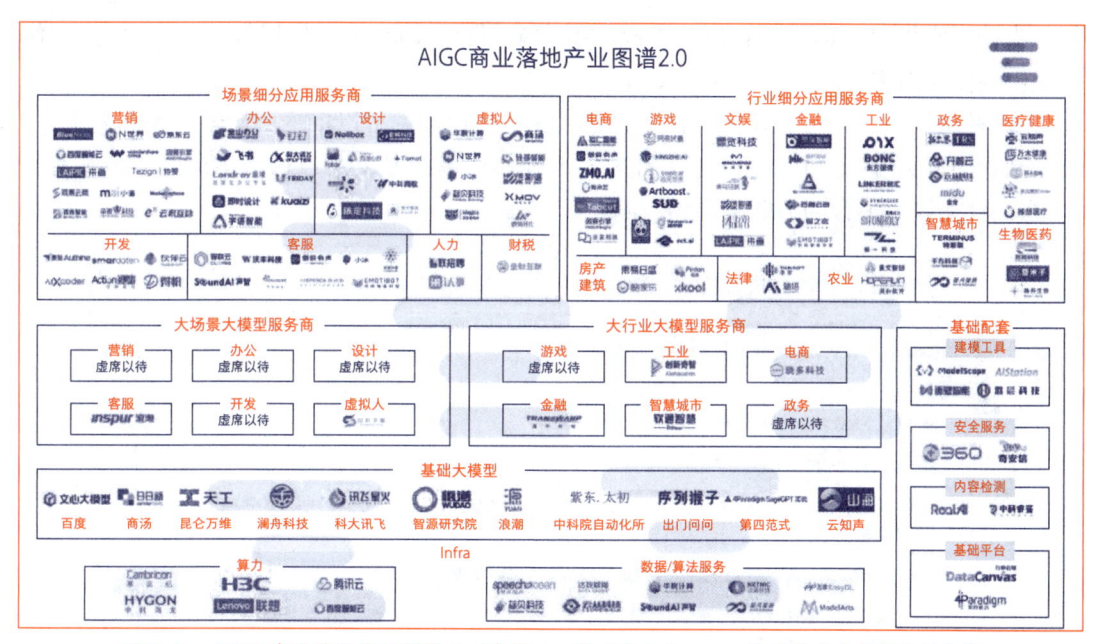

图 7-3　AIGC 商业落地产业图谱 2.0（来源：TE 智库《企业 AIGC 商业落地应用研究报告》）

这种训练过程可以类比于人类学习语言的过程。就像人们从小通过阅读和学习大量文本，逐渐掌握语言的规则和含义一样，AIGC 模型也通过不断"阅读"和"学习"大量文本数据，逐渐形成了对自然语言的深刻理解。这种生成过程是基于模型对自然语言的理解和掌握，通过推理、联想和创造等方式生成新的、有意义的文本内容（如图 7-4 所示）。

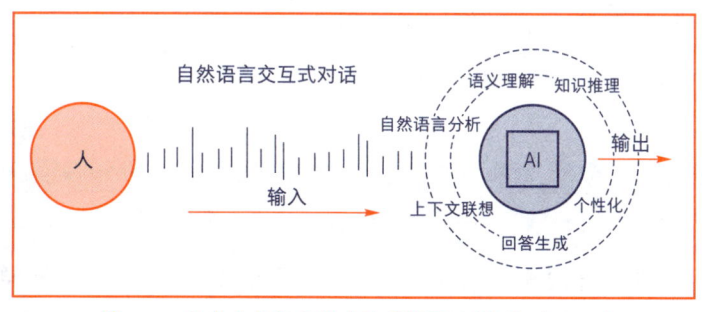

图 7-4　文本生成交互式对话逻辑图示（来源：知识吧）

2. AIGC 文本生成技术的应用场景

AIGC 文本生成技术作为一种先进的人工智能技术，在多个领域都展现出了广泛的应用前景。以下是 AIGC 文本生成技术的一些主要应用场景。

（1）新闻报道。AIGC 文本生成技术可以快速生成新闻报道，包括新闻快讯、事件报道、专访等。通过输入关键词或事件信息，AIGC 模型能够迅速生成与事件相关的新闻报道。同时，这种技术还可以根据不同的读者群体和媒体平台，生成不同风格和长度的新闻报道，满足多样化的需求。

（2）内容创作。对于作家、编剧等内容创作者来说，AIGC 文本生成技术可以提供灵感和创意支持。它可以辅助创作者快速生成故事大纲、角色设定、情节发展等创作素材，为创作者提供创作方向和灵感。提高创作效率。

（3）社交媒体。在社交媒体平台上，AIGC 文本生成技术可以根据用户的兴趣和需求，生成个性化的推文、评论、互动内容等（如图 7-5 所示）。这种技术可以增强用户的参与感和黏性，提高社交媒体平台的活跃度和用户满意度。

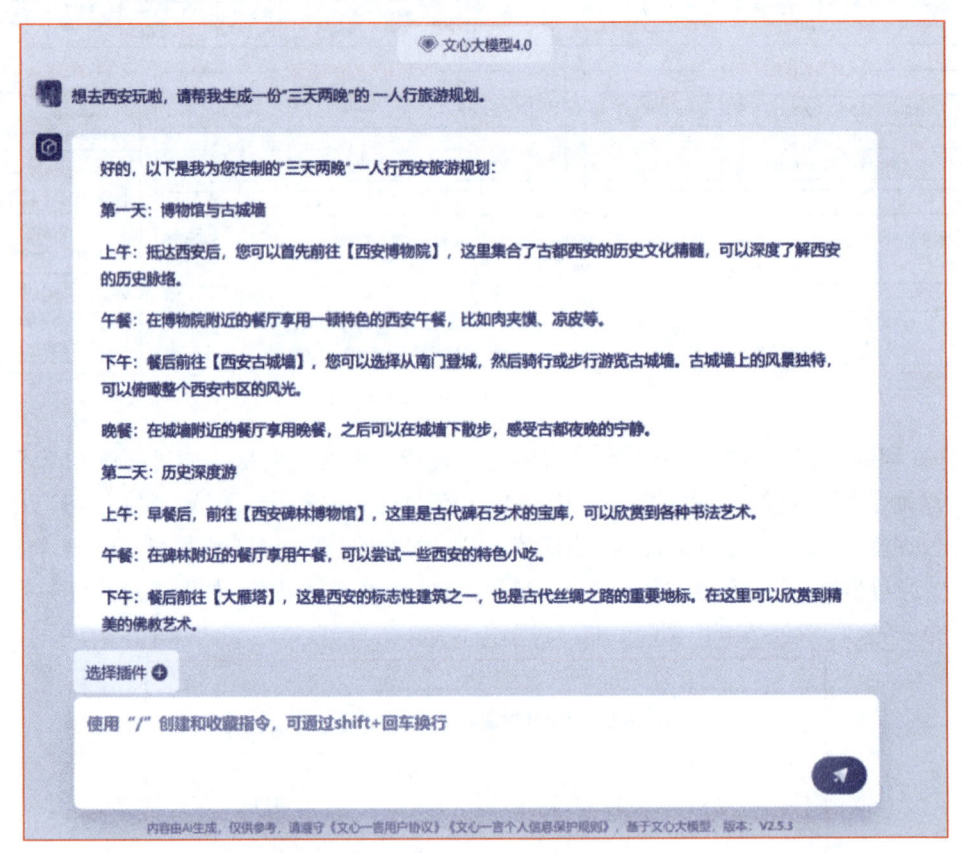

图 7-5　文心一言大模型随机生成的旅游规划

（4）教育辅导。在教育领域，AIGC 文本生成技术可以作为一种智能辅导工具，帮助学生提高写作能力。它可以生成作文草稿、提供写作建议、纠正语法错误等，辅助学生完成作文和其他写作任务。同时，这种技术还可以根据学生的学习进度和能力水平，提供个性化的学习资源和辅导方案。

（5）商业应用。在商业领域，AIGC 文本生成技术也被广泛应用。例如，在广告行业中，AI 可以通过分析用户数据和行为习惯，生成更具针对性和吸引力的广告文案。在电商平台上，AI 可以自动生成商品描述、推荐理由等文本内容，帮助消费者更好地了解产品。此外，在金融、法律等领域，AIGC 技术也可以辅助专业人士完成一些文本生成和分析任务，提高工作效率和质量。

（二）图像生成技术

图像生成技术是一种将计算机生成的图像与现实世界图像相结合的技术，它在许多领域发挥着重要作用。近年来，随着深度学习技术的快速发展，图像生成技术取得了显著的成果。

1. 图像生成技术的基本原理

图像生成技术主要包括两类：基于生成对抗网络（GAN）的方法和基于变分自编码器（VAE）的方法。

（1）生成对抗网络。生成对抗网络是一种无监督学习的方法，它通过两个神经网络（生成器和判别器）进行对抗训练，使生成器能够生成逼真的图像。在训练过程中，生成器试图生成欺骗判别器的图片，而判别器则试图识别出真实图像与生成图像之间的差异。通过不断迭代，生成器能够生成越来越逼真的图像。

（2）变分自编码器。变分自编码器是一种无监督学习方法，它将图像编码为连续的隐向量，并利用解码器将隐向量还原为图像。在训练过程中，VAE通过最大化图片的边缘对数似然（ELBO）来学习图像的潜在表示。

除了上述两种类型外，还有一些其他的图像生成技术，如基于变分自编码器的生成模型、基于流形学习的生成模型等。这些技术各有特点，可以根据具体需求选择适合的模型进行应用。

2. 图像生成技术在各领域的应用前景

（1）电影和游戏产业。图像生成技术可以为电影和游戏提供大量的虚拟角色和场景，降低制作成本的，同时，也提高了画面质量。例如，通过图像生成技术，可以实时生成逼真的天气效果、光照效果等，从而为影视作品增色添彩（如图7-6）。

图7-6　利用百度的"文心一格"创造的雪景

(2) 医疗领域。在医疗领域,图像生成技术可以辅助医生诊断疾病,为患者提供个性化的治疗方案。例如,通过图像生成技术,分析图像是否具有异常,帮助医生准确而高效地了解病情。

(3) 人工智能创作。图像生成技术可以为人工智能创作提供丰富的素材。例如,通过训练生成对抗网络,可以生成具有特定风格的艺术作品,为艺术家提供灵感。

(4) 智能监控。在智能监控领域,图像生成技术可以用于生成实时视频,以防止隐私泄露。通过将监控画面与实时生成的背景相结合,可以实现对监控画面的实时替换。

(5) 自动驾驶。在自动驾驶领域,图像生成技术可以用于生成各种复杂的交通场景,以供自动驾驶系统进行训练和测试。

(三) 音频生成技术

AIGC 音频生成技术是利用人工智能技术生成音频内容的一种先进技术。这种技术可以根据输入的文本、语音或其他音频信号,通过深度学习算法和语音合成技术,生成自然、流畅且高质量的音频输出。

AIGC 音频生成技术的应用场景非常广泛。其中,最具代表性的两个应用分别是文本到语音合成(TTS)和语音克隆(图 7-7)。文本到语音合成技术可以将输入的文本转换为特定说话者的语音输出,这种技术被广泛应用于机器人、语音助手、语音播报等场景。例如,在智能家居系统中,文本到语音合成技术可以将智能家居设备接收到的文本指令转换为语音输出,方便用户进行交互和控制。在语音克隆方面,AIGC 音频生成技术可以通过学习目标说话人的语音特征,将输入的文本或语音转换为目标说话人的语音输出。这种技术在智能配音、语音合成、语音变换等领域具有广泛的应用前景。

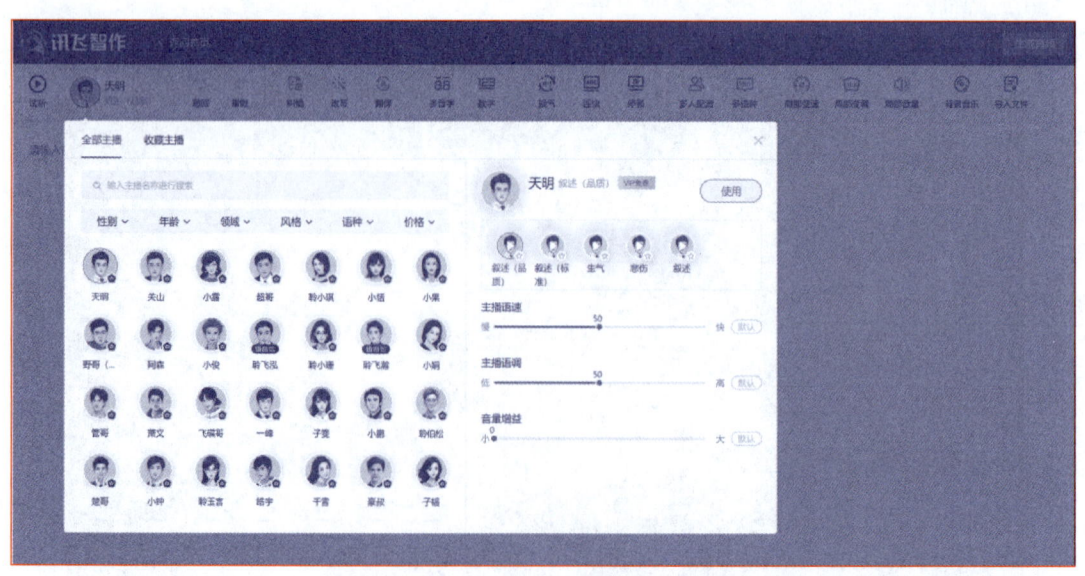

图 7-7 科大讯飞的讯飞智作音频生成技术

除了上述应用场景外,AIGC 音频生成技术还可以用于音频编辑、音频修复、音频增强等方面。例如,在音频编辑方面,可以利用 AIGC 技术对音频进行剪辑、拼接、混音等处理，生成更加丰富多彩的音频内容。在音频修复方面，AIGC 技术可以通过学习音频的频谱特征和时域特征，对受损的音频进行修复和还原，提高音频的质量和可听性。在音频增强方面，可以利用 AIGC 技术对音频进行降噪、增益、均衡等处理，提高音频的清晰度和响度。

(四) 视频生成技术

1. 技术原理

AIGC 视频生成技术建立在深度学习框架之上，特别是利用生成模型，如生成对抗网络、变分自编码器等。AIGC 视频生成技术的核心在于其强大的学习和生成能力。通过训练，AI 模型不但能够识别和理解视频中的关键元素，如场景、动作、色彩等，还能够学习如何将这些元素组合成有意义的视频片段。当给定一个创作目标或用户指令时，AI 模型能够分析大量素材，挑选出最合适的片段，并按照一定的逻辑和美学原则进行剪辑和合成。

2. 应用场景

(1) 旅游行业。从宣传推广到导览体验，再到虚拟旅游、历史重现和社交媒体分享，它都扮演着重要角色(如图 7-8 所示)。

图 7-8 百度的视频生成工具"度家"

(2) 广告业。AIGC 技术能够快速生成各种风格的广告视频，满足不同品牌和产品的宣传需求。

(3) 教育领域。教师可以利用这项技术制作教学视频，使抽象的概念更加直观易懂。

(4) 媒体行业。新闻报道、纪录片制作等也可以借助 AIGC 技术，快速生成高质量的视频内容。

(5) 社交媒体。个人用户可以利用 AIGC 技术制作个性化的视频，分享到社交媒体上，展示自己的创意和才华。

(五) 多模态生成技术

多模态生成技术基于多模态学习,是将多种不同形式的数据(例如图像、声音、文本等)结合在一起进行分析和处理的一种方法。多模态深度学习是一种基于深度学习的多模态学习方法,旨在通过深度神经网络来处理和分析多模态数据集。与传统的深度学习方法不同,多模态深度学习需要解决许多新问题,例如,如何将不同形式的数据结合在一起、如何选择合适的网络结构等。

多模态机器学习是对计算机算法的研究,通过使用多模态数据集来学习和提高性能。它是一个机器学习的子领域,旨在训练人工智能模型来处理和找到不同类型的数据(模式)之间的关系,这些数据(模式)通常是图像、视频、音频和文本。通过组合不同的模式,深度学习模型可以更普遍地理解其环境,因为一些线索只存在于某些模式中。

单模态或单模态模型,即只处理单一模态的模型,已经得到了很大程度的研究,并在计算机视觉和自然语言处理等前沿领域取得了不错的成果。然而,单模态深度学习的能力有限,因此需要多模态模型。以自动驾驶汽车为例,单纯依靠摄像头采集的视频数据可能不足以应对复杂多变的交通环境,而结合激光雷达和深度数据的多模态模型则能够创建一个更加出色和全面的数据集,为自动驾驶系统的决策提供更加准确和可靠的依据。

知识拓展

生成式人工智能服务管理办法征求意见

为促进生成式人工智能技术的健康发展和规范应用,根据《中华人民共和国网络安全法》等法律法规,国家互联网信息办公室起草了《生成式人工智能服务管理办法(征求意见稿)》(以下简称《征求意见稿》),于2023年4月11日向社会公开征求意见,以下为节选的部分"征求意见稿"内容。

征求意见稿称,本办法所称生成式人工智能,是指基于算法、模型、规则生成文本、图片、声音、视频、代码等内容的技术。国家支持人工智能算法、框架等基础技术的自主创新、推广应用、国际合作,鼓励优先采用安全可信的软件、工具、计算和数据资源。

征求意见稿规定,提供生成式人工智能产品或服务应当遵守法律法规的要求,尊重社会公德、公序良俗,并符合以下要求:(一)利用生成式人工智能生成的内容应当体现社会主义核心价值观,不得含有颠覆国家政权、推翻社会主义制度、煽动分裂国家、破坏国家统一、宣扬恐怖主义、极端主义,宣扬民族仇恨、民族歧视,暴力、淫秽色情信息,虚假信息,以及可能扰乱经济秩序和社会秩序的内容。(二)在算法设计、训练数据选择、模型生成和优化、提供服务等过程中,采取措施防止出现种族、民族、信仰、国别、地域、性别、年龄、职业等歧视。(三)尊重知识产权、商业道德,不得利用算法、数据、平台等优势实施不公平竞争。(四)利用生成式人工智能生成的内容应当真实准确,采取措施防止生成虚假信息。(五)尊重他人合法利益,防止伤害他人身心健康,损害肖像权、名誉权和个人隐私,侵犯知识产权。禁止非法获取、披露、利用个人信息和隐私、商业秘密。

【实践演练】

任务单:AIGC 运营

实践主题	成立 AIGC 运营小组,收集 AIGC 相关信息		
实践目标	组建 5 人左右的运营小组,收集 AIGC 的最新技术进展、运行逻辑和 AIGC 相关的政策法规两个重点领域的变化。培养学生对 AIGC 产品的理解和正确使用能力		
实践方案	活动时间	约一周	活动平台	相关网络平台
	活动方式	分组、展示、研讨	
	活动要求	1. 进行分组,小组成员确定需要收集资料的内容 2. 利用网络平台收集整理形成分析报告,对技术进展、生成逻辑和政策法规进行简要分析 3. 报告整体有逻辑性,有一定的实际意义	
实践评价	学生自评、互评与教师评价相结合,后续课堂采用本次分组进行相关课程实操		

【思考题】

1. 生成式人工智能(AIGC)在理解和模拟人类复杂情感方面存在哪些根本性挑战?
2. 随着生成式人工智能(AIGC)技术的不断进步,它将在哪些领域产生变革性的影响?

任务二 生成式人工智能文本生成

【引导案例】

"文心一言"是如何炼成的?

"'奇变偶不变'下一句是什么?""这句话的下一句是'符号看象限'。"
"'波棱盖卡秃噜皮了'是什么意思?""波棱盖卡秃噜皮了是指膝盖在马路牙子上磕破皮的意思,是一句东北方言。"

"宫廷玉液酒多少钱一杯？""宫廷玉液酒是小品'太后大酒楼'中的招牌酒水，售价180元，由二锅头兑水而成。"

自2023年3月16日百度新一代知识增强大语言模型"文心一言"开启邀请测试后，连日来人们逐渐对其超出预期的表现刮目相看。尤其在类似上述"只有中国人看得懂"的问答中，文心一言的表现超过了ChatGPT。

早在2019年，百度就发布了文心大模型ERNIE1.0，如今这已从最初的自然语言处理（NLP）大模型发展成为跨语言、跨模态、跨任务、跨行业的大模型平台。王海峰认为，文心一言是百度多年技术积累和产业实践的体现。

传统的IT技术栈一般分为三层——芯片层、操作系统层和应用层。而随着人类进入AI时代，IT技术栈发生了新的变化，从三层变为四层——芯片层、框架层、模型层、应用层。其中，文心一言位于模型层。

百度是全球范围内少有的在IT四层技术栈架构中，每一层都有领先技术的公司。从高端芯片"昆仑""飞桨"深度学习框架，到"文心"预训练大模型，再到搜索、智能云、自动驾驶、小度等各类应用，百度在各个层面都有领先业界的自研技术。

（资料来源：中国科学报，2023年3月）

【知识准备】

一、文本生成工具解析

（一）国内主要文本生成模型

1. 百度ERNIE模型

百度ERNIE模型是基于知识增强的语义表示模型，它结合预训练与多源数据，捕捉文本中的深层语义信息来生成文本。ERNIE在多种自然语言处理任务中表现出色，特别是在长文本理解和生成上。它能够处理多种语言，并具备跨语言的能力。除了语义理解能力强外，ERNIE还能很好地处理一词多义问题，生成高质量的文本。对于特定领域的专业词汇和语义理解，可能需要针对该领域进行额外的训练，主要代表产品为"文心一言"。

2. 阿里巴巴PAI-NLP模型

阿里巴巴PAI-NLP模型基于深度学习框架，PAI-NLP结合了多种神经网络结构，如CNN、RNN和Transformer等，以实现高效的文本生成。PAI-NLP设计用于处理大规模数据，并提供了一系列工具和API，支持快速开发和部署NLP应用。除了处理能力强外，PAI-NLP还具有高度的灵活性和可扩展性。尽管它支持多任务学习，但对于某些特定任务，可能需要额外的数据标注和模型调优，主要代表产品是"通义千问"。

此外国内能进行文本生成的模型还有腾讯的"混元大模型"、科大讯飞的"讯飞星火认知大模型"等。

(二)国外主要文本生成模型

1. OpenAI 的 GPT 系列

GPT 系列模型基于 Transformer 架构,采用单向的语言模型进行预训练,通过预测给定序列的下一个词来实现文本生成。GPT 模型在生成连贯、有意义的文本方面表现出色,广泛应用于对话系统、机器翻译和文章生成。它不仅能够生成高质量的文本,而且在上下文理解和长期依赖关系建模上也很出色。由于其单向性的限制,GPT 在某些需要双向上下文的任务上可能不如其他模型。

2. 谷歌的 BERT 模型

BERT 模型也是基于 Transformer 架构,但采用的是双向预训练方法,通过预测给定句子的填空题来实现文本生成和理解。它的主要特点是在各种 NLP 任务中都取得了出色的成绩,特别是对于那些需要深入理解文本含义的任务。BERT 模型相对较大,需要更多的计算资源和训练时间,代表性产品是 LaMDA。

3. Meta 的 Transformer 模型

Meta(原 Facebook)的 Transformer 模型与其他基于 Transformer 的模型类似,都是采用自回归的方式逐个生成文本序列的单词。该模型在长文本生成和摘要生成等任务上表现出色,并且支持多种语言。代表性产品是 PaLM-A。

二、文本生成工具使用

为了更好地在旅游新媒体营销中的使用文本生成模型,本章节文本生成模型以文心一言(版本:V2.5.3)为基础进行学习。

(一)账号注册

1. 访问官网

首先,需要访问文心一言的官方网站。在网站首页的底部,可以看到"注册"按钮,点击该按钮进入注册页面。

2. 填写基本信息

在注册页面中,需要填写一些基本信息。包括设置用户名、密码,并确认密码。同时,需要提供邮箱地址和手机号码,以便接收验证码和后续通知,请确保填写的信息准确无误。

3. 验证邮箱

为了确保注册信息的真实性,系统通常会向提供的邮箱地址发送一封验证邮件。需要登录邮箱,点击邮件中的链接用来完成邮箱验证。

4. 上传身份证照片

在注册过程中,可能需要上传身份证的正反面照片,以确保账户的合法性。请注意,上传的照片需要清晰可辨。

5. 提交注册信息

在确认所有信息无误后,点击"立即注册"或相应的提交按钮。如果信息填写正确,系统会提示注册成功。

6. 其他相关问题

AIGC 是新技术，在使用的过程中要注意尊重知识产权、商业道德，不得利用算法、数据、平台等优势实施不公平竞争。利用生成式人工智能生成的内容应当真实准确，采取措施防止生成虚假信息。

（二）文心一言的指令编写

1. 指令词

指令词（Prompt）在自然语言处理和人工智能领域中，通常指的是给模型或系统提供的一个简短、明确的输入，用于引导或激发模型产生相应的输出或响应。在文本生成、对话系统、机器翻译等应用中，指令词可以是一个问题、一个陈述、一个关键词或短语，甚至是一个完整的句子。

在文本生成中，有效的指令词是关键。

一条优秀的指令词＝基于"参考信息"＋执行"动作"＋生成"目标内容"＋符合"具体要求"，具体内容如下。

（1）参考信息。提供给文心一言的所有相关背景资料和材料，包括但不限于报告、知识库、数据库内容、对话的上下文等，这些信息有助于模型理解和完成任务。

（2）动作。明确要求文心一言执行的具体操作，例如撰写文章、生成摘要、回答问题、创建图表等。

（3）目标内容。指令词中应明确指出期望文心一言生成的内容类型，如文本、图片、视频、音频、图表等，确保输出与目标需求一致。

（4）具体要求。对任务执行过程中的细节要求，如输出格式、语言风格、字数限制、时间要求等，这些要求有助于模型更精确地满足用户需求。

2. 指令词使用方法

（1）必填项。

① 任务。"根据"给定信息，"动作"完成特定任务，并按照"目标"要求输出结果。请确保任务描述明确、动作具体、目标清晰。

② 输出要求。请详细说明期望的输出结果，包括内容、格式、风格、字数等要求。这将有助于模型准确理解用户需求并生成符合要求的结果。

③ 输出项。请在指令末尾使用明确的词语引导模型开始输出结果，例如"回答""输出""总结"等。确保这些词语与任务描述和示例中的一致。

（2）选填项。

① 参考信息。用户可以提供与任务相关的背景信息、数据样本或名词解释等，以帮助模型更好地理解任务并生成准确的结果。这些信息可以是文本、图片或其他格式的数据。

② 示例。为了提供更具体的指导，用户可以提供一个或多个输入输出示例。示例应展示任务的实际应用场景，并明确输入输出格式和风格等要求。这将有助于模型生成符合您期望的结果。

③ 本次输入。如果任务描述中已经包含了所有必要的信息，则无须再提供本次输入。否则，请在此处补充任何针对单次指令的特殊要求或附加信息（如图 7-9 所示）。

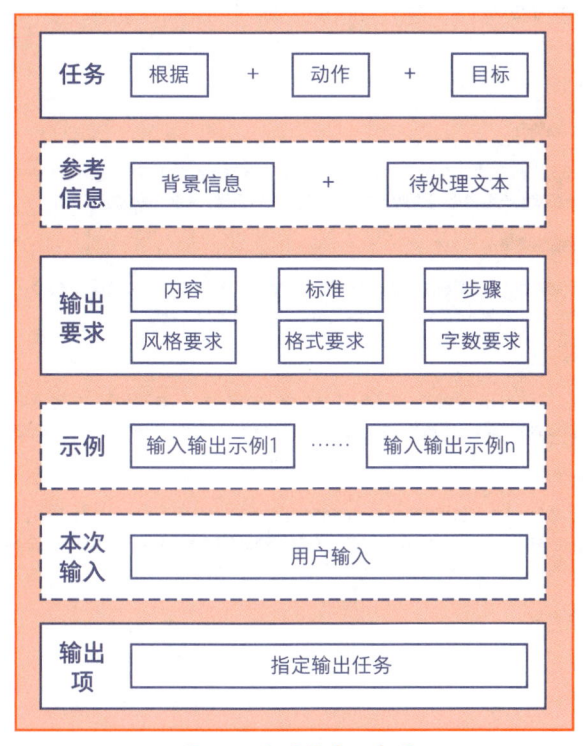

图 7-9　指令输出示意图

三、文本编辑指令实操

通过前面对指令的认识，我们对文心一言的指令词逻辑有了一定的了解，接下来以完成一篇小红书笔记为例，按照指令方法论分部分进行填充。

本次任务以"做一篇长沙一日游的小红书笔记"为目标。

(一) 简单指令

如果简单对文心一言发出"做一篇长沙一日游的小红书笔记"的指令，得到的结果如图 7-10 所示，整体比较普通，也和小红书风格不太匹配。

(二) 优化指令

1. 进行任务的说明

请依据提供的示例信息（根据），将给到的内容优化（动作）成一篇长沙一日游的笔记（目标）。

2. 给出参考信息

请你扮演一位小红书旅游营销博主，擅长使用颜文字和 emoji 来增加内容文章的可读性。

参考信息：小白第一次来到长沙，一日游绝对不踩坑。

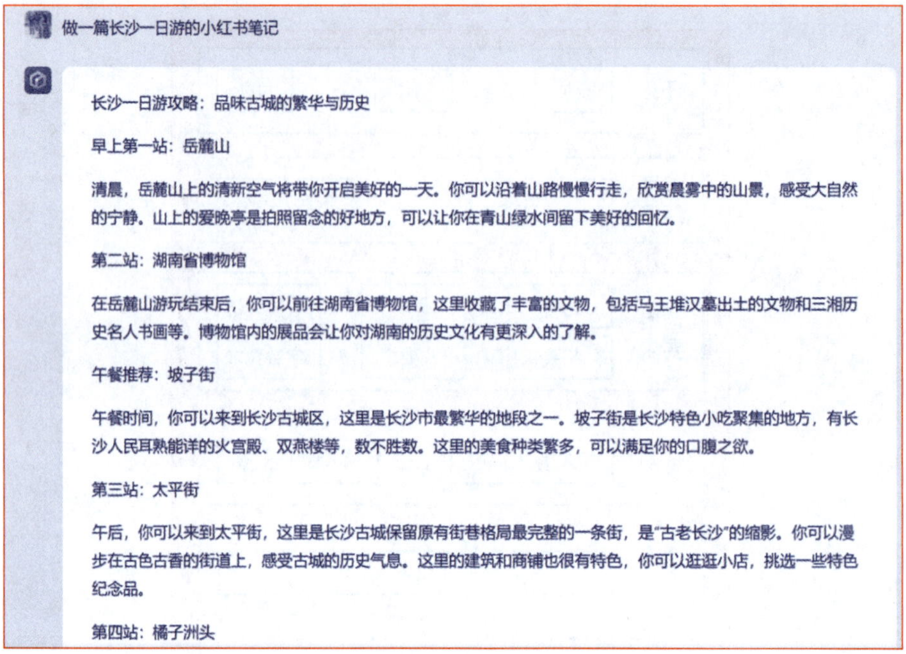

```
做一篇长沙一日游的小红书笔记

长沙一日游攻略：品味古城的繁华与历史

早上第一站：岳麓山

清晨，岳麓山上的清新空气将带你开启美好的一天。你可以沿着山路慢慢行走，欣赏晨雾中的山景，感受大自然的宁静。山上的爱晚亭是拍照留念的好地方，可以让你在青山绿水间留下美好的回忆。

第二站：湖南省博物馆

在岳麓山游玩结束后，你可以前往湖南省博物馆，这里收藏了丰富的文物，包括马王堆汉墓出土的文物和三湘历史名人书画等。博物馆内的展品会让你对湖南的历史文化有更深入的了解。

午餐推荐：坡子街

午餐时间，你可以来到长沙古城区，这里是长沙市最繁华的地段之一。坡子街是长沙特色小吃聚集的地方，有长沙人民耳熟能详的火宫殿、双燕楼等，数不胜数。这里的美食种类繁多，可以满足你的口腹之欲。

第三站：太平街

午后，你可以来到太平街，这里是长沙古城保留原有街巷格局最完整的一条街，是"古老长沙"的缩影。你可以漫步在古色古香的街道上，感受古城的历史气息。这里的建筑和商铺也很有特色，你可以逛逛小店，挑选一些特色纪念品。

第四站：橘子洲头
```

图7-10 "文心一言"利用简单指令输出的文案

3. 给出示例

这篇小红书笔记主要包括景点、饮食、购物和住宿四个部分的推荐。

4. 给出输出要求

笔记需要符合小红书的风格。

5. 给出输出项

请进行优化。

6. 给出本次输入

优化成一篇笔记（如图7-11所示）。

通过对指令的优化，得到的指令如下。

"你是一位小红书旅游营销博主，擅长使用颜文字和emoji来增加内容可读性。现在需要撰写一篇关于长沙一日游的小红书笔记，主题为：小白第一次来到长沙，一日游绝对不踩坑。笔记内容需要包括景点、饮食、购物和住宿四个部分的推荐，并确保符合小红书风格。请使用你的专业知识和经验，为读者提供详细的信息和建议，帮助他们度过愉快而充实的一天。"

优化后的文案不仅更加符合小红书笔记的要求，其可用度也得到了显著提升。在使用文本生成大模型时，优秀的指令词至关重要，它们直接决定了能否产生出高质量的内容。

> 长沙一日游攻略：小白第一次来到长沙，一日游绝对不踩坑。✨
>
> 🏔 早上第一站：岳麓山 🏔
>
> ☀ 清晨的岳麓山，空气清新宜人。走在山间小径上，一边吸吸新鲜空气，一边欣赏美丽的山景。别忘了去爱晚亭打卡哦！📷
>
> 🏛 第二站：湖南省博物馆 🏛
>
> 🏺 这里是文物的海洋，你可以深入了解湖南的历史文化。马王堆汉墓的文物、三湘历史名人的书画，每一个展品都让人惊叹不已！✨
>
> 🍱 午餐推荐：坡子街 🍱
>
> 🍲 坡子街可是长沙小吃的心脏地带！火宫殿、双燕楼等老字号美食，口感正宗，让人大快朵颐。每道菜都仿佛是舌尖上的舞蹈💃！
>
> 🏯 第三站：太平街 🏯
>
> 🏮 这里是长沙古城最完整的街区之一，仿佛穿越回古时的长沙。古色古香的建筑、琳琅满目的小店，你可以挑选一些特色纪念品，留下美好的回忆🎁。
>
> 🌆 第四站：橘子洲头 🌆
>
> 🌅 黄昏时分，橘子洲头的美景更是如诗如画。湘江与天空交相辉映，这里也是《沁园春·长沙》的诞生地，浪漫至极❤！
>
> 🍽 晚餐&购物推荐：黄兴广场 🛍
>
> 🍜 这里是一个集购物、休闲、娱乐、餐饮于一体的综合性场所。周围的小吃摊位和餐厅数不胜数，湖南特色的酸辣粉、糖油粑粑等你来尝！同时，广场内还有各种商店和精品店，供你选购心仪的商品。🍜🛍❤

图 7-11 "文心一言"利用优化后的指令输出的文案

知识拓展

生成式 AI 辅助文化内容海外传播

随着算力的提升，人工智能模型的规模增大至一定水平，其性能产生了巨大的飞跃。大语言模型的涌现特征使得其具有了更符合人类思维的语言表达、逻辑思维甚至推理创造能力，能够自动生成文本、图片、视频等多模态内容。这类生成式 AI 所产生的人工智能生成内容，被认为有可能成为"由专用性人工智能转向通用性人工智能的关键转折点"。相比于传统的人工生产方式，AI 能够根据用户输入的要求，生成不同风格的文本、视频等多模态内容。另外，由于 AI 能够收集大规模的社交媒体平台数据，对于用户的整体审美和情感偏好有着更全面的了解，生成的内容更符合算法的推荐逻辑。因此，生成式 AI 不仅能够更快速地产出大量内容，更能生产出符合多元文化背景受众群体偏好的内容题材，从创新、审美、情感等多个维度提升内容的传播力。

除了多元文化内容的生产，目前生成式 AI 在内容营销上的应用已经较为成熟，有望助力传统文化题材的媒介文化产品走向更加宽广的海外市场。CopyAI、贾斯帕人工智能（Jasper AI）和 Writesonic 等几家初创公司正在通过生成式 AI 帮助开拓内容的个性化营销；而网络新闻媒体平台"嗡嗡喂"（BuzzFeed）已宣布将使用知名大语言模型 ChatGPT 的开发商 OpenAI 的技术,通过问卷收集订阅者的喜好,并据此定制宣传文案。例如,在宣传浪漫喜剧时,读者可能会被询问"最喜欢的浪漫喜剧"等问题,而读者的回答就可以用于生成可共享的、符合用户个人爱好的个性化宣传邮件,增加用户对于媒介产品的兴趣。针对海外受众,生成式 AI 可以生成面向海外社交媒体的传播文案,具体功能包括自动生成具有"网感"的、让目标受众国更容易接受的文案,并依据情境自动挑选合适的表情符号,同时附上 AI 认为最容易上热搜的标签,为非母语者或是不熟悉本土网络文化用语的运营者提供极大的便利。

【实践演练】

任务单:制作家乡文旅宣传文案

实践主题	制作家乡文旅宣传文案			
实践目标	通过实践,让学生基本掌握使用 AIGC 进行文本生成的能力,本课中的主要以"文心一言"为实操产品,培养学生对 AIGC 文本生成指令的使用和理解能力,通过用 AIGC 来制作家乡文旅宣传文案,在实际使用中和制作中体会 AIGC 在旅游新媒体营销中起到的作用			
实践方案	活动时间	约一周	活动地点	自选
	活动方式	分组、展示、研讨		
	活动要求	1. 进行分组,确定宣传地 2. 利用"文心一言"和其他 AIGC 工具,撰写图文形式的宣传文案,能将"旅游六要素"和当地特色结合 3. 文案宣传完整且具有一定的可操作性		
实践评价	学生自评、互评与教师评价相结合,可发布在前期注册的小红书账号,将阅读、点赞、收藏等作为参考指标之一			

【思考题】

1. 随着文本生成模型的日益普及,它在旅游新媒体营销中的角色是否变得越来越重要?如果是,请说明原因。如果不是,又有哪些因素在限制其作用的发挥?

2. 当我们利用文本生成模型进行旅游新媒体营销时,如何平衡自动化与人工干预的关系?

任务三　生成式人工智能图像生成

【引导案例】

中国萌娃"大串门",南北联欢"带劲"

2024年1月10日晚,11个"小砂糖橘"在东北尽兴玩了11天之后,平安回到广西南宁。当天下午,15个"小东北虎"从黑龙江到了桂林,开启游漓江、爬溶洞、嗦米粉的旅程;一天前,另一个"小东北虎"游学团已到广西柳州,受到热情接待。这个冬天,"小熊猫""小折耳根""小枸杞"纷纷来大东北看雪,多地文旅部门喊话"欢迎做客"……这是少有的"萌娃大串门",也是难得的南北大联欢! 11个来自广西南宁的孩子,小的才3岁半,大的6岁,在3位幼儿园老师的带领下,见世面,被呵护。各路网友纷纷帮忙"云看娃":"请家长们放心,一个都不会少"……

新华社音视频部AIGC应用创新工作室为此绘制一组中国萌娃的AIGC形象(图7-12),为勇敢出门的他们点赞!

图7-12　中国萌娃的AIGC形象

【知识准备】

一、图像生成工具解析

(一) 国内图像生成工具

1. 文心一格

文心一格是由百度推出的依托其文心大模型和飞桨技术的文本生成图片的AI艺

术和创意辅助平台，于 2022 年 8 月正式发布。作为国内第一梯队的 AI 图片生成工具和平台，文心一格可以进行国风、油画、水彩、水粉、动漫、写实等十余种不同风格高清画作的生成。文心一格面向的用户人群非常广泛，既能启发画师、设计师、艺术家等专业视觉内容创作者的灵感，辅助其进行艺术创作，还能为媒体、作者等文字内容创作者提供高质量、高效率的配图。

2. 通义万相

通义万相（如图 7-13 所示）是基于阿里研发的组合式生成模型 Composer，其可通过对配色、布局、风格等图像设计元素进行拆解和组合，提供高度可控性和极大自由度的图像生成效果。在基础文生图功能中，可根据文字内容生成水彩、扁平插画、二次元图画、油画、中国画、3D 卡通和素描等风格图像。

图 7-13 阿里巴巴的"通义万相"

3. Dreamina

Dreamina 是由字节跳动抖音旗下的剪映推出的一款 AI 图片创作和绘画工具，基于字节跳动的"云雀大模型"而开发，属于文生图的创作领域。用户可以根据一段文字生成四幅由 AI 生成的创意图，这些图从抽象、写实等多个维度生成。此外，用户还可以对所生成的图片进行修整，比如调整图片的大小比例，以及图片模板类型等。

此外，国内的图像生成工具还有"6pen Art""LiblibAI（哩布哩布 AI）"等等，该类图像生成工具基于 Stable Diffusion 软件的开源，能够产生较为不错的作品。

(二) 国外图像生成工具

1. Stable Diffusion

Stable Diffusion 是一个基于深度学习的文本到图像生成模型，于 2022 年发布。该模型由 Stability AI、Runway ML 及学术研究机构 LMU Munich、LAION 和 EleutherAI 共同研发。其核心技术是一种创新的扩散模型,该模型通过模拟一个逐步从噪声中恢复出结构化数据(如图像)的逆向扩散过程,实现了高质量的图像生成。

2. Midjourney

Midjourney 是国外最火爆的 AI 图片生成工具之一,和 Stable Diffusion 一样,该模型的 AI 绘画技术主要基于扩散模型。但相比 Stable Diffusion 的开源,Midjourney 有专门的训练大模型,因此对于初学者,使用 Midjourney 可以生成更加精美的图片。

此外,国内的图像生成工具还有 DALL.E 3、Adobe Firefly、Bing Image Creator 等。这些工具在图像生成技术方面起步早,有非常不错的图片生成功能。

二、图像生成设计

本节任务采用百度的"文心一格"来进行图片生成设计。

(一) 图片生成工具注册和认知

经过前面的课程,已经注册好了百度账号和抖音账号,百度的"文心一格"可以用之前注册的百度账号登录后进行使用。在使用的过程中要注意尊重他人的合法利益,防止伤害他人身心健康、损害肖像权、损害名誉权和个人隐私,侵犯知识产权。禁止非法获取、披露、利用个人信息和隐私、商业秘密。

文心一格主题分为四个部分。

第一部分:文心一言的功能分区(如图 7-14 所示)。

图 7-14 "文心一格"的功能分区

此部分包含 AI 创作功能、AI 编辑、你说我画、实验室及灵感中心等。

第二部分:用户管理作品分区。

此部分是用户管理自己的作品及查看自己的电量值的信息。电量值是用户用于 AI 创作消耗的点数,点击头像还可以进行详细的管理。闪电标志就是电量值,铃铛标志是通知。

第三部分:指令输入和编辑部分(如图 7-15 所示)。

此部分是用户输入创作想法和要求,这是用文心一言创作图片的核心区域,也是本工具学习的重点部分。

第四部分:图片生成的界面。

此部分是中间大片空白的地方,当你设置好指令部分的创作想法,点击立即生成之后,只需要耐心等待几秒或者几分钟就会生成图片。

(二) 文心一格的使用

在创作界面分为推荐和自定义两个部分,推荐部分提供了一些标准和优秀的模板,不需要太多调整,但是缺点就是缺乏足够的控制,无法更好地控制创作,以符合自己的预期;自定义的优点是有充足的调整空间,但是缺点是新手一般不知道如何控制,从而可能会出现创作质量不佳和不符合预期的情况。因此,先入手推荐部分的创作。输入栏可以输入对产品的创意,想要什么样的画面,什么样的背景和什么样的主体都可以输入其中。

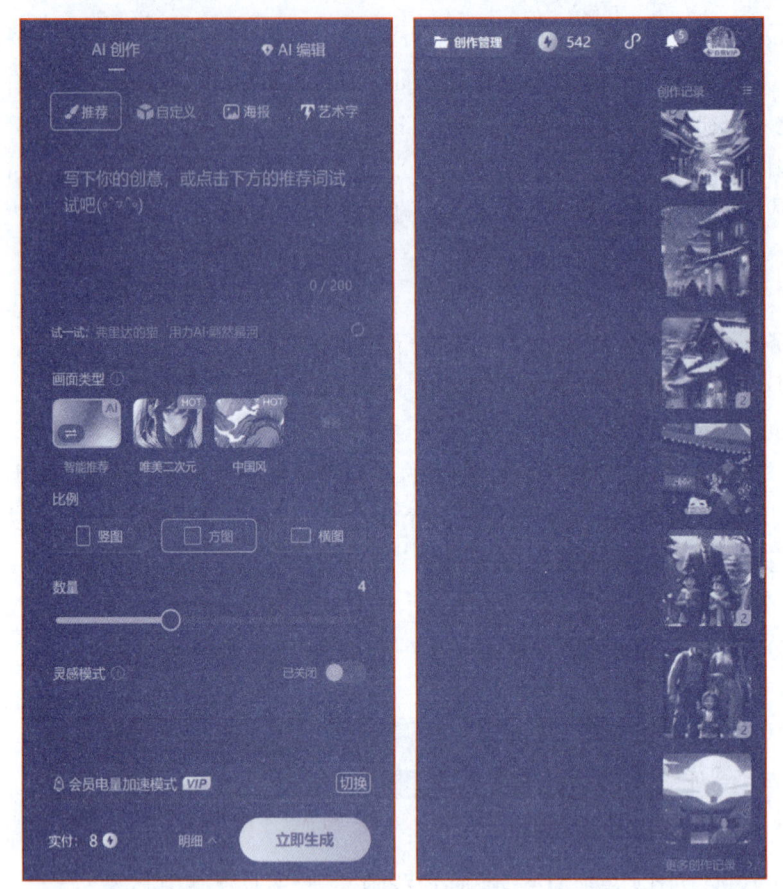

图 7-15 "文心一格"的指令输入和编辑界面

输入栏下方画面类型的"风格选择"可以选择唯美二次元、中国风、艺术创想等风格,按照需求点击即可选择想要的风格。

1. 文字创意 AI 绘图

这里选择智能推荐风格,输入指令:生成一张龙年头像,要有喜庆的氛围,还能体现招财进宝、大吉大利,得到图 7-16。点击图片后,即可下载。推荐部分主要是基于算法和大数据的分析,根据用户的历史行为、喜好、流行趋势等因素,为用户推荐可能感兴趣的图像或艺术作品。用户无须输入具体的描述或关键词,系统会根据用户的个人化信息和整体用户行为模式来生成推荐。这种推荐方式旨在帮助用户发现新的创意和灵感,节省用户自己搜索和筛选的时间。

图 7-16 "文心一格"生成龙年头像

2. 自定义图生图

"推荐"部分是系统推荐的相关模板，而需要自己有更多的可更改选项时，可以选择自定义部分。该部分同样包括写下你的创意、风格。可以上传参考图，将参考图变成你选择画师的风格，也就是图生图的功能，生成的图片会和参考图有些相似之处，可玩性很强，文字创意生图不需要上传参考图。

在自定义部分，指令输入：小朋友放鞭炮驱赶年兽，过大年，红色剪纸，国漫风。

画面风格：不同的画面风格指令，会让最后生成的画面风格各异。能够选择的风格包括水墨画、水彩画、素描画、涂鸦等，这里选择水彩画。

修饰词：通过选择不同的修饰词指令可以提升画面质量，用户可以根据具体需求，选择适当的参数进行精细刻画以达到高清、精致、明亮的视觉效果。

不希望出现的内容：填好不希望出现的内容是很有必要的，这可以大幅提高生成内容的质量。在设定好你的个性化创意和想法之后，调整好比例和图片数量，然后点击"生成"按钮。这样你就可以看到"文心一格"根据你的想法绘制出的图片。

最终生成的图像营造出浓厚的节日氛围，充满欢乐的气息。用户可以通过自定义功能输入描述性文字来描述想要的场景、风格、元素等，然后"文心一格"会根据这些描述生成相应的图像。这种自定义的方式给了用户很大的创作空间，用户可以根据自己的想象和需求来生成独特的艺术作品（图 7-17）。

3. 海报制作

在进行新媒体的运用中，有时需要海报，这时候同样可以利用"文心一言"进行制作，当前"文心一格"的海报制作功能还在进一步完善中，但其海报生成也有可取之处。可以通过以下几个步骤来实现。

图 7-17 "文心一格"生成的"小朋友驱赶年兽"图片

第一，明确海报的主题和目标受众，这将有助于有效完成我们后续的设计工作。比如需要制作一个宣传海报其目的是为一个海边旅游城市做宣传，吸引游客体验海上冲浪的乐趣。

第二，利用"文心一格"的设计能力，生成符合主题和受众的素材，如图片、图标和文字等。在排版布局选项可以进行相应的选择，9∶16 为竖版，16∶9 为横版。此外，布局选项还包括底部、左下、右下和中心对齐，这里选择 9∶16 的竖版比例并选择底部布局。

第三，目前在海报风格方面，只有"平面插画"可选，海报主题和背景为 AIGC 生成海报的关键，特别是制作海上冲浪的海报。在主体部分，按照需求输入"一个人在海浪中冲浪"，海报背景：展现海面上的波浪，创造宏大的景象，包括巨大的波浪、清晰的浪花。

第四，生成海报：根据上述的指令，生成的海报如下（如图 7-18 所示）。

在海报设计完成后，可以进一步优化细节，如调整图片的亮度、对比度、饱和度等，使画面更加美观。此外，根据实际需求，还可以为海报添加动画效果，提升观众的观赏体验。这里需要使用图生动画的功能，后续会进行学习。

除了海报设计，"文心一格"还可应用于多种场景，如 PPT 制作、宣传册设计等。只要掌握好设计原则和技巧，充分利用 AIGC 的强大功能，就能轻松创作出高质量的作品。

图 7-18 "文心一格"生成的海上冲浪海报

4. 社交媒体图文制作

AIGC的图文生成功能,使得根据文字描述快速生成高质量图片成为可能,为品牌方及社交媒体平台上的内容创作者提供了极大的便利。

在进行相应的新媒体营销时,同样可以利用AIGC的图文生成功能。以"七月你好""秋天里的第一杯奶茶"等在社交媒体上常见的图片为例,可以生成一系列与之相关的创意图片(图7-19)。这些图片不仅适用于文章配图还可以作为短视频背景。通过结合有趣的故事和话题,这些图片可以引发用户讨论和分享,进而扩大内容的传播和影响力。

在利用AIGC进行新媒体营销时,要注意遵循平台规定,避免侵权和违规行为。同时,注意根据不同的营销目标和受众特点,灵活调整图片风格和内容策略,以达到更好的传播效果。AIGC的图文生成功能为企业和新媒体创作者提供了丰富的营销素材,使得内容更具吸引力和传播力。通过合理运用这一功能,我们可以轻松制作出高质量的图片和内容,助力品牌和创作者在激烈的市场竞争中脱颖而出。

图7-19 "文心一格"生成的"七月你好""秋天里的第一杯奶茶"相关图片

知识拓展

AIGC时代，文旅企业在行动

1. 飞猪AI广告引发热议。

"南朝四百八十寺，多少楼台烟雨中"这些耳熟能详的诗句，这些未曾实地见过的景致，飞猪通过AI模拟出来了。借助飞猪平台，众多网友得以跟随古诗词的脚步领略中华大地之美。通过AI技术的视角，感受科技与传统的结合（图7-20）。随着生成式人工智能技术的兴起，文旅企业也纷纷开始行动，例如，飞猪利用AI来做广告宣传，推出了用AI制作的"AI想象中的新疆大海道无人区"，并且，飞猪借用古诗的描述，制作了"AI想象中的城市"，这些新颖的尝试，一时之间在微博引发众多网友讨论。

2. 携程推垂直大模型"问道"，欲用AIGC造旅游业"可靠答案库"

旅游复苏正当时，在今年备受关注的生成式AI（AIGC）话题上，旅游企业能做什么？2023年7月17日，携程给出的答案是："坚持聚焦全球旅游行业，利用AI做好旅行前、旅行中、旅行后的智能助手服务。"携程也相应推出了首个旅游行业垂直大模型——携程问道，并将在AI的助力下提升客服自助率。

图7-20 飞猪利用AI生成的文旅宣传图

在大模型的基础上，"携程问道"筛选出200亿条高质量非结构性旅游数据，结合携程精确的实时数据进行自研垂直模型的训练。该模型不仅可以通过AIGC技术生成热点榜来满足旅游追踪热点趋势的需求，还创建了特价榜帮助用户避开价格高峰。此外，"携程问道"的智能咨询功能，为旅行者在旅途中遇到的各种不确定的、新奇的情况提供即时服务。

【实践演练】

任务单　生成旅游目的地的创意图像

实践主题	生成旅游目的地的创意图像		
实践目标	1. 理解 AIGC 图像生成技术的基本原理 2. 探索 AIGC 图像生成如何与旅游营销相结合 3. 培养创新思维和实践能力，通过实际操作提升对 AIGC 技术的掌握		
实践方案	活动时间	约一周	活动平台	自选
	活动方式	分组、展示、研讨		
	活动要求	1. 使用 AIGC 图像生成工具，生成至少 5 张与该旅游目的地相关的创意图像。这些图像可以包括景点插画、旅游海报、社交媒体帖子配图等 2. 确保每张图像都有明确的设计目的和营销信息，例如强调目的地的独特之处、季节性活动、文化特色等 3. 为每张生成的图像设计一段营销文案，说明这张图像如何用于旅游活动营销		
实践评价	学生自评、互评与教师评价相结合，可发布在 AIGC 图文制作平台，将点赞、收藏等作为参考指标之一		

【思考题】

1. 在当今的数字媒体时代，AIGC 图像生成技术是如何改变传统的内容创作方式的？请结合具体实例，分析 AIGC 图像生成技术为创作者带来的便利与挑战。

2. 设想你是一家旅游公司的营销经理，计划利用 AIGC 图像生成技术来推广一个新的旅游目的地。你会如何结合 AIGC 技术制定你的营销策略？

任务四　生成式人工智能视频生成

【引导案例】

AIGC 绘现场，雪人的"尔滨"奇遇记

2023 年，哈尔滨火出了圈。"尔滨"的亲昵称呼在各大社交平台迅速传播，连续登上多个热搜、热榜。新华社新媒体 AIGC 工作室运用 AIGC 文生图及图生视频技术，也将各热门

景点和民俗文化进行复刻呈现,并以雪人的视角带领大家一同开启这趟奇妙之旅!

哈尔滨的圣索菲亚大教堂,在冰雪的映照下,熠熠生辉,美不胜收。

冰雪大世界如同一个冰雪仙境,用冰雕琢的艺术品,仿佛将城市装点成了一个冰雪童话。站在这里,不禁让人陶醉其中。

冰面"蹦迪"见过吗?是的,你没听错,不仅可以在冰雪大世界里欣赏冰雕,还能在冰上摇摆扭腰,体验冰雪狂欢!

雪人也会烧烤,带你感受烤得香气四溢、吃得过瘾的美味。在哈尔滨,无论是在市区的小巷弄堂还是郊外的冰雪世界,到处都能找到那一抹烤肉的香气,成为冰雪季里不可或缺的美食之一。

或许你想短暂休息一下,那就来烤个火吧。大家围坐在火堆旁,享受着温暖的炉火,让冬日变得更加温馨、有趣。

冰面运动自然少不了,无论是寻找刺激还是追求休闲,冰面运动都能满足人们对冰雪时光的更多向往。

天寒地冻,雪人们也需要一次温暖的澡堂子体验。在这座冰雪之都,泡澡不仅仅是一种温暖的享受,更是一种淋漓尽致的冬日疗愈。

虽然天气寒冷,但游客们的热情却像是冬日阳光一般灿烂。他们用笑容打破了冰雪的沉寂,使整个城市充满了欢声笑语,更是让这个冰雪之都的冬天变得格外温暖。

【知识准备】

一、视频生成工具解析

(一)国外视频生成工具

1. Sora

Sora 是美国人工智能研究公司 OpenAI 发布的人工智能文生视频大模型,于 2024 年 2 月 15 日正式对外发布。

Sora,作为一款先进的视频生成工具,能够依据用户提供的文本提示,目前可以生成最长 60 秒的逼真视频。该模型能够深入理解物理世界,精确模拟真实环境中的物体运动规律,从而生成包含多个角色、特定运动等复杂场景的视频内容。

2. Pika

2023 年 11 月 29 日,一款名为 Pika 1.0 的视频生成软件在各大社交媒体平台上迅速走红,引发了广泛关注。这款由文生视频公司 Pika Labs 推出的软件,以其强大的功能和独特的创意,为用户带来了前所未有的视频创作体验。Pika 1.0 正式版的发布备受期待,它具备五大功能,包括高质量文生视频、图生视频、视频风格修改、局部修改视频内容和修改视频尺寸。它的文生视频在清晰度和连贯性上优于竞争对手 Runway,并能根据输入的文字生成不同内容和风格的 AI 视频。

3. Stable Video Diffusion

Stable Video Diffusion 是由 Stability AI 开发的一款开源 AI 视频生成模型。它在许多方面表现出强大的功能，甚至可以与 Runway 和 Pika 等知名平台相媲美，并且 Stable Video Diffusion 是免费的，这使得更多的开发者和用户能够尝试和使用这个技术。作为 Stability AI 的一部分，Stable Video Diffusion 与其他开源模型（如 Stable Diffusion 和 Stable LM）相结合，形成了一个完整的多模态解决方案。

（二）国内视频生成工具

1. 度加创作工具

度加创作工具是百度依托飞桨、文心大模型的技术创新推出的"AI 视频创作"产品，提供文字生成视频及相关功能，为大众用户提供了一个零门槛视频创作平台。使用度加创作工具时，创作者输入文本或者选择百家号的图文，即可由 AI 自动一键制作视频。在娱乐、科技、社会、资讯等领域，文字成片的效果较为不错，而且速度更快，产量更高，质量更稳定。同时，它也支持对已有文案进行润色、提炼与改写功能；创作者输入关键词，AI 可以根据关键词为用户制作文案，包括标题和正文，满足日常分享、营销推广、博主"种草"、知识输出等各类创作需求。

2. 讯飞智作

讯飞智作是一个综合性的 AIGC 内容创作平台，依托科大讯飞在语言及语音、图像、自然语言理解等领域的深厚技术积累，提供从文稿到音视频输出的一站式服务。它的第一个核心功能是 AI 虚拟人主播，这个功能允许用户选择不同发音人和音色，从而满足个性化配音需求；第二个核心功能是 AI 视频制作，这个功能能将文本转换为自然流畅的语音输出，并支持多种语言和方言；第三个核心功能是数字人配音合成，它提供了合成配音和真人配音选项，可适应各类商业项目需求；第四个核心功能是短视频配音功能，这为短视频创作者简化了音视频制作流程。

3. 腾讯智影

腾讯智影是腾讯推出的云端智能视频创作工具，用户无须下载即可通过 PC 端浏览器访问。它支持视频剪辑、素材库、文本配音、数字人播报、自动字幕识别等功能，能帮助用户更好地进行视频化的表达。

二、利用工具进行视频生成

由于视频生成的东西来源比较广泛，在使用的过程中如发现、知悉生成的文本、图片、声音、视频等侵害他人肖像权、名誉权、个人隐私、商业秘密或者不符合《生成式人工智能服务管理办法（征求意见稿）》的要求时，应当采取措施停止生成，防止危害持续。

（一）图文本生成视频

图文本生成视频是一种基于人工智能技术的自动化视频制作方式。它通过分析和理解文本内容，自动选择合适的图像、视频及音频素材，并将它们组合成一个完整的视频。本节任务我们选择百度度加创作工具来进行文本生成视频说明。

1. 登录和使用

进入百度度加创作工具官网,用之前注册的百度账号可以直接进行登录。登录完成后,我们选择"AI 成片",如图 7-21 所示。

图 7-21　度加创作工具界面

在界面的右边是热点推荐,这里可以选择不同的板块,比如全网、娱乐、健康、社会、科技等,甚至还可以进行城市的切换,让系统推荐当地的热点,选择其中一个热点"河南云台山雪景"。

2. 文案编辑

在系统推荐后,可以选择自行撰写文案,然后利用 AI 进行润色,或者直接让 AI 根据主题来进行文案创作。这里我们选择让 AI 根据指定的主题进行文案生成。

3. AI 文字成片及剪辑

文案写作完成后,我们点击一键成片后,进入图 7-22 所示界面,在界面左边的功能区,分别是字幕、素材库、模板、朗读音和背景乐。

在"字幕"界面,度加会把我们的文案按照句子的结构生成相应的字幕,也可以在界面中对句子进行修改和搜索相应的素材。

在"素材库"界面,用户可以选择系统推荐素材、本地素材。同时,系统支持接入"视觉中国",也可以用度家对全网的素材进行搜索,这大大丰富了素材的来源渠道。

在"模板"界面,用户可以根据需求生成竖版和横版视频,以适应不同的新媒体营销平台。此外针对娱乐、科技、体育等不同的版面,系统提供了多样化的模板。

在"朗读音"界面用户可以选择不同性别和音色的声音,系统甚至支持方言的相关功能。在背景乐界面可以选择不同的配乐。

在进行编辑时,可以根据界面左下的"加号"和"减号"来对编辑轨道上的长度来进行调整,轨道拉得越长,剪辑的精度就越高。中间的"分割"功能按键可以允许用户对视频进行相应的切割,方便对视频进行编辑。当需要进行视频切换时,可以选择"添加动画"让视频的切换显得更加顺畅。如果对单个片段不满意,用户可以选择相关视频直接进行编辑。

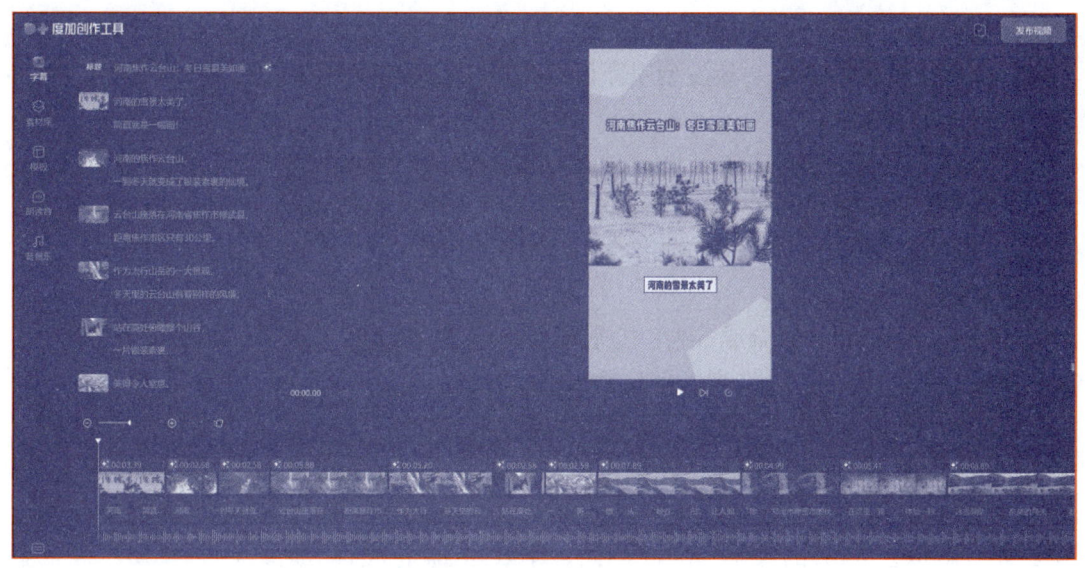

图 7-22 度加视频生成界面

在完成所有的细节修改和调整之后,就可以进行视频生成。视频可以在度加主界面下载使用,也可以同步发布到百度百家号。

（二）其他场景视频生成

使用不同的 AIGC 产品,在图文生成视频和视频编辑上各有特色。如科大讯飞的讯飞智作,在"AIGC 工具箱"中的"创意视频",可以根据创意描述和提供的图片来生成视频,支持最多 20 张图片来构成视频,还具备双语字幕功能,且可以添加虚拟主播。当你想把微信公众号的相关推文转化成为视频时,可以在"AIGC 工具箱"中选择"推文转视频"功能,从企业宣传、新闻模板、教育培训三个模板中选择适合的模板进行视频制作,支持生成不超过 5 分钟的视频,并提供虚拟主播和双语字幕功能。腾讯智影可以基于文章来进行视频生成。Pika 则可以在一秒钟内生成动画版的人物形象,这大大提高了视频制作的效率。同时它支持生成各种风格的视频,包括 3D 视频、卡通风格、写实风格等,用户可以根据需求选择适合的风格。

三、数字人生成功能

当前许多互联网和科技公司都在基于数字孪生技术来进行 AIGC 数字人开发,数字孪生是充分利用物理模型、传感器更新、运行历史等数据,集成多学科、多物理量、多尺度、多概率的仿真过程。数字孪生是一种超越现实的概念,可以被视为一个或多个重要的、彼此依赖的装备系统的数字映射系统。通过数字孪生,可以实时收集和分析数据,了解物理实体的状态,从而实现对实体的预测和优化。数字人则是指通过 AI 技术和大数据分析,将虚拟世界中的人物形象、行为和情感进行模拟,以达到与人类交流和互动的目的。

1. 百度曦灵数字人直播平台

曦灵数字人直播平台是百度推出的一款产品,它集数字人生产、内容创作、业务配置服务为一体。在曦灵平台上,用户可以快速生成一个可被 AI 驱动的 2D 数字人像,同时可以对数字人进行多维度捏脸、更换发型服饰妆容,打造专属数字人形象资产。

2. 腾讯智影数字人

腾讯智影将多种 AI 功能汇集一身,包括文本配音、数字人播报、自动字幕识别、文章转视频、去水印、视频解说以及横转竖等,使用户能够便捷地进行视频内容的创作与表达。

3. 讯飞智作

讯飞智作通过对语音合成、语音识别、语义理解、图像处理、机器翻译、虚拟形象驱动等人工智能核心技术的整合,实现了信息播报、互动交流、业务咨询、服务导览等多项目功能,以满足新闻、政企、文旅、金融等多元场景的需求。

剪映、快剪辑、一帧秒创等视频编辑软件均集成了数字人技术,此外华为云、京东云、字节跳动、科大讯飞、商汤科技、微软小冰等厂商也都纷纷参与到虚拟数字人的生产与开发。拥有虚拟艺人 IP 的腾讯、哔哩哔哩、乐华娱乐、蓝色光标、浙文互联、星期六等企业也加入这一领域,随着生成式人工智能的发展,数字人技术正越来越受到更多大厂商的重视。

知识拓展

全国首个旅游景区 AI 导游"小丹"亮相!开启个性化度假助理新时代

2023 年 6 月,全国首个旅游景区 AI 导游"小丹"上线!只需用手机扫一扫小丹的身份识别二维码,即可获得你的专属度假助理,享受全天候一对一的贴心服务。数字人 AI 导游"小丹"由万达集团企业文化中心为贵州丹寨万达小镇量身打造。作为基于大语言模型开发的智能导游,"小丹"的面世不仅突破了传统导游只聚焦于景点本身的服务限制,更是将单一的导游服务扩展为个性化、智能化的旅行生活服务,全面提升游客体验,开启个性化度假助理新时代。

相较于传统导游,"小丹"具有显著的优势,突出体现在方便实用、智能应答、节约成本等方面,大大提升了用户体验。

丹寨万达小镇 AI 导游成功解决了线上多人同时服务的技术挑战,能够同时面对成千上万名游客的需求,并提供"一对一"个性化服务,能做到"随时唤醒,随时服务,AI 智能万问不倒。"比如,你可以问她:"丹寨有什么好吃的、好玩的、好逛的?"不管你想问交通食宿还是风土人情,"小丹"都能随时被唤醒、随时进行互动问答。她的背后依托着全网知识库的支持,堪称一个问不倒的导游,不信你就试试。除了景区介绍外,在游客闲暇时,小丹还可以开启闲聊模式,上聊天文地理,下聊人情世故,极大突破了传统导游线下场地、时间以及知识储备的限制。

【实践演练】

实训:AI 文本创作旅游小红书笔记

任务单:制作某经典营销视频

实践主题	制作某景点营销视频		
实践目标	1. 掌握 AIGC 视频生成的实际操作 2. 探索 AIGC 视频生成和 AI 数字人如何与旅游营销相结合 3. 培养创新思维和实践能力,通过实际操作提升对 AIGC 技术的掌握		
实践方案	活动时间	约一周	活动平台	自选
	活动方式	分组、展示、研讨	
	活动要求	1. 选择国内外任意知名或具有特色的景点作为宣传对象。视频时长应控制在 3 分钟左右,突出景点的魅力和独特之处 2. 确保每张图像都有明确的设计目的和营销信息,例如强调目的地的独特之处、季节性活动、文化特色等 3. 使用 AI 数字人作为导游或播报员,数字人要添加相关动作 4. 添加特效、转场等元素,增强视频的观赏性和吸引力	
实践评价	学生自评、互评与教师评价相结合,可发布在抖音号,将点赞、收藏等作为参考指标之一		

【思考题】

1. 在利用 AI 视频生成技术制作高质量的短视频时,有哪些关键步骤和要素需要考虑?

2. 当前 AI 数字人的技术发展得很快,各类 AIGC 新技术也层出不穷,结合我国颁布的《生成式人工智能服务管理办法(征求意见稿)》,你认为自己作为用户在使用这些新技术时要注意哪些问题?

模块小结

AIGC 技术在文本生成、图像生成、音视频生成等方面有着广泛的应用。这些技术不仅改变了传统的内容创作方式，还极大地提高了创作效率和质量。学生可以深入了解 AIGC 的基本概念、原理及应用领域，掌握相关技术，并积累实际操作的能力和经验。这对于未来从事 AIGC 相关工作的人来说是至关重要的。特别是在旅游新媒体营销方面，AIGC 技术的应用将带来前所未有的创新和发展机会。例如，利用 AIGC 技术生成个性化的旅游推荐、虚拟导游服务等，这些都能为旅游业注入新的活力。

文本生成、图片生成、音视频生成以及 AI 数字人的运用虽然属于是不同的形式，但是相应的生成技术都是基于某个大模型，因此，将不同形式的生成技术进行融会贯通，能够更好地帮助我们使用好 AIGC 技术。

在当前的全球科技领域，AIGC 技术正以惊人的速度进步，不断推动着行业的变革。本小节内容介绍当前已经相对成熟的相关技术，但也必须意识到，这个领域的发展非常快速，要养成持续学习、自我更新的习惯，以应对不断变化的技术环境。

在使用 AIGC 技术时，必须遵守数据保护、隐私权、知识产权等相关法律法规，确保其应用的合法性和合规性。在伦理方面，AIGC 技术需要考虑如何避免误导公众、传播虚假信息等问题，以维护社会的公正和稳定。同时，作为一种具有强大影响力的技术，AIGC 也需要承担相应的社会责任，积极促进社会的可持续发展。

模块练习

一、判断题

1. AIGC 技术的核心在于其利用先进的人工智能算法，创造出既具创意又保证质量的内容。（　　）

2. AIGC 文本生成技术可以广泛应用于新闻报道、内容创作、社交媒体、教育辅导和商业应用等多个领域。（　　）

3. 生成对抗网络（GAN）是一种监督学习方法。（　　）

4. AIGC 音频生成技术的应用场景非常广泛，但不包括文本到语音合成（TTS）。（　　）

5. AIGC 视频生成技术建立在深度学习框架之上，特别是利用生成模型如生成对抗网络（GAN）、变分自编码器（VAE）等。（　　）

二、单选题

1. AIGC 的概念是在哪个时间段兴起的？（　　）
   A. 1950—1990　　　　　　　　　　B. 1990—2010
   C. 2010 至今　　　　　　　　　　D. 2020 至今

2. 以下哪个是国内的 AIGC 文本生成模型？（　　）
   A. 百度的 ERNIE 模型　　　　　　B. OpenAI 的 GPT 系列
   C. 谷歌的 BERT 模型　　　　　　　D. Meta 的 Transformer 模型

3. 以下哪个不是 AIGC 图像生成技术的基本原理？（　　）
   A. 基于生成对抗网络（GAN）的方法　　B. 基于变分自编码器（VAE）的方法
   C. 基于模板匹配的方法　　　　　　　　D. 基于流变自编码器的方法

4. 在 AIGC 音频生成技术中，以下哪项技术可以将输入的文本转换为特定说话者的语音输出？（　　）
   A. 文本到语音合成　　　　　　B. 语音克隆
   C. 音频编辑　　　　　　　　　D. 音频增强

5. 以下哪个是 AIGC 视频生成技术的应用场景？（　　）
   A. 旅游行业　　　　　　　　　B. 广告业
   C. 教育领域　　　　　　　　　D. 所有选项都是

6. 多模态生成技术是基于哪种深度学习的多模态学习方法？（　　）
   A. 多模态深度学习　　　　　　B. 单模态深度学习
   C. 无模态深度学习　　　　　　D. 双模态深度学习

7. 根据《生成式人工智能服务管理办法（征求意见稿）》，生成式人工智能生成的内容应当体现什么价值观？（　　）
   A. 社会主义核心价值观　　　　B. 个人主义价值观
   C. 资本主义价值观　　　　　　D. 自由主义价值观

8. 百度的"文心一言"位于 IT 技术栈的哪一层？（　　）
   A. 芯片层　　　　　　　　　　B. 框架层
   C. 模型层　　　　　　　　　　D. 应用层

9. 以下哪个是 AIGC 在旅游新媒体营销中的应用？（　　）
   A. 仅用于文本生成　　　　　　B. 仅用于图像生成
   C. 仅用于音频生成　　　　　　D. 用于文本、图像、音频等多个领域

三、多选题

1. AIGC 技术的共通点包括哪些方面？（　　）
   A. 基于深度学习算法　　　　　B. 创造高质量内容
   C. 具有创意性　　　　　　　　D. 提高创作效率

2. AIGC 文本生成技术的应用领域包括哪些？（　　）
   A. 新闻报道　　B. 内容创作　　C. 社交媒体　　D. 商业应用

3. AIGC 图像生成技术的应用前景包括哪些领域？（　　）
   A. 电影和游戏产业　　　　　　B. 医疗领域
   C. 人工智能创作　　　　　　　D. 智能监控

4. AIGC 音频生成技术的应用场景包括哪些？（　　）
   A. 文本到语音合成　　　　　　B. 语音克隆
   C. 音频编辑　　　　　　　　　D. 音频增强

5. AIGC 视频生成技术的应用场景包括哪些？（　　）
   A. 旅游行业　　　　　　　　　B. 广告业

245

C. 教育领域　　　　　　　　　　D. 媒体行业

四、论述题

1. 论述 AIGC 技术在旅游新媒体营销中的应用及其带来的变革。
2. 论述 AIGC 技术在遵守法律法规和伦理道德方面的重要性。

模块八　旅游企业新媒体运营

◆【学习目标】

◆ 素养目标

1. 树立文化自信与民族自豪感。
2. 培养爱国主义情怀和社会责任感。
3. 养成对旅游行业的热爱。

◆ 知识目标

1. 了解各旅游企业的运用新媒体营销的发展趋势。
2. 理解各旅游企业利用新媒体平台矩阵引流拉新的方法。
3. 理解并掌握旅游新媒体矩阵的基本操作。

◆ 能力目标

1. 会撰写用户分析报告。
2. 会搭建相关旅游企业的新媒体矩阵。
3. 会制定并执行新媒体矩阵推广方案,评估推广效果。

◆【重难点】

◆**重点**:不同类型新媒体平台的区别。

◆**难点**:新媒体矩阵搭建方法和策略。

◆ **【模块引导】**

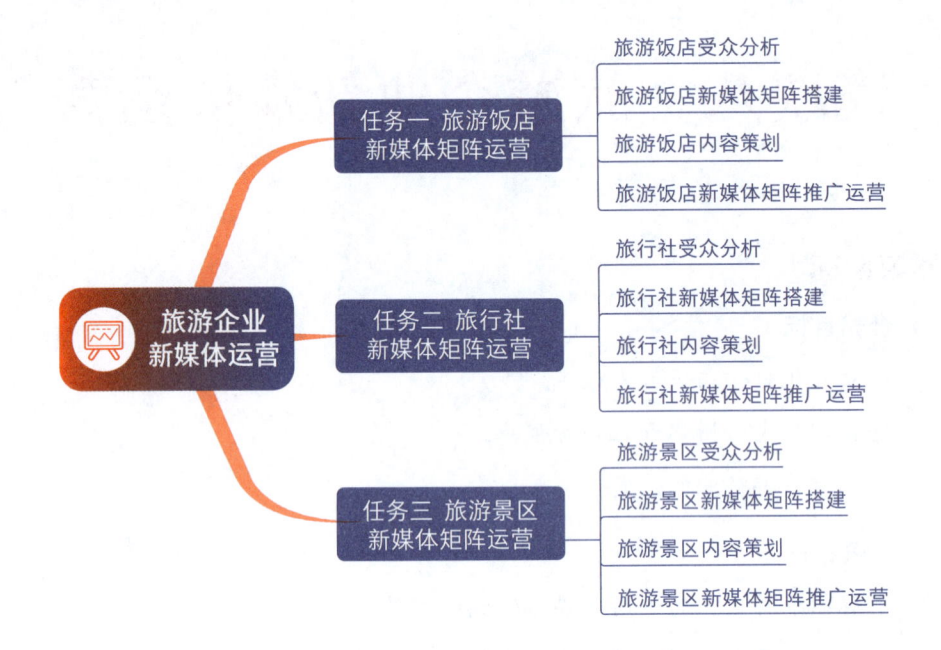

```
                                    ┌─ 旅游饭店受众分析
                    ┌─ 任务一 旅游饭店 ─┼─ 旅游饭店新媒体矩阵搭建
                    │   新媒体矩阵运营 ├─ 旅游饭店内容策划
                    │                 └─ 旅游饭店新媒体矩阵推广运营
                    │
                    │                 ┌─ 旅行社受众分析
    旅游企业       ├─ 任务二 旅行社 ──┼─ 旅行社新媒体矩阵搭建
    新媒体运营 ────┤   新媒体矩阵运营 ├─ 旅行社内容策划
                    │                 └─ 旅行社新媒体矩阵推广运营
                    │
                    │                 ┌─ 旅游景区受众分析
                    └─ 任务三 旅游景区 ┼─ 旅游景区新媒体矩阵搭建
                        新媒体矩阵运营 ├─ 旅游景区内容策划
                                      └─ 旅游景区新媒体矩阵推广运营
```

任务一　旅游饭店新媒体矩阵运营

【引导案例】

精品酒店让客人住进"博物馆":昆明旅游饭店用传统文化打造IP

党的二十大报告指出,要坚持以旅彰文,用旅游带动文化传播、推动文化繁荣,发挥旅游覆盖面广、游客参与度高等优势,推动中华优秀传统文化"活起来"、革命文化和红色基因传下去、社会主义先进文化弘扬开。要找准契合处、联结点,通过"化学反应",形成兼具文化和旅游特色的新产品、新服务、新业态。"五一"假期刚刚过去,昆明一些旅游饭店酒店收获颇丰,走访发现,其中的佼佼者都是找准自己独特的IP定位,用中华传统文化和服务吸引着来昆旅客。

"五一"期间,位于云南民族村的云园湖居旅游饭店客流暴涨。尽管房价高出平时近四成,但是5月1日至5月4日期间,16间客房还是被提前预订完。来自四川、北京、湖北等地的游客,以自驾、航空、高铁等方式前来,平均入住天数为1.5日。即便"五一"过后,入住率也达到80%左右。在旅游饭店行业高速发展的今天,取得如此成绩,必须要有区别于同行的独家"卖点",而云园湖居精品酒店的"出格"之处,就是把博物馆"搬"进了酒店。

置身酒店,到处可见木雕石刻、书桌杯盏、诗文字画、乐器古玩、屏风床榻等艺术品,酒店主理人之一王玫梅介绍,酒店内放置的艺术品达上千件。而在酒店小院内,亭台楼阁古典雅致,环境清幽、绿意盎然。游客在此投宿,身边全是文物和艺术品,住进博物馆的感受,确实是难得的体验。

王玫梅还有一个身份是"自得其所"古典美学博物馆馆长。王玫梅说:"我一直很反对游客买了博物馆门票后,两手空空地进去,又两手空空地出来,博物馆里那么多珍贵的精品,游客能记住的却没有几件。云园湖居是一个很不错的落地平台,在这里我可以把中国的古典文物器皿融进衣食住行里,让旅客感受到文化与精神和情感的连接架构。"由于特色明显,这家酒店虽然在去年7月份才试营业,但已有很多经常商务旅行的回头客。几天前,王玫梅又对院子做了一番改造,她在院子一侧的湖边走廊里安置了一方长3.7米、宽1.9米的讲台,替代了原先的火山石画案。讲台底座用炭化的防腐木打造而成,上面正中间摆着一张方正有型的明代青石香桌。王玫梅指着讲台兴奋地说:"我们打算在这里办茶道、花道、香道、音乐品鉴等各种讲座,请云南省各个行业的大家们来开讲,吸引云南民族村游玩的旅客站满湖边走廊。"

周彬是酒店的另一位主理人,曾在大型五星级酒店有着31年管理经验,他介绍说:"在开办云园湖居精品酒店之前,我和王玫梅老师就一致认同它的装修、配置不必有多高端豪华,但是内部的文化氛围一定要足够浓厚。所以我们在兼顾房间标配、消防设施、卫生管理等基础上,对云南民族村原有的仿古建筑做了些许改动,合理规划房间分区、修缮固定损坏的走廊等结构,把原本已经荒废了的院子和湖边走廊利用起来,再把珍贵的文物陈设恰当地安置在整个酒店各个角落里。"

传统建筑是中华优秀传统文化的重要组成部分,是历史和文化的载体,也是人类文明发展的重要标志,酒店在原有民族村仿古建筑上的"轻装修""重氛围",实际上寄托了人们对中华优秀传统文化的向往,旅游饭店不仅是人们生活休闲的住处,也成为人们精神寄托和情感交流的场所。

【知识准备】

一、旅游饭店受众分析

受众分析是新媒体矩阵营销的基础。搭建新媒体矩阵之前需要深入了解目标受众的特征,包括用户的年龄、性别、地域、消费习惯、旅行偏好、社交媒体使用习惯等,才能更好把握用户需求。

(一)旅游饭店用户画像

根据旅智科技2023年发布的《中国住宿业2023年度数据报告》显示,不同用户群体在选择旅游饭店方面呈现出以下特征。

1. 年轻用户占主流,"银发族"客人增多

"00后"客人占比26.8%排名第一,"95后"客人占比20.2%排名第二,"90后"占比14.8%排名第三。"85后""80后""70后""60后"客人分别占比12.2%、7.6%、9.3%、9.1%。其中"60后"及年龄更大的人群占比上升明显,提高了5%左右,其他年龄段客群占比相较往年没有变化。

2. 年轻用户消费上升,全年龄段客人消费金额稳步提高

超过八成用户会在三天内完成预订,而男性决策更快(30%的男性在1小时内完成预订),女性对酒店信息(点评和取消政策等)的关注度相对较高,预订花费时间较长。虽然"00后"和"95后"客人的消费金额较低,但2023年,"00后"的人均消费能力已经有所上升,占总消费金额16.3%,其余年龄段客人消费金额较高。"95后"客人消费金额占比18.2%,"90后""80后"占比均是16.7%。

3. 女性客人仍然占比高于男性,一线城市客人更爱旅游

在酒店消费客人性别占比中,女性客人仍然以54.4%的比例略高于男性客人,与往年保持一致。2023年北京成为客人出发地排名第一的城市,其次是广州、上海、成都、海口、深圳、重庆、杭州、武汉、西安。

(二)旅游饭店用户渠道偏好

客人习惯直接预订,携程、美团为主要预定渠道。在酒店订单量上,2023年直客渠道的订单占比下降了10%,但仍然占据所有预订渠道第一的位置,客人直接预订占所有预订渠道的33.7%。携程以26.8%、美团以21.9%的占比分别占据酒店预订渠道的第二、第三的位置。

二、旅游饭店新媒体矩阵搭建

在选择适合旅游饭店行业的媒体平台之前,首先需要深入了解各个新媒体平台的差异化价值,考虑不同平台的运行逻辑、核心内容及用户群体的特点,以确保所选平台能够为旅游饭店行业带来有效的流量。先要分析各个平台的运行逻辑,了解其推送机制、算法特点及内容分类方式等,以便更好地把握平台运行规律。此外,我们还需要深入研究各个平台的核心内容,了解其主题、风格及受众喜好,以便更好地定位旅游饭店行业的内容方向。

(一)横向矩阵搭建

综合前述受众分析,旅游饭店新媒体矩阵的搭建可考虑以下平台组合(见表8-1)。

表8-1 旅游饭店新媒体横向矩阵表

横向矩阵				
美团	携程	小红书	抖音	快手

1. 美团平台

该平台主要服务于本地生活领域,提供一系列生活服务,如餐饮、酒店、电影等。其差异化价值在于其成熟的本地化营销策略和良好的用户口碑,能够为用户提供便捷可靠的服务。通过平台流量和用户数据,该平台不断提升用户体验和商业价值。其在酒店预定行业市场占有率居于领先地位,本地化营销经验丰富,用户口碑良好。其主要用户群体包括年轻人和家庭用户。

2. 携程平台

该平台专注于提供酒店、机票、旅游等预订服务,与供应商合作提供优惠。通过个性化智能推荐提升用户体验。其服务特点是提供更加全面和高端的旅游商务住宿服务,吸引了大量商务人士和旅行爱好者。同时,该平台的高端旅游饭店数量较多,用户评价丰富。

3. 小红书平台

该平台以用户生成内容(UGC)为主,用户可以在上面发布种草笔记、分享购物心得、交流使用体验及推广品牌销售产品。通过个性化推荐,该平台致力于提升用户的购物体验。其用户群体特点是客单价较高,对精致旅游饭店的接受程度更高,主要面向年轻女性和家庭用户。

4. 抖音平台

自2018年以来,抖音平台不断深化与酒旅行业的合作,作为引流窗口为第三方合作伙伴如美团、携程、同程等提供支持。通过嵌入抖音内部的预订小程序,用户可以方便地进行闭环交易,简化了预订流程。随着时间的推移,抖音在2019年开始尝试直接与酒旅商家进行对接,进一步提升了营销效果。在商家个人主页中新增的"门票预订"和"酒店预订"等功能,使用户能够更加便捷地完成预订操作。抖音在2023年5月底上线了"日历房"功能,使得用户可以直接在抖音平台上搜索并预订房间。这一功能的推出,进一步扩大了抖音的预定场景，使其不再局限于短视频内容种草或直播间。

5. 快手平台

快手平台与同程艺龙达成了战略合作，进一步丰富了快手用户的旅游产品选择。同程艺龙旗下的酒店和景点门票等产品供应链已全面接入快手平台，用户可以直接在快手上预订酒店等旅行产品。旅游饭店、景区、剧本杀等多个品类陆续上线，进一步丰富了快手的本地旅游版块。

(二) 纵向矩阵搭建

初步筛选出横向矩阵和纵向矩阵后，旅游饭店可结合自身实际新媒体营销情况，考虑是在做得比价好的平台上继续拓展，还是要注重跨平台的合作联动，争取将不同平台的资源优势发挥出来。

纵向矩阵可考虑微信平台的深耕（见表8-2）。

表8-2 旅游饭店新媒体纵向矩阵表

纵向矩阵	微信
	微信公众号
	微信小程序
	微信朋友圈

1. 微信公众号

旅游饭店需要建立自己的微信公众号，发布企业宣传片、美食推荐、旅游攻略等信息，吸引目标客户关注，持续发布最新优惠信息，增加用户活跃度。

2. 微信小程序

旅游饭店可以开发自己的微信小程序，提供在线预订、酒店介绍、处理投诉等服务，方便用户快速了解和预订酒店，提高服务品质和效率。

3. 微信朋友圈

微信朋友圈广告是一种基于用户社交关系链的广告形式，具有高度的精准性和互动性。旅游饭店应通过分析目标受众的兴趣爱好、行为习惯等数据，制定精准的广告投放策略，将广告内容准确地推送给潜在客户，以提高广告的转化率和效果。

(三) 搭建平台团队

新媒体矩阵平台确定好后，就可以根据工作种类进行团队搭建。一般营销团队按照业务模块来配置人员，具体可参考图8-1。

根据以上横向+纵向矩阵的搭建方案，可将实际营销人员按照各平台的特点进行配置，如横向平台可以分为美团运营、携程运营；纵向平台可分为微信运营，具体团队搭建可参考下图8-2。

1. 微信运营

(1) 文案组。负责微信活动、产品介绍等文案撰写。

(2) 社群组。负责微信群用户互动营销、用户增长、转化、引流、拉新。

(3) 个人号。负责企业人设打造、朋友圈建设、裂变传播。

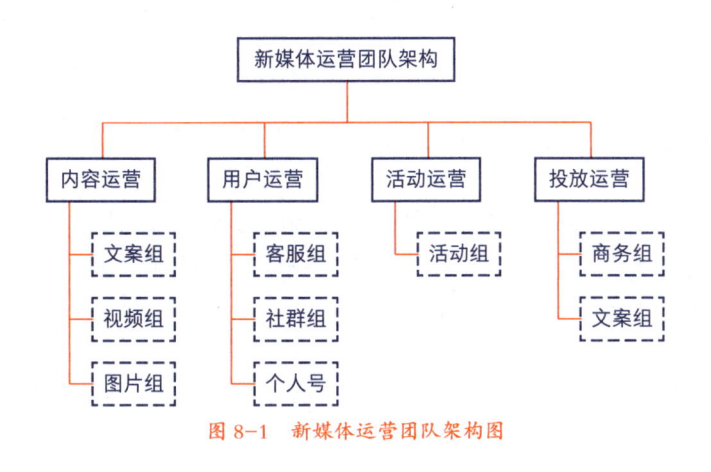

图 8-1 新媒体运营团队架构图

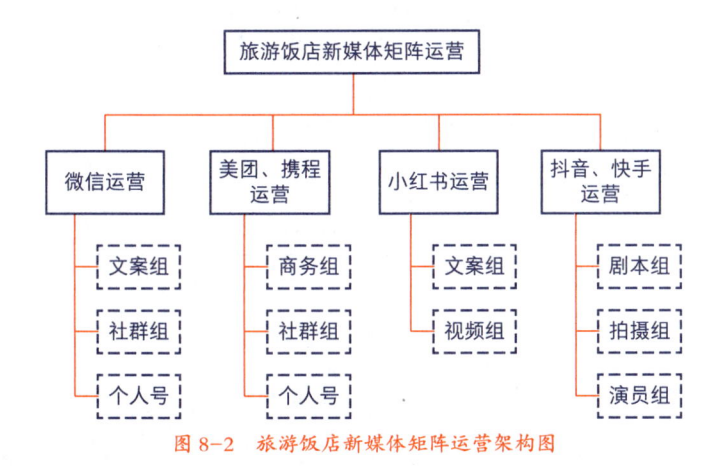

图 8-2 旅游饭店新媒体矩阵运营架构图

2. 美团、携程运营

(1) 商务组。负责企业与平台商务合作对接。

(2) 社群组。负责平台用户互动、用户拉新引流。

(3) 个人号。负责完善企业信息、发布活动优惠、回应用户反馈。

3. 小红书运营

(1) 文案组。负责种草文案撰写,引导用户互动。

(2) 视频组。负责小视频拍摄与制作,增加传播和引流能力。

4. 抖音快手运营

(1) 剧本组。负责短视频剧本撰写。

(2) 拍摄组。负责短视频拍摄与剪辑。

(3) 演员组。负责短视频演出,产品与服务的展示推荐。

新媒体矩阵营销是一项系统化的工作,从业人员需要熟练掌握各矩阵平台的相关知识。如微信营销部门要掌握微信公众号营销、朋友圈营销、视频号营销等技巧;抖音快手营销部要掌握直播活动的策划与营销技巧,充分利用直播提高企业销售业绩。

三、旅游饭店内容策划

内容策划完成后,需要将内容精准地投送给目标用户,以提高企业产品曝光度,扩大品牌营销力。

旅游新媒体的内容营销主要是指对旅游产品的内容进行生产、管理和维护,具体如旅游攻略、饭店和餐厅评测、美食、美景、美图、历史背景解析、旅游宣传视频等等。在内容策划的过程中,可从以下三方面步骤进行规划。

(一)挖掘特色

内容生产的优劣直接影响内容策划营销的整体效果。在内容生产之前首先要对行业整体进行全方位了解,精准把握消费者的喜好,找准行业最新动态和热门话题,还要对消费者进行人群画像,充分挖掘消费者的需求和痛点,最后要对自身产品进行定位,即挖掘自身的品牌故事和产品特色,设置具有吸引力的内容和情节。内容创作切不可盲目模仿他人内容,只有设定自身的专属IP,才有可能在竞争中脱颖而出。

在策划具体内容时,可以先模仿借鉴,再进一步原创形成自己的风格。模仿阶段可以由平台热搜和热门话题借力,如表8-3所示。

表8-3 热门话题选题参考表

节日类	春节:迎新春、游园会 儿童节:奇趣童真、欢乐亲子 重阳节:九九重阳、出游赏秋
行业类	贵州村超、淄博烧烤、"泼天的富贵"的哈尔滨
时政类	韶山"红色经典课堂"特色研学线路、浙江安吉余村践行"两山"理论成果显著

常态性热点是经常发生的事件,比如春节、旅游优惠活动,内容定位可以是热点新闻或是热门互动。而实时性热点是突然发生的,具有突发性和不可预见性,同时也是用户最感兴趣的,这样的内容定位可以是热点评论,但是要有自己的观点,注意热点的时效性和用户关注度的匹配程度。

(二)策划内容

新媒体内容策划包括图文、视频、直播和H5互动内容等媒介形式。每种媒介形式都有其独特的优点和适用场景。因此,需要根据目标受众和传播需求来收集最合适的内容类型。适合旅游饭店的内容类型有旅游攻略、饭店评测、饭店历史解析、饭店宣传视频、用户分享笔记、优惠信息发布、行程定制与推荐等。收集以上内容素材的时候,要注意带着用户需求去收集,尽量针对热门话题进行全方位的信息搜集,比如近年来比较热门的关键词"研学饭店""候鸟旅行""城市微度假"等。将收集到的素材进行整合编辑,要根据自身的优势和用户的痛点来进行内容创作,具体可以按以下步骤进行。

1. 选好标题

好的标题是对内容主旨的提炼,直接影响用户阅读量和平台宣传效果——或突出饭店特色,比如"独家观景阳台,海天一色秘境",或引发兴趣"步行可达商圈,购物美食两不误",或满足需求如"双重门设计,保障客人隐私""酒店玻璃天台,免费摄影修图"或是增强互动"周末烧烤派对,共享美好时光""摄影大师比赛,最美饭店比拼"等等。

2. 内容形式

内容形式须符合上述用户分析和内容定位,可以是传统图文、短视频、音频推荐,也可以是直播、H5、小程序互动游戏等新兴方式。内容要有逻辑性、定好主线、前后连贯,比如介绍饭店的环境和设施,既可以按"入口、大堂、电梯、房间"的顺序逐一介绍细节,也可以从饭店的特色 IP 入手,比如亲子科普菜园、迷你高尔夫球场、温泉滑雪乐园等,使用平实易懂的语言编写文案,让用户有继续阅读的兴趣。这样才能抓住用户,最终提升转化率。

3. 内容价值评估

内容价值评估即输出平台的内容是否可以满足用户的需求,是否直击用户的痛点,能否积极有效的宣传企业和企业产品。比如,家庭出游习惯出现了改变,短期、近郊、带教育属性的研学和主题亲子营更受追捧。文旅项目应在满足消费者对酒店的基础需求的情况下,向消费者的进阶需求进行探索,通过 IP 植入、组织亲子主题活动等方式注入附加价值,以期消费者收获愉悦的住宿体验并培养亲子感情。

(三) 内容复盘

定期分析内容传播效果,如阅读量、点赞量、分享量等,根据数据分析结果调整内容策划的方向,提高内容质量和传播效果。分析现有内容,明确主题和定位是否与旅游饭店的品牌形象和目标受众相符合。评估内容的品质、风格,以及图文、视频等媒介形式的运用是否恰当,是否存在容易引起争议的舆情风险,比如酒店在平台发布的热门房型与用户实际到店的房型不一致等情况。分析互动性内容的数量和质量,比如用户的好评与差评,了解用户的参与度,以提高旅游饭店服务质量。

四、旅游饭店新媒体矩阵推广运营

内容策划完成后,需要将内容精准地投送给目标用户,以提高企业产品曝光度,扩大品牌营销力。具体可参考以下推广策略。

(一) 横向矩阵推广

1. 抖音、快手短视频平台

旅游饭店经营者可以制作有关饭店的短视频,展示旅游饭店特色、环境、服务等内容,吸引更多潜在客户。也可以结合活动,让用户主动帮助传播,比如,用户发布视频活动可以享受 8 折优惠的活动等。这样的形式可以形成口碑效应和矩阵传播。同时,通过与网红或意见领袖合作,可以扩大影响力,提高品牌知名度。

2. 美团、携程在线预定平台

经营者可以在这些平台上开设自己的店铺,发布房型、价格、优惠活动等信息,并利用平台的推广手段提高曝光率。同时,确保饭店的信息准确、图片真实、评价积极,以吸引更多客户。

3. 小红书、豆瓣等社交平台

旅游饭店创建官方账号后要完善账号的相关信息,如头像昵称、主页背景、房源简介等等。突出自身兴趣点（Point of Interest，POI），如饭店周边的美食攻略、饭店独特的房型设计、创意服务，当地"好物推荐"等。也可和旅游达人等类似KOL进行探店合作，定期邀请达人探店进行饭店试睡体验，发布饭店评测笔记。"种草"一向是小红书最能打动用户的方式，建议前期铺设大量普通用户的分享笔记，迅速打开饭店品牌声誉。

（二）纵向矩阵推广

旅游饭店可以注册自己的微信公众号，并利用微信体系进行传播推广。在发布公众号文章后，要持续关注公众号文章的用户评论，一旦发现比较优质的评论，就将其置顶加精选。在回复用户评论时，应尽量用平实近人、活泼风趣的语言风格，以营造一种轻松的互动氛围，进而提高公众号文章的评论数量。在选择互动问题时，要挑选用户比较关心的问题进行回答，比如"饭店位置""是否提供早餐""提前订房是否有优惠"等。

利用微信广告投放平台，将广告投放到相关微信用户中，提高曝光率和品牌知名度。

知识拓展

新媒体矩阵实现精准化营销

根据文化和旅游部数据中心发布的《全国"互联网+旅游"发展报告（2021）》显示，在线旅游消费总额已达万亿级。学习利用新媒体平台的优势，构建企业新媒体平台矩阵，从而实现对消费者多方位、精准化的营销不仅是旅游企业的重要工作内容，也是以文塑旅、以旅彰文，推进文化和旅游深度融合发展的具体要求。

新媒体矩阵是同一个主体在多个新媒体平台开设的不同账号的集合。通过搭建新媒体矩阵，同一信息可以通过不同平台、不同账号进行传播。这种协同化的信息传播活动能够使信息有效触达更多用户，进而实现传播效果的最大化。新媒体矩阵有横向矩阵和纵向矩阵两种类型。横向矩阵是指传播主体在新媒体平台端的整体布局，如表8-4。纵向矩阵主要指传播主体在某一个媒体平台上的账号布局，如微信平台的订阅号、服务号、社群、个人号及小程序（见表8-5）。

表8-4 新媒体横向矩阵（示例）

专业类	新闻类	公众号类	生活服务类	购物类	视频类	论坛类
携程旅行网	网易新闻	微信公众号	美团	拼多多	抖音	知乎
马蜂窝	搜狐新闻	百度百家号	饿了么	淘宝	快手	百度贴吧
去哪儿网	腾讯新闻	腾讯企鹅号	百度外卖	京东	小红书	豆瓣

表8-5 新媒体纵向矩阵（示例）

微信	今日头条	微博
订阅号	头条号	新浪看点
服务号	抖音	秒拍视频

续表

微信	今日头条	微博
社群	悟空问答	一直播
个人号	西瓜视频	爱动小视频
小程序	火山小视频	微可拍

新媒体矩阵中的每个平台都具有自己的独立性,同时又具有一定程度上的呼应性。传播主体借助平台矩阵,可以在横向上拓展传播的广度,使信息有效触达不同平台的用户;而账号矩阵则适合传播主体向纵深发力,根据用户特点深度满足其垂直信息需求。

【实践演练】

任务单:为旅游饭店设计新媒体矩阵并推广

实践主题	成立旅游饭店矩阵设计小组,完成旅游饭店矩阵设计与推广策划方案		
内容概述	通过实践,学生针对旅游饭店进行新媒矩阵设计并进行推广,打造旅游饭店特色IP		
实践方案	活动时间	约一周	活动地点	教室
	活动方式	分组展示,现场讨论	
	活动要求	1. 各组从网络上搜索一家旅游饭店确定为推广对象 2. 各组针对该旅游饭店进行新媒体平台矩阵组合设计与推广方案,形成策划方案文本与PPT。要求体现旅游饭店特色,矩阵配置合理,内容策划有可行性 3. 各组展示并提交本组的策划方案,并现场进行上台展示,回答在场老师同学们的疑问	
实践评价	学生自评、互评与教师评价相结合。分组时注意按照人员特长特点进行人员分工,做到各司其职。最终方案形成报告后向全班展示		

【思考题】

1. 当前旅游饭店消费者呈现出哪些行为特征?
2. 简要说明当前旅游饭店如何利用新媒体矩阵进行营销。

任务二　旅行社新媒体矩阵运营

【引导案例】

都江堰国际旅行社：" 72 小时抖音直播"一炮而红

当前，"中国式现代化"成为社会各界广泛关注与研究的关键词。文旅领域作为践行中国式现代化的前沿行业之一，具有重要意义。都江堰作为世界文化遗产、国家 AAAAA 级旅游景区，拥有世界一流的资源，为其文旅发展提供了天然优势。2022 年 9 月，在"四川 DOU 是好风光"项目下，都江堰文旅直播专场引发关注，72 小时之内成交金额突破 200 万元。这表明，传统旅行社业务面临困境，需要转型。与其他旅行社不同，都江堰国旅总经理李甜敏锐地察觉到，单纯将传统售卖旅游线路的玩法照搬到抖音生活服务平台上意义不大。经过一段时间考察之后，都江堰国旅最终确定了两个转型方向：其一，聚焦本地生活服务市场，服务本地及泛周边消费人群。其二，打造本地文旅资源平台，向文旅资源整合服务商转型。本地及泛周边市场已经成为旅游企业新的主攻市场，也是抖音生活服务平台擅长的领域。都江堰文旅将目标消费人群聚焦在"成都 3 小时经济圈"覆盖区域的居民。"都江堰＋青城山一日游"这样的老套路不能满足他们的需求。都江堰文旅必须要有更强大的资源整合能力，把当地最优质的文旅资源精选出来，特别是高端酒店、特色民宿、娱乐体验、网红打卡地、特色餐饮等。在供需两侧逻辑梳理清楚后，链接两端的渠道尤为重要，都江堰文旅的选择是押宝直播。为此，都江堰文旅组建专职直播团队、购置全套直播设备，还搭建了专门的直播基地。这次直播首秀，不但验证了都江堰文旅转型思路的正确性，还让李甜总结出几条有价值的经验。

1. 直播带货并非低价为王

1 500 多元的青城山六善酒店一上团购就被抢购一空，说明比起价格，本地消费者更看重的是品质，"好产品＋好价格"才能造就爆款。

2. 增值服务类产品更有成长空间

在"青城山门票＋特色民宿＋采茶品茶＋茶叶伴手礼"的运营模式中，后两项增值服务类产品的加入，让传统的"景＋酒"产品升级，消费体验很好，即便客单价很高，也备受追捧。这次直播让李甜对如何在抖音生活服务平台上利用营销活动，快速提升品牌知名度和产品销量，有了深入了解。为了确保直播开门红，抖音生活服务华西业务中心为都江堰文旅量身定制了"华西首个目的地全域旅游聚合直播专场"，从流量扶持、宣传推广、前期培训等多个方面全力支持。可以说，正是这次"72 小时直播"专场营销活动，才让都江堰文旅踏稳了转型后的第一步。

接下来，李甜和团队计划在后续发起"都江堰特色餐饮直播专场""都江堰国风节直播专场"等活动，将每一场大型直播与节庆假日、营销节点、热点话题等结合起来，争取创造更好的成绩。李甜还透露,作为一家国资背景旅行社,都江堰文旅有一个更高目标:以直播间为主阵地,打造当地文旅资源整合、营销、服务与销售的大平台。一方面,不断盘活都江堰当地更多的文旅资源;另一方面,优化都江堰文旅在抖音生活服务平台的营销能力,通过与当地高校合作培养直播营销人才、向其他地区输出直播营销方案的方式,帮助更多周边地区的旅游企业转型升级。

【知识准备】

一、旅行社受众分析

(一) 旅游 1.0 到旅游 3.0

在旅游的 1.0 时代,人们的收入水平较低,出游意愿不强,旅游市场主要以传统的跟团旅游和观光旅游为主。旅游目的地的商业模式也比较简单,主要是以门票经济为主。随着互联网的普及,旅游进入了 2.0 时代。这个阶段的特点是互联网的介入和旅游渠道的创新发展。各大在线旅游平台(OTA)如携程、去哪儿网等成为主导力量。这些平台通过互联网技术实现了对游客和旅游目的地的信息连接与分享,使得游客可以更加方便地查询景区信息、预订门票、酒店和机票等。同时,自助游逐渐成为主流,跟团游逐渐减少。然而,随着互联网的发展和旅游市场的变化,旅游目的地开始面临一些挑战。这时,旅游进入了 3.0 时代。这个阶段的特点是旅游目的地价值提质增效的创新发展。各大旅行社和 OTA 平台的发展逐渐逼近天花板,而旅游目的地开始进行深耕和升级,以本土化、深度化、多元化的产品及 IP 打造为主,实现旅游价值的回归。随着中产阶级的崛起,游客的消费需求也越来越个性化、非标准化,对旅游服务体验和品质的要求也越来越高。

(二) 旅游 3.0 时代的旅行社用户画像

根据前瞻产业研究院《2024—2029 年中国旅游产业发展趋势与投资决策分析报告》统计显示,目前旅行社用户有以下行为趋势。

1. 自由行占比大,旅行社报团少

据文化和旅游部统计数据显示,2019 年前三季度,旅行社组织旅游人数达到 12 703.39 万人次,仅占国内旅游总人数(45.97 亿人次)比重的 2.76%。从整体市场来看,目前国内旅游市场仍然以自由行、自发组织、地陪等形式为主,通过报旅行团出行的人数仅占较少比例。

2. 旅行社用户从东部地区向中西部地区扩展

2019 年前三季度数据显示,中国旅行社组织的旅游市场出现了从东部地区向中西部地区扩展的趋势。湖北、湖南、四川、重庆等地区旅行社组织旅游市场也正逐步发展。与此同时,新疆、西藏、甘肃、青海等地区的旅游人群更加倾向于自由行,比如驾车行驶川西线、川藏线、阿里线等。根据最新数据显示,2019 年前三季度,广东、江苏、浙江的居民偏爱旅行社方式出游,这三个地区旅行社国内旅游组织人次都超过 1 000 万人次;重庆、山东、湖北、上海、湖南、福建旅行社国内旅游组织人次在 500 万~1 000 万人次,位于第二梯队。

3. 旅行社平均旅行天数 3.03 天

根据中国文化和旅游部统计数据,2019 年前三季度,全国旅行社国内旅游组织天数达 38 543.3 万人天,按照前三季旅行社组织 12 703.39 万人次计算,全国旅行社平均旅行天数约 3.03 天。分析之后发现,辽宁和新疆的平均旅行天数较高,是由于距离较远、欠缺相对便利的交通方式等因素,而北京作为中国的首都,旅行打卡地点较多,因此平均旅游天数也较多。

二、旅行社新媒体矩阵搭建

(一)横向矩阵搭建

综合前述受众分析综合考虑,旅行社新媒体矩阵的搭建可考虑表 8-6 的平台组合。

表 8-6 旅行社新媒体横向矩阵表

携程	马蜂窝	抖音	快手	小红书

资料:导游和旅游企业纷纷入局旅游直播

1. 抖音平台

抖音用户喜欢观看有趣、有创意、高质量的短视频。旅行社可以创作与旅游目的地相关的短视频广告,展示美丽的风景、独特的文化、有趣的活动等,以吸引用户的注意力。同时,要注意广告的时长、节奏和内容的趣味性,确保广告能够在短时间内抓住用户的兴趣。抖音提供了强大的广告定向功能,允许广告主根据用户的地域、年龄、性别、兴趣等条件进行精准投放。旅行社可以利用这些功能,将广告精准地投放给潜在客户群体,提高广告的转化率。旅行社可以利用直播功能实时展示旅游目的地的风光、解答观众问题、进行产品推广、与潜在客户进行更直接的沟通和互动等。有条件的旅行社还可以打造自己的品牌主持人或主播,进行日常出镜或视频录制。注意主播形象要与旅行社账号定位相符合,比如做亲子游,那么主播形象最好是亲切自然的女性,而不是网红风格。

2. 快手平台

在快手平台上,内容多源自真实的生活场景,展现出一种未经雕琢的自然之美。对于旅游直播的观众而言,他们恰恰希望看到目的地的真实全貌。实际上,旅行的本质就是体验另一种生活方式,而真实且有参考价值的内容能够为观众提供更为深入的体验。因此,在快手平台上,真实、朴实的内容更受旅游直播观众的青睐。快手官方数据显示,平台已有超过 20 万专业文旅创作者。过去一年,文旅相关视频总时长超过 80 万小时,相当于 40 万部电影,用户为文旅内容点赞 563 亿次。目前,超过 10 家 OTA、300 家 A 级景区、1 500 位持证导游、1.8 万旅游商家已入驻快手,形成了蓬勃的行业生态。

3. 小红书平台

在小红书搜索"旅游",可以找到 485 万篇相关笔记,内容涵盖境内旅游、境外旅游、OTA、酒店、景区和交通工具六大类,这些笔记的词云主要集中在旅游攻略、旅行、美食景点、探店等需求上,其中旅游攻略就占了四分之一。用户将小红书当成旅游攻略平台,希望在这里获得可以直接"抄作业"式的避坑建议。小红书发布的《2023年国庆旅游报告》报告显示,相比过往单向的旅游攻略分享,国庆期间,互助式旅游成为新趋势,如"旅游听劝""出游白名单""旅游避雷"等成为站内热门话题。对于旅行社而言,要想在小红书上获得更好的宣传效果,创作优质的笔记内容是关键。在构思笔记时,应首先考虑用户的需求和关注点,如用户来到某个旅游目的地的动机、网红景点或店铺的吸引力、适合的旅游类型(如亲子游或情侣游)等。通过深入分析用户的需求,旅行社可以撰写更具针对性的旅游干货笔记,并将品牌信息巧妙地融入其中。

4. 携程平台

旅行社可以在携程平台上开设店铺,上传旅行社的相关信息和产品,包括旅游线路、酒店、机票等。通过完善店铺信息、优化产品描述、添加精美的图片和视频,来提高店铺的曝光率和吸引力。旅行社与携程合作参与促销活动,如特价机票、酒店优惠等,提高品牌知名度。同时,可以与携程的合作伙伴进行联合营销,共同推广旅游产品和服务。

5. 马蜂窝平台

马蜂窝直播报告显示,自2020年4月起,在马蜂窝平台上观看直播的用户,每日平均增长101.4%;"90后"和"85后"是旅游直播的主要用户,占比超过50%;"95后""00后"等占比超过20%。旅行社可以根据自己的特色线路和活动,制定直播内容,包括景点介绍、行程安排、美食体验、当地文化展示等方面。在直播中推出限时优惠活动,如特价线路、免费体验等,吸引用户预订和参加,设置互动环节,如问答、抽奖等,提高用户参与度,增加用户黏性。

(二)纵向矩阵搭建

微信可作为连接旅行社和用户的纽带、桥梁,旅行社新媒体纵向矩阵(图8-7)可考虑做好微信口碑营销。

表8-7 旅游饭店新媒体纵向矩阵

纵向矩阵	微信
	微信公众号
	微信小程序
	微信朋友圈

1. 微信公众号搭建

旅行社要申请并认真经营微信公众号,定期发布有价值的内容,吸引用户关注。其次,搭建微信群,将具有共同兴趣的用户聚集在一起,方便互动与交流。最后,设置微信客服,及时解答用户疑问,提供专业服务。这些基础建设工作将为口碑营销奠定坚实的基础。

2. 微信小程序搭建

提供旅游线路查询、预订、支付等功能,方便用户使用。在小程序中,旅行社可以发布优质的内容,如旅游攻略、景点介绍等,吸引用户关注。

3. 微信朋友圈搭建

旅行社可以通过朋友圈广告展示自己的门店名称、所在城市,甚至分店信息,这不仅可以增加用户对旅行社的信任感,还有助于提升品牌知名度。

(三)搭建平台团队

新媒体矩阵平台确定好后,就可以根据工作种类进行团队搭建。旅行社可以结合实际按照矩阵模块来配置人员,具体可参考图8-3。

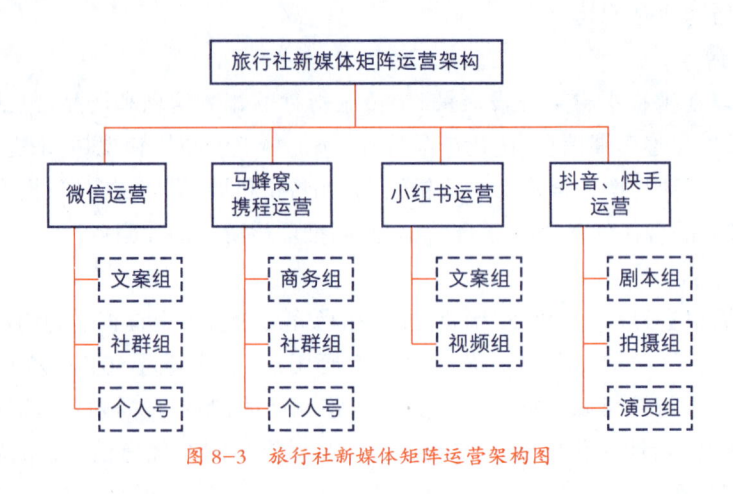

```
                    旅行社新媒体矩阵运营架构
                              |
        ┌─────────────┬─────────────┬─────────────┐
     微信运营      马蜂窝、       小红书运营    抖音、快手
                  携程运营                        运营
        |             |             |             |
      文案组        商务组         文案组        剧本组
      社群组        社群组         视频组        拍摄组
      个人号        个人号                       演员组
```

图8-3 旅行社新媒体矩阵运营架构图

三、旅行社内容策划

对于旅行社来说,选择合适的新媒体内容策划类型,能够有效地吸引目标客户,提高品牌知名度和业务量。

(一)明确定位

明确旅行社的品牌特色和优势,将这些元素融入新媒体内容中,来强化品牌形象。例如,旅行社若以高端旅游服务为主打,内容策划中应注重展示相应的品质保证、专业服务等;若以自由行服务为主打,内容策划中就应以情感链接与互动为主,通过分享旅行故事、目的地风情等与用户互动。

(二)收集资料

以下是几种适合旅行社的内容类型:旅游攻略与指南、旅行故事分享、季节性主题内容、互动性内容、短视频与直播、图文结合推广、用户评价与反馈、社群营销互动、与企业跨界合作。

旅行社可以通过深入调研、分析用户需求来确定在以上的定位和方向里,哪种类型的素材更加适合自身的品牌特点。比如自由行用户比较关注的"性价比",即旅行社推出的产品能给用户带来什么,能帮助他们解决什么问题。

(三)输出卖点

产品的卖点即产品的优势,也是能给用户带来的利益。以马蜂窝网站上某月销量排名第一的旅游产品"云梦秘境"昆明大理丽江西双版纳奢华10日游为例,旅行社在其产品页面上突出了"双飞一动,不走回头路""洱海私人游船 + 敞篷吉普车旅拍 + 天空之境修图"及"网罗 3 大 5A 级景区,赠送 6 大特色美食"等卖点。向用户宣传产品的卖点,就是告诉用户平台能提供哪些竞争对手没有或者不具备的服务,让用户明白平台能够带来什么体验和解决什么具体问题。

(四)内容复盘

对已经投放各渠道的新媒体内容进行梳理、总结。根据用户在各渠道的反馈进行集中分析,优点继续保持,缺点进一步改进。分析现有内容,明确主题和定位是否与企业的品牌形象和目标受众相符合。评估内容的品质、风格,以及图文、视频、直播等媒介形式的运用是否恰当,是否存在容易引起争议舆情的风险。比如用户反馈某些产品的介绍与实际体验"图文不符",再比如有的海报左下角印有小字"图片仅供参考,游玩时以实际安排为准",让用户觉得不可靠、无安全感等,容易引起舆情风险,因此,在内容策划的时候就应尽量选用实际图片,或者以醒目的文字进行温馨提示,这样才能产生信赖,消除用户疑虑。

四、旅行社新媒体矩阵推广运营

内容策划完成后,需要将内容精准地投送给目标用户,以提高企业产品曝光度,扩大品牌营销力。具体可参考以下推广策略。

(一)横向矩阵推广策略

1. 抖音、快手短视频平台

旅行社应创建专业账号,制作用户喜闻乐见的高质量视频。比如常见的纯风景类视频和攻略类视频,可以让用户放松身心,心驰神往。也可以针对不同目标客户制作特定的视频产品,如研学游的行程安排、游玩项目、亲子互动环节等,引起用户共鸣。抖音有许多特色功能,如短视频、挑战、直播等,旅行社可以利用这些功能来增加品牌曝光、吸引更多的用户关注。例如,可以利用短视频介绍旅游目的地的美景、美食和文化,或者利用挑战功能制作旅游相关的有趣视频等。旅行社可以创建一个旅游社区,邀请用户分享旅游经验和旅游照片,互相交流旅游技巧和建议。以此增加用户的参与度和黏性,从而增加销售额。

2. 小红书平台

旅行社可以自建账号,在小红书上发布有价值、有趣、高质量的笔记内容,这是吸引用户的关键。可以分享旅行社旅游行程中的特色活动、酒店体验、美食美景等,同时配以精美的图片和视频,注意内容要真实、详细,能引起用户的兴趣和共鸣。与小红书上的 KOL 合作是一种有效的引流方式。找到与旅行社业务相关的 KOL,与他们合作进行内容推广,能够增加内容的曝光度和用户的信任度。

3. 马蜂窝平台

旅行社可在马蜂窝平台上发布优惠活动或特价信息,如折扣、团购等,吸引价格敏感的潜在游客。定期推出新的优惠活动,保持用户的关注和兴趣。马蜂窝平台提供广告投放服务,旅行社可以根据自身需求进行投放,增加内容的曝光率和点击率。合理利用广告投放可以提升品牌知名度和业务量。在马蜂窝平台积极与潜在游客互动,回复评论和私信,参与社区讨论等。这样可以增加用户的黏性和信任度,树立旅行社的专业形象。

每个平台都有各自的用户群体,各旅行社可根据自身情况投入相关资源进行新媒体矩阵推广,努力形成具有自身特色的账号大矩阵,以覆盖更多的受众,实现内容变现。

(二)纵向矩阵推广策略

与公域流量相比,私域流量可以让企业控制在最低成本并反复触达客户,实现客户增长、复购。对旅行社来说,做好私域营销,才能在同类产品中脱颖而出。为了做好新用户的培育,可以通过微信扫码添加公众号关注、线下门店扫码加入分享群、线下展会扫码领取精美礼品等方式获客。为了更好地服务用户,让旅行社的服务更加人性化,更"有温度",旅行社可以建立与自身业务相关的微信群,将目标用户聚集在一起,进行互动和交流。通过微信群,发布一些当季线路推荐、研学精品课程、旅行温馨小提示等用户感兴趣的内容,让用户觉得微信公众号不只是个机械化的客服号,而是实实在在有亲和力的服务人员,在无形中拉近与用户的距离,提高用户对旅游企业的好感。

知识拓展

2023年新媒体生态发展概况

根据QuestMobile出品的《2023年新媒体生态洞察》报告,2023年新媒体生态的发展概况,包括用户规模、平台竞争态势、内容创新、达人经济及短剧的发展等方面有不同的趋势。以下是主要内容的摘要。

1. 用户规模

我国新媒体平台用户规模持续攀升,全网渗透率接近90%,从流量驱动迈入内容驱动。抖音、快手、小红书、哔哩哔哩、微博五大典型新媒体平台去重活跃用户规模达到10.88亿,渗透率达到88.9%。

2. 平台竞争

三大梯队基本形成,其中抖音以7.43亿月活、同比5.1%增速独占鳌头。微博、快手月活分别为4.85亿、4.57亿,同比分别增长−1.2%、5.1%。哔哩哔哩和小红书位居第三阵营,月活分别为2.1亿、1.99亿,同比分别增长6.7%、20.2%。

3. 内容创新

平台通过短剧、图文、音乐、小说等形式不断拓展内容边界。各平台在内容侧的不断打磨,用户对其定义也在发生改变,从"看"到"用"。健康、运动健身等垂直领域内容在抖音、快手的渗透率跻身前五名,平台的工具类属性凸显。

4. 达人经济

达人量级是平台商业化进程的一个"折射"。多元的达人分布帮助品牌更好地找到实现品效协同的"搭档"。然而,"达人牵手多品牌"是否会让用户心智模糊,是否能够恰如其分地诠释品牌表达基准线,都是值得共同探讨的话题。

5. 短剧的发展

2023年可谓短剧元年,作为另一种内容形式,短剧在抖音、快手"火速出圈"。对于平台而言,内容的尽头是商业变现,除直接的内容付费外,品牌定制短剧也成为短剧重要的商业化方向。

总之,随着新媒体平台的快速发展,各平台之间的竞争也日益激烈。在未来,随着用户规模的不断扩大和内容创新的不断涌现,新媒体行业将迎来更加广阔的发展前景。

【实践演练】

任务单:调研旅行社新媒体推广案例

实践主题	成立旅行社调研小组,完成旅行社新媒体推广调研报告			
实践目标	通过实践,培养学生独立进行调研的能力,让学生更好地理解新媒体时代旅行社行业运用新媒体的策略			
实践方案	活动时间	约一周	活动地点	教室
	活动方式	分组展示,现场讨论		
	活动要求	1. 各组从网络上搜索并收集国内外旅行社运用新媒体矩阵推广的典型案例 2. 各组分析该旅行社新媒体平台矩阵组合设计与推广的方法,形成文本与PPT;要求案例真实,新媒体推广效果显著 3. 各组展示并提交本组的调研报告,并现场进行展示,回答在场老师同学们的疑问 4. 有条件的学生可到旅行社进行现场调研了解情况		
实践评价	学生自评、互评与教师评价相结合,如果条件允许,可在机房进行现场制作、上台展示,分组时要注意突出平台矩阵营销特点进行人员安排,分工到位、各司其职			

【思考题】

1. 目前旅行社受众有哪些行为趋势?
2. 请联系书中案例谈谈你如何理解旅行社新媒体矩阵。

任务三　旅游景区新媒体矩阵运营

【引导案例】

"故宫灯会"刷爆中国新媒体：用新技术弘扬中华优秀传统文化

党的二十大报告指出，"推进文化自信自强，铸造社会主义文化新辉煌"。要"增强中华文明传播力影响力。讲好中国故事、传播好中国声音，展现可信、可爱、可敬的中国形象。"近几年，故宫文创很"火"。传统文化的悠悠气韵和现代的表达方式发生着奇妙的化学反应，吸引了很多年轻人的喜爱。

在 2019 年元宵节期间，故宫博物院打破常规，首次在晚间开放，为公众呈现了一场别开生面的"上元之夜"灯会。这场活动不仅让人们欣赏到了故宫独特的建筑之美，也展现了现代科技与中华优秀传统文化的完美结合。

自 2 月 17 日在亚布力中国企业家论坛上宣布以来，"上元之夜"活动备受关注。在短短几天内，"故宫灯会"等相关话题在微博上的阅读量达到了惊人的 3.8 亿，讨论量高达 8.6 万。这场盛大的活动不仅吸引了国内公众的广泛关注，更在国际上引发了热议。

原故宫博物院院长单霁翔表示，这是故宫首次在晚间开放，也是紫禁城古建筑群首次在晚间被大规模点亮。这场活动的推出，旨在通过创新的方式让公众更好地了解和体验中华优秀传统文化的魅力。

2 月 19 日，农历正月十五当天，故宫博物院免费向公众开放夜场。人们纷纷涌入这座"最大的四合院"，欣赏着被灯光照亮的古建筑，感受着浓厚的节日氛围。与此同时，各大媒体平台也进行了网络直播，让无法亲临现场的人们也能一睹故宫上元之夜的风采。

在这次活动中，故宫博物院运用了先进的照明技术和文物保护理念。通过设定不同的灯光强度，产生光影对比，使古建筑在夜间自然呈现出立体感，达到了"见光不见灯"的布光效果。同时，照明设计还特别注重对文物的保护，避免了因照明对古建筑造成损害。

此外，这次活动还得到了众多企业和媒体的鼎力支持。央视网、人民日报、法治在线、新京报等主流媒体纷纷进行了直播报道，让更多的人能够参与到这场盛大的文化盛宴中来。这些直播报道不仅吸引了数以万计的观众观看，还收到了大量的点赞和评论。网友们纷纷赞叹这场活动的美丽和壮观，表示一定会再去故宫看灯赏月。

除了媒体的广泛报道和观众的热情参与，"上元之夜"活动还得到了许多专家和学者的肯定。他们认为，故宫博物院在这次活动中成功地运用现代科技手段弘扬了中华优秀传统文化，让更多的人感受到了中华优秀传统文化的独特魅力和深厚底蕴。

这场"上元之夜"活动不仅是一场视觉盛宴，更是一次文化的传承和弘扬。它让人们更加深入地了解了传统文化的内涵和价值，也激发了人们对中华优秀传统文化的热爱和尊重。

通过这次活动,我们看到了科技与中华优秀传统文化的完美结合,也看到了中华优秀传统文化的无限魅力和潜力。相信在未来,故宫博物院还会继续推出更多类似的活动,让更多的人感受到中华优秀传统文化的博大精深和独特魅力。

【知识准备】

一、旅游景区受众分析

中国旅游研究院发布的《2022年全国旅游景区门票预约大数据报告》显示,2022年,全国景区平均预约率为53%。在所有级别中,低级别景区更加依赖线上预约渠道,而高级别景区则更多依靠线下直销渠道。

值得注意的是,5A级旅游景区由于资源吸引力和市场认可度较高,其直销渠道占比更大,全年平均预约率为41.4%。相比之下,3A级及以下旅游景区线上预约率较高,比5A级旅游景区高出24.3个百分点。

报告进一步指出,外地游客更倾向于在到达目的地后进行预约,而本地游客则平均提前1.4天预订门票。此外,在跨省(区、市)游和省(区、市)内游的预约中,自然景观和主题公园分别占据主导地位。其中,省(区、市)内游预约中主题公园占比最高,而休闲度假和人文景观的市场前景良好。

同时,不同年龄段的游客对景区的偏好也有所不同。年轻游客更喜欢体验感和参与性强的景区,而年长游客则更偏好修身养性的景区。休闲度假和主题公园类景区受到年轻人的青睐,而人文景观和自然景观则更受年长游客的喜爱。随着老年人口比例的增加,预计人文景观的市场占比将逐渐提高。

此外,报告还提到了正在培育中的休闲度假和演艺市场,以及深受年轻人喜欢的文旅小镇、漂流、温泉、滑雪、室内和实景演艺、海洋公园等新兴业态。

二、旅游景区新媒体矩阵搭建

旅游景区新媒体营销策划是一个全方位的推广活动。通过运用微博、微信、抖音等社交媒体平台,景区可以与游客实时互动,通过发布优惠政策、景区介绍、旅游攻略等内容吸引游客的关注。还可以通过在平台上与旅行达人合作,发布他们的旅行经验和感受,吸引更多游客的兴趣。

旅游新媒体营销可以提升游客的参与度和互动性。通过在线问答和互动游戏等形式,景区可以与游客建立更加紧密的联系。在媒体平台上发布游客分享的照片和视频,鼓励游客参与到景区的宣传推广中来,增加游客的归属感和忠诚度。

景区新媒体营销策划还可以提供更多个性化的推广服务。通过分析大数据,了解游客的兴趣爱好和出行习惯,景区可以提供个性化的旅游推荐和定制化的旅行方案。这不仅能够满足游客的需求,还能提高景区的竞争力和市场份额。

（一）横向矩阵搭建

综合前述受众分析综合考虑，旅游景区新媒体矩阵可考虑以下组合（如表8-8所示）。

表8-8 旅游景区新媒体横向矩阵表

抖音	快手	微博	小红书

1. 抖音平台

景区可以创作一些有趣的、有吸引力的短视频，展示景区的特色和亮点，通过抖音平台发布，以吸引更多用户关注和转发。利用抖音的挑战赛和话题营销功能，发起与景区相关的挑战或话题，鼓励用户参与并分享自己的体验和感受，提高景区的知名度和曝光率。通过抖音直播功能，实时展示景区的美景和活动，让用户身临其境地感受景区魅力，增强对景区的兴趣和好感度。抖音平台用户基数大、覆盖人群广，且能够针对目标人群精准定向曝光。同时，旅游景区可将门票、服务等商品信息通过抖音生活服务链接到线上，实现线下到线上全场景数字化经营的过程，为景区线上化经营提供有力支撑。表8-9是近年几个抖音营销火爆的景区案例。

表8-9 抖音营销火爆景区案例表

景区	抖音运营方式	运营效果
河南老君山景区	发布冬季景区风景短视频	两天5 000万曝光量，单条抖音涨粉3万；景区"淡季变旺季"
西安大唐不夜城	沉浸式互动直播	独有的"长安风"是盛唐文化的展现，上线抖音就实现快速传播
重庆洪崖洞	发布经典动漫电影《千与千寻》相似视频	上线视频实现一夜爆红，一年时间，洪崖洞游客接待量从400万涨到1 200万
四川稻城亚丁	在发布青春题材电影《从你的全世界路过》的取景地二次创作视频	截至2018年11月，抖音上稻城亚丁相关的视频总播放量已经超过了17亿次，稻城亚丁晋升为抖音十大网红景区

2. 快手平台

旅游的本质在于体验，而视频和直播等数字化内容形式能够为观众提供身临其境的体验感，从而激发他们的潜在需求。快手平台的"去中心化"特性和信任经济模式，使得更多人能够参与到旅游的分享与体验中，成为文旅资源传播推广的得力助手。为了充分发挥平台优势，推动文旅企业实现IP品牌化、内容创作专业化及营销平台化，快手近年来推出了一系列文旅扶持政策。2020年7月，快手正式发布"文旅光合计划"，投入超过百亿的流量资源，重点扶持5A级景区、非遗传承人、金牌导游及具有一定粉丝基础的文旅创作者。同时，还推出了"最美目的地、导游创作大赛、旅行奇遇记、城市秘境"四大活动，其中"最美目的地"活动便是一个成功的案例。以快手和云台山景区的合作为例，通过快手的数字化推广，云台山景区得以触达

资料：云台山汉服花朝节引爆春游热

更广泛的潜在游客,进一步提升了其知名度和吸引力。

3. 微博平台

文旅产业指数实验室2021年8月发布的《全国5A级景区新媒体传播力指数报告》显示,全国5A级景区中,开设微博的占76.8%。从粉丝数看,超过1000万的只有故宫博物院一家,粉丝数为1015.4万;超过200万的有石林风景名胜区(超过224万)和崂山风景区(超过201万)官方微博;100万以上到200万以下的有:九寨沟管理局、江西龙虎山景区、五大连池风景区、承德避暑山庄官方微博和华山风景名胜区。从2021年8月5A级景区官方微博传播力来看,排在前十名的是:横店影视城、故宫博物院、广州长隆、深圳欢乐谷、乌镇旅游、秦始皇帝陵博物院、长白山发布、江西龙虎山景区、云台山、西安碑林博物馆。微博已经成为仅次于微信、抖音,综合传播力指数"排名"第三的新媒体平台。旅游景区通过发布美景、攻略等内容,吸引游客关注。展示景区独特风景,配以文字描述,引发情感共鸣。旅游景区也可编写景区攻略,全面展示景区特色,满足游客需求。此外,实时更新资讯动态,发布活动信息和优惠措施,提高粉丝参与度。最后,策划精品活动,紧扣景区定位,提高景区知名度和吸引力。

4. 小红书平台

景区可以通过发布美丽的风景照片、独特的景点介绍及旅游攻略等内容,来展示景区的独特魅力和特色。通过发布一些实用的攻略内容,如游玩路线、美食推荐、住宿指南等,帮助用户更好地规划行程,提高用户对景区的信任度和好感度。此外,引导用户参与互动也很重要。通过开展有趣的活动、挑战或问答等方式,引导用户进行互动和参与,增强用户的黏性和活跃度。与旅游达人合作也是有效的方式。找到与景区匹配的旅游达人进行合作,邀请他们分享游玩经历和体验,能够增加景区的影响力和可信度。最后,持续更新和互动也是关键。景区需要不断地发布新的内容,回应用户的评论和反馈,保持与用户的互动和沟通。通过持续的互动和更新,景区可以与用户建立长期的关系,提升用户对景区的忠诚度和关注度。

(二)纵向矩阵搭建

根据文旅产业指数实验室发布的2023年9月《全国5A级景区新媒体传播力指数报告》,全国5A级景区新媒体综合传播力评价维度由微信传播力、微博传播力、抖音传播力三个一级指标构成。权重构成为:微信传播力40%、微博传播力30%、抖音传播力30%。2021年8月份,有32个5A级景区的官方微信号总阅读量超过10万次,总阅读量最高的是大唐芙蓉园,有142.6多万次,较7月份增加了60多万次;总阅读量排名第二的是云台山,超过52.1万次,比7月份增加了20多万次。阅读量排名前十的还有圆明园遗址公园、上海科技馆、青城山都江堰、微故宫、深圳欢乐谷、武功山、武汉东湖、白石山风景区。可见微信平台是构建旅游景区纵向矩阵的不二选择。

景区可以通过精心营销的公众号发布高质量的内容,包括景区的特色、活动、攻略等,吸引游客的关注。同时,公众号和小程序还提供了票务预订功能,方便游客预订门票,提升了购票的便捷性。通过微信营销,景区可以建立自己的私域流量池,更好地进行客户关系管理。通过分析数据,景区可以了解游客的消费习惯和偏好,为游客提供更加个性化的服务。

例如,根据游客的购买记录,推送个性化的门票推荐和活动信息,提高用户转化率。此外,线下与线上的结合也是微信营销的重要策略之一。在景区大门处设置公众号二维码,方便游客扫描购票,同时为公众号带来更多的关注者。这种线下与线上的结合方式,不仅提升了游客的购票体验,也为景区提供了更多的营销机会。

三、旅游景区内容策划

对于旅行社来说,选择合适的新媒体内容策划类型,能够有效地吸引目标客户,提高品牌知名度和业务量。

(一)明确自身定位

所有景区都需要先进行明确的主题和文化定位,比如是自然景观类景区还是人文景观类景区,是历史遗址还是主题乐园,这样才能在策划内容时针对不同类型游客的喜好和行为模式进行设计,旅游景区只有突出其独特性和创新性才能避免与其他景区同质化。表8-10是几种不同类型景区内容策划设计。

表8-10 旅游景区新媒体平台内容参考表

旅游景区	景区类型	新媒体平台	内容策划
故宫博物院	博物馆	微博、微信、官方网站	文创产品、《国家宝藏》《上新了故宫》等热门综艺节目
西安美食街区永兴坊	非遗美食街	抖音、微博	"摔碗酒"视频吸引大量全国各地游客到访只为摔一碗米酒
江西武功山	5A级风景名胜区	抖音、快手、微博	抖音发布美景视频,发布"江西旅游RAP"神曲、爬山小视频录制活动

(二)收集与编辑资料

以下是几种适合旅游景区的内容类型:景区旅游攻略、景区旅游故事和游记、景区游短视频、虚拟现实和增强现实内容、社交媒体互动活动、景区与KOL合作活动。

旅游景区在选取资料进行编辑的时候,一定要对自身产品进行清晰定位,既挖掘自身的品牌故事和产品特色,注重内容的原创性和传播力,同时也要注意以下风险:

1. 内容虚假、夸大宣传

旅游景区往往会通过短视频平台发布的内容对游客进行"种草"。然而,部分景区的宣传视频却与游客实际看到的大相径庭。如某郁金香花海景区用合成的"花海"短视频吸引游客,游客去了之后发现全是黄土地,对景区进行投诉,对当地文旅形象、城市文旅营销环境造成不良影响。

2. 内容低俗博流量

如某景区发布的"猪蹦极"视频,该视频发布到网上后,吸引了大量网友点击观看,但是部分网友表示景区涉嫌虐待动物,景区低俗营销引起广泛质疑。

3. 盲目跟风无独创性

在短视频平台上经常看到的"景区有玻璃桥必火""景区有悬崖秋千必火""景区有空中水滑道必火""景区有摇摆桥必火"等视频。这类旅游景区盲目跟风"网红"项目,容易使游客"审美疲劳",而且景区也难以长久保持热度,无法从"网红"变成"长红"。

(三)输出策划内容

不同类型的景区适合不同的内容输出方式。自然风光类景区可以通过图文、短视频、直播等方式展现美丽的风景和生态环境;主题公园可以通过H5海报,互动游戏直播等吸引游客参与和互动;文化遗产景区可通过与旅游达人合作,以现场导游直播的方式进行文化遗产的知识科普讲座,吸引研学游亲子游用户。

(四)复盘输出内容

针对传播效果好、热度保持高、游客反馈佳的内容,可以持续进行更新和修正,对传播效果差、热度低、游客反馈平平的内容及时进行删减。主要关注现有内容是否符合景区的市场定位和品牌形象,是否存在舆情风险;是否给游客提供了价值,满足了游客的需求;是否有可以改进的空间以提升游客满意度和景区效益。

四、旅游景区新媒体矩阵推广运营

内容策划完成后,需要将内容精准地投送给目标用户,以提高企业产品曝光度,扩大品牌营销力。

(一)横向矩阵推广策略

1. 抖音平台

景区需要完善抖音账号的信息,包括头像、昵称、简介等,保持信息的一致性和准确性。同时,景区需要保持账号的活跃度,定期发布视频,并及时回复用户的评论和私信。景区可以制作有趣的、引人入胜的短视频,使用特效、贴纸、音乐等工具,增加视频的吸引力。同时,景区可以关注当前热门话题和挑战,并参与其中,提高视频的曝光率。根据抖音官方数据显示,2021年点赞量排名前五的景区如表8-11所示。

表8-11 抖音官方点赞量排名前五的景区

旅游景区抖音号	视频数量	点赞量	粉丝量	视频主题
横店影视城	374	1 032.4万	136.2万	演员人设
上海野生动物园	559	783.1万	72.4万	熊猫主题
芜湖方特	213	533.7万	39万	万圣节
河南老君山风景名胜区	106	396.7万	21.5万	冬日风景

无论是文博院、影视城,还是游乐园山水景区,都可以利用抖音平台进行精准引流,场景化、个性化的视频往往会成为景区火爆的流量密码。

(1)合作推广。景区可以关注其他旅游景点、旅游达人、摄影师等用户,并与其进行互动,如点赞、评论、转发等。通过互动,景区可以增加自己的曝光率和粉丝数。

(2)互动活动。发起或参与营销活动,吸引更多用户关注和参与。例如发起话题挑战、互动游戏等。2018年,用户在抖音上发起的"茶卡盐湖"摄影挑战迅速火爆网络,相关话题获得100多万的点赞量,游客更是络绎不绝地前来景区打卡拍照留念。

(3)广告投放。有实力的景区可在抖音平台上投放广告,增加自己的曝光率和知名度。抖音广告可以根据用户兴趣和行为进行精准投放,从而提高广告的点击率和转化率。

2. 快手平台

官方账号营销:景区需要完善快手账号的信息,包括头像、昵称、简介等,保持信息的一致性和准确性。

(1)发布优质视频。根据景区的特色和目标受众,制作有趣、有吸引力的短视频内容。注重创意和差异化,以吸引用户关注。

(2)线上线下结合。在快手上发起或参与营销活动,吸引更多用户关注和参与。例如,发起话题挑战、互动游戏等。通过与线下活动的结合,提高景区知名度和美誉度。例如,举办线下活动、节日庆典等形式吸引游客参与。

3. 微博

关注并参与热门话题和热搜,提高景区官方微博号在微博上的曝光率。如微博号"乌镇旅游"在日常强化"温柔江南水乡"的形象,牢固占据消费者心智。微博话题"全国各地都在邀请全红婵"让全国各地的动物园、游乐园景区趁机把握了一次流量。

借势微博平台活动:联动新浪旅游进行IP活动"不止旅行"等话题,盘点回顾这一年的旅行故事。另外,今年微博主推的直播连麦,也有大量文旅博主参与进来。通过直播连线各领域的KOL、专家,破圈讨论话题观点,触达更广泛的粉丝人群。

4. 小红书

种草笔记和景区直播:小红书作为一个社交媒体平台,能够有效地协助景区塑造其独特之处吸引并引导用户关注和实际到访。以浙江安吉的"云上草原"为例,作为具有国际影响力的山地旅游度假区。该品牌在营销策略上巧妙地结合了用户的兴趣和偏好,着重突出其景区的独特卖点,例如,引人入胜的"洞穴星空主题房"和号称"南方最大"的滑雪场。通过打造这些高质量的爆款笔记内容,品牌成功引发了用户的情感共鸣,从而提高了景区的知名度和吸引力。

(二)纵向矩阵推广策略

首先,微信公众号和微信小程序作为直销平台,能够帮助景区直接接触到消费者,减少中间环节,从而降低成本。同时,景区可以通过这些平台发布最新信息、优惠活动等内容,吸引用户关注和互动。其次,微信公众号和微信小程序的预订系统,为用户提供了便捷的预订体验。用户无须下载额外的应用软件,只需关注公众号或使用小程序,就能轻松完成门票购买、酒店预订等操作。这种无缝衔接的用户体验,有助于提高转化率和用户满意度。最后,通过微信公众号和微信小程序的数据分析功能,景区可以更深入地了解用户行为和偏好,为未来的营销策略提供数据支持。具体推广策略如下。

1. 微信公众号

提供用户方便、快捷获取景区门票和其他服务预定的渠道,展示景区最新的主题活动,发布最新的通知及时给游客答疑解惑。

2. 微信小程序

通过在聊天群发送景区微信小程序，吸引更多游客加入，实时分享关于景区的优惠信息和最新活动。

3. 微信朋友圈

可通过朋友圈集赞换礼活动推广裂变；也可以通过砍价、拼团等低价购买景区门票获取流量。

知识拓展

那些备受亲子游青睐的热门景区

《2023年马蜂窝旅游大数据》显示在2023年国内旅游市场中，"家庭亲子人群"占比42%，相较于2019年增长了10.5个百分点，越来越多的家庭倾向于用旅行的方式带着孩子一起度过假期时光。

寓教于乐的暑期，博物馆成为"亲子游"的热门游玩地。博物馆，作为集教育、娱乐及文化体验于一体的旅游目的地，正逐渐成为暑期亲子旅游的热门选择。这些博物馆通过提供互动展览和对儿童友好的活动，成功吸引了众多年轻家庭。此外，"文化旅行"的流行也在这一趋势中发挥着重要作用。马蜂窝大数据显示，2023年最受欢迎的十大博物馆景点依次是故宫博物院、秦始皇帝陵博物院、中国国家博物馆、南京博物院、三星堆博物馆、陕西历史博物馆、湖南博物院、苏州博物馆、成都杜甫草堂博物馆及上海自然博物馆。

1. 从春暖花开到冬雪皑皑，植物园里尽享"四季之美"

无论春夏秋冬，植物园都是"亲子家庭人群"和植物爱好者的热门选择。春天花香四溢、夏天绿意盎然、秋天彩叶满林、冬天雪裹青松，植物园提供了一个绝佳的休闲放松空间。数据显示，2023年"植物园"景点热度同比增长163%，最受欢迎的"植物园"景点有中国科学院西双版纳热带植物园、厦门园林植物园、中国科学院华南植物园、东湖磨山景区、平坝万亩樱花园、上海辰山植物园、深圳仙湖植物园等。

2. 文化旅行新潮流："穿越时光"体验古村古镇的独特魅力

在全球化的影响下，人们对于自己文化身份的认同和探索变得愈加重要。数据显示，越来越多的旅行者倾向于选择文化体验类的旅行产品。例如，探访中国古镇古城、参观古代商铺、体验传统手工艺；游览古村落，感受中国古代建筑之美和乡村生活的宁静；到苗寨参加苗族传统节日、学习苗绣、品尝苗族美食；在茶园学习中国传统的茶道，了解茶叶种植和制作过程，品尝地道的中国茶。这些文化体验活动不仅吸引了众多游客，同时也带动了对当地文化遗产的保护和传承。

【实践演练】

任务单：调研景区新媒体推广案例

实践主题	成立景区调研小组，完成景区新媒体推广调研报告
实践目标	通过实践，培养学生独立进行调研的能力，让学生更好地理解新媒体时代旅游行业运用新媒体的策略
实践方案	<table><tr><td>活动时间</td><td>约一周</td><td>活动地点</td><td>自选</td></tr><tr><td>活动方式</td><td colspan="3">分组展示，现场讨论</td></tr><tr><td>活动要求</td><td colspan="3">1. 各组从网络上搜索并收集国内外著名景区运用新媒体矩阵推广的典型案例 2. 各组分析该景区新媒体平台矩阵组合设计与推广的方法，并分析存在的问题，尝试给出解决方案；要求形成文本与PPT 3. 各组展示并提交本组的调研报告，并现场进行上台展示，回答在场老师同学们的疑问 4. 有条件的学生可到周边景区进行现场调研了解情况</td></tr></table>
实践评价	学生自评、互评与教师评价相结合，条件允许可在景区进行现场调研，制作报告后上台展示，分组时注意突出平台矩阵营销特点进行人员安排，分工到位、各司其职

【思考题】

1. 故宫博物院是如何运用新技术和新媒体平台弘扬中华优秀传统文化的？
2. 列举说明国内景区利用新媒体拉新引流，成功打造景区IP的案例。

模块小结

本模块主要介绍了旅游饭店、旅行社、旅游景区和旅游目的地的新媒体矩阵运营方法与推广策略。

旅游饭店搭建新媒体矩阵运营，要从用户渠道偏好、用户消费趋势着手，构建以美团、携程、小红书、抖音、快手为主的横向矩阵，以微信公众号、微信小程序、微信朋友圈为主的纵向矩阵。推广策略方面，建议以展示旅游饭店特色、环境、服务等为主要内容的短视频、直播活动为主，结合美团、携程在线预订平台，小红书、豆瓣等社交平台进行宣传合作推广，以提高曝光率与品牌知名度。

旅行社搭建新媒体矩阵运营，要从用户报团偏好、旅行消费趋势着手，构建以马蜂窝、携程、抖音、快手、小红书为主的横向矩阵，以微信公众号、微信小程序、微信朋友圈为主的纵向矩阵。推广策略方面，建议以展示旅游产品定位、卖点为主要内容的 H5 网页介绍、产品短视频、线路展示直播活动为主，结合线下门店活动等方式，提高企业私域流量，更好的引流获客。

旅游景区搭建新媒体矩阵运营，要从用户偏好、景区自身资源特点着手，构建以抖音、快手、微博、小红书为主的横向矩阵，以微信公众号、微信小程序、微信朋友圈为主的纵向矩阵。推广策略方面，建议以展示旅游景区产品定位、品牌特色为主要内容的景区短视频介绍、在线直播活动、微博热门话题推广为主，结合微信小程序、微信公众号在线预订等方式，提高旅游景区美誉度，吸引用户关注互动，提升用户游玩体验。

新媒体矩阵的构建需要精心策划和布局，考虑到不同平台的特性和用户群体，以实现最佳的传播效果和运营效果。旅游企业目标受众不同，旅游企业的新媒体营销也要注意平台之间的协同性，实现差异化运营，不同平台吸引不同用户群体，这样才能增加用户量和曝光度，扩大旅游企业品牌影响力。

模 块 练 习

一、判断题
1. 旅游新媒体营销的核心目的是提升旅游企业的知名度和品牌形象。（　　）
2. 新媒体矩阵只包括横向矩阵，不包含纵向矩阵。（　　）
3. 旅游饭店可以通过新媒体平台进行用户分析和市场定位。（　　）
4. 旅游新媒体内容的生产和传播不需要考虑用户的喜好和需求。（　　）

二、单选题
1. 旅游新媒体营销的素养目标不包括以下哪项？（　　）
A. 树立文化自信与民族自豪感　　　　B. 具有爱国主义情怀和社会责任感
C. 养成对旅游行业的热爱　　　　　　D. 提高个人英语水平
2. 在新媒体矩阵中，横向矩阵是指？（　　）
A. 传播主体在某一媒体平台上的账号布局
B. 传播主体在多个新媒体平台的整体布局
C. 传播主体在社交媒体上的内容策划
D. 传播主体在新闻媒体上的广告投放
3. 旅游饭店新媒体矩阵营销中，以下哪个平台以用户生成内容（UGC）为主？（　　）
A. 微信　　　　　B. 微博　　　　　C. 小红书　　　　　D. 抖音
4. 根据旅智科技 2023 年发布的数据报告，以下哪个年龄段的客人消费金额占比最

高？（　　）
  A. "00后"   B. "95后"   C. "90后"   D. "80后"

5. 旅游新媒体内容营销主要是指对旅游产品的哪些方面进行生产和管理？（　　）
  A. 旅游攻略、饭店评测、美食、美景、美图
  B. 人力资源管理、财务管理、市场营销
  C. 产品设计、价格策略、销售渠道
  D. 企业战略规划、品牌建设、客户服务

6. 在新媒体矩阵推广营销中，以下哪个平台适合旅游饭店进行品牌故事和产品特色的展示？（　　）
  A. 微信朋友圈   B. 抖音   C. 快手   D. 微博

7. 根据新媒体矩阵营销的知识拓展部分，以下哪个不是新媒体矩阵的优势？（　　）
  A. 提高信息传播速度   B. 减少营销成本
  C. 增加用户黏性   D. 扩大产品销售范围

8. 在旅游新媒体内容策划中，挖掘特色的重要性在于？（　　）
  A. 增加内容的趣味性   B. 直接提升转化率
  C. 精准把握消费者喜好   D. 降低内容生产成本

9. 在旅游新媒体矩阵推广营销中，以下哪个策略适用于微博平台？（　　）
  A. 利用直播功能展示旅游目的地的实时风光
  B. 制作短视频参与话题挑战
  C. 发布旅游攻略和景点介绍
  D. 以上全是

10. 根据《2023年新媒体生态洞察》报告，以下哪个平台的月活用户规模增速最高？（　　）
  A. 抖音   B. 微博   C. 快手   D. 小红书

三、多选题

1. 旅游新媒体矩阵营销的能力目标包括哪些？（　　）
  A. 会撰写用户分析报告
  B. 会搭建相关旅游企业的新媒体矩阵
  C. 会制定并执行新媒体矩阵推广方案
  D. 会进行市场调研和数据分析

2. 旅游饭店新媒体矩阵的搭建需要考虑哪些平台？（　　）
  A. 美团   B. 携程   C. 小红书   D. 快手

3. 旅游新媒体内容策划的步骤包括哪些？（　　）
  A. 挖掘特色   B. 策划内容   C. 内容复盘   D. 用户调研

4. 旅游新媒体矩阵推广营销的横向矩阵推广策略适用于哪些平台？（　　）
  A. 抖音   B. 快手   C. 小红书   D. 微信公众号

5. 旅游新媒体矩阵推广营销的纵向矩阵推广策略包括哪些内容？（　　）

A. 微信公众号搭建　　　　　　　　B. 微信小程序搭建
C. 微信朋友圈广告　　　　　　　　D. 微信社群运营

四、论述题

1. 论述旅游新媒体矩阵营销的重要性及其在旅游企业中的应用。
2. 论述旅游新媒体内容策划的步骤及其对提升旅游企业竞争力的作用。

参考文献

[1] 郭盛晖,余艳.旅游电子商务[M].北京:高等教育出版社,2022.

[2] 王斐.新媒体实用工具全攻略[M].北京:人民邮电出版社,2021.

[3] 叶龙.新媒体运营完全操作手册[M].北京:清华大学出版社,2019.

[4] 北京天下秀科技股份有限公司.电子商务新媒体营销[M].北京:清华大学出版社,2020.

[5] 陈达远.微信视频号、公众号、小程序、朋友圈运营一本通[M].北京:清华大学出版社,2021.

[6] 新媒体商学院.微信视频号运营从入门到精通[M].北京:化学工业出版社,2022.

[7] 郭晓斌,袁欣.新媒体运营[M].北京:人民邮电出版社,2022.

[8] 黄俊杰.企业微信私域运营从入门到精通[M].北京:电子工业出版社,2022.

[9] 倪泽寒.微信小程序营销与运营实战[M].北京:化学工业出版社,2019年.

[10] 陈道志.新媒体营销策划与实施[M].北京:人民邮电出版社,2022.

[11] 象哥.小红书运营从入门到精通[M].北京:北京大学出版社,2022.

[12] 秋叶,姜梅.小红书运营:爆款内容+实操案例+高效种草+引流变现[M].北京:北京大学出版社,2022.

[13] 花生.玩透小红书:素人博主从0到1实战手册[M].北京:电子工业出版社,2023.

[14] 王斐.小红书全攻略:平台操作+内容创作+直播转化+运营推广[M].北京:人民邮电出版社,2021.

[15] 侯德林.短视频运营与案例分析[M].北京:人民邮电出版社,2021.

[16] 许义.新旅游:重新理解未来10年的中国旅游[M].北京:中国旅游出版社,2021.

[17] 周晓平,王丛明.新媒体编创:图文 短视频 直播:微课版[M].北京:人民邮电出版社,2021.

[18] 王晓红,包圆圆,吕强.移动短视频的发展现状及趋势观察[J].中国编辑,2015,(03):7-12.

[19] 韩剑磊,明庆忠.抖音短视频对旅游行为意向的影响[J].社会科学家,2021,000(010):52-56.

[20] 徐伟,戴其文,代嫣红,等.抖音短视频对用户旅游决策行为的影响机制研究[J].湖南师范大学自然科学学报,2023,46(06):62-70.

[21] 陈娜,姜梅.微博营销与运营:慕课版[M].北京:人民邮电出版社,2021.

[22] 林小兰,徐叶,回声,马丹,沙丹.微信与微博运营[M].北京:清华大学出版社,2020.

[23] 刘嘉毅,陈玉萍,华丽.旅游网络舆情诱发机制与影响效应研究——基于雪乡宰客事件新浪微博评论的内容分析[J].信息系统学报,2020,13(01):67-79.

[24] 倪莉莉,郑伶俐.新媒体营销与案例分析[M].北京:人民邮电出版社,2022.

[25] 刘颖,梅燕,颜梦琴.基于熵值法的中国西南地区国家5A级旅游景区微博营销评价[J].海南师范大学学报,2020,33(04):102-108.

[26] 李宏.旅游目的地新媒体营销:策略、方法与案例[M].北京:旅游教育出版社,2021.

[27] a15a,贾雪丽,0xAres,张炯.一本书读懂AIGC:ChatGPT、AI绘画、智能文明与生产力变革[M].北京:电子工业出版社.2023.

[28] 华迎,高文海,罗蓓蓓,陈丽玉.新媒体营销:营销方式+推广技巧+案例实训:微课版[M].北京:人民邮电出版社.2021.

[29] 韩国颖,张科.AIGC营销:人机共生式营销模式推动数字营销向数智化跨越[J].企业经济,2024,43(02):111-124.

[30] 朱凌宇,何静,田野.AIGC在传媒领域的应用探索与潜在风险[J].传媒,2024(02):47-49.

郑重声明

高等教育出版社依法对本书享有专有出版权。任何未经许可的复制、销售行为均违反《中华人民共和国著作权法》，其行为人将承担相应的民事责任和行政责任；构成犯罪的，将被依法追究刑事责任。为了维护市场秩序，保护读者的合法权益，避免读者误用盗版书造成不良后果，我社将配合行政执法部门和司法机关对违法犯罪的单位和个人进行严厉打击。社会各界人士如发现上述侵权行为，希望及时举报，我社将奖励举报有功人员。

反盗版举报电话　(010) 58581999　58582371
反盗版举报邮箱　dd@hep.com.cn
通信地址　　　　北京市西城区德外大街 4 号
　　　　　　　　高等教育出版社知识产权与法律事务部
邮政编码　　　　100120

读者意见反馈

为收集对教材的意见建议，进一步完善教材编写并做好服务工作，读者可将对本教材的意见建议通过如下渠道反馈至我社。

咨询电话　400-810-0598
反馈邮箱　gjdzfwb@pub.hep.cn
通信地址　北京市朝阳区惠新东街 4 号富盛大厦 1 座
　　　　　高等教育出版社总编辑办公室
邮政编码　100029

资源服务提示

授课教师如需获得本书配套教辅资源，请登录"高等教育出版社产品信息检索系统"(http://xuanshu.hep.com.cn/)搜索下载，首次使用本系统的用户，请先进行注册并完成教师资格认证。